ソシオ・エコノミックス

SOCIO ECONOMICS

西部　邁

明月堂書店

オホーツクの漁師　唐牛健太郎氏に

復刊にあたって——連合赤軍事件に意気消沈していたあのとき——

この書は「連合赤軍事件」にたいする私の心理的リアクションの産物である。そのことを、この復刻に当たって、少々の懐旧と哀切の念をもって思い出す。

その事件が勃発したのは昭和四十七年二月のことであるが、当時の私は、じきに三十三歳になろうとしていたのに、また横浜国立大に奉職してすでに二年が経っていたにもかかわらず、本気で学問というものに立ち向かう気力を持てないでいた。さらに率直にいうと、三歳の娘と二歳の息子を持つというのが私的な事情であったのだが、私の私生活といえば、夜な夜な、酒や素人賭博で過ぎてゆくという有り様なのであった。それは、じっと実刑（となるはず）の審判を待つという二十歳代の無為の生活の慣性の心理にもとづく延長であったし、近代経済学というものを捨て切れないでいた弱気の現れでもあった。そんな不甲斐ない自分につくづくと嫌気がさすという気分がどうやら絶頂に達していた折、浅間山荘で銃撃戦事件が起こり、続いて集団リンチ事件が発覚したのである。

私の左翼からの実践面での自発的な離別は二十二歳の誕生日ということであるから、三つの刑事裁判を抱えた身としては、たぶん記録的に早いということなのであろう。そのあと二年間ばかり、左翼方面の文献を読み漁った挙げ句に、思想的にも左翼から離反することとなった。だが私を待っていたのは、刑務所行きとなるに違いないという予想のことを別とすれば、アルバイトで生活費を稼ぐほかにやることがみつからぬという無為の日々なのであった。

大学院に籍を置くために始めた近代経済学はやがて大学で禄を食むための手立てとなりもした。しかし私には、マルクス経済学がフェティシズムつまり物神崇拝の病理の世界を資本の運動法則とやらで否定的に隠喩する弁証であるのにたいし、近代経済学はヘドニズムつまり快楽主義の世界を市場競争の効率性とやらで肯定的に暗喩する論理であるとしか思われなかった。そういう心境に留まっていると、自分のうちでアナーキーな気分が少しづつ水位を増してくる。で、自分より若い世代の者たちが行う破壊行為の矯激ぶりに、実践的に加担する気が少しもなく思想的に応援する気もみじんもないにもかかわらず、自分の心理をひそかに寄り添わせるという顛末になっていたのである。

だから、あのリンチ事件における十二の死体は私の心理を、奈落の底にといいたくなるくらいに、落とし込んだ。実践的にも思想的にもそうした事態の発生を強く予感したからこそ、二十二歳になった日に独りになることを選んだはずであるのに、十年間も、無為に過ごしてきた自分の迂闊さを、私は、思わず泪を落とすほどに恥じた。自分の前半生にケリをつけなければといささかならず痛切に思い、裁判のほうが思いもかけず執行猶予つきの有罪であったという経緯もあったので、それから三年間、自分でも恥ずかしくなるくらいの異常の調子で、強いて勉強に勉んだ。要するに、近代経済学に典型化されているアメリカ流の個人主義と合理主義の二脚からなる思想の歩行法から逃れるべく、社会諸科学および社会諸哲学の多分野を渉猟してみたということである。本著は、その熱に浮かされたような三年間の成果のうち、近代経済学の批判と解釈に相応する分をまとめてみたものである。

この書を出したあと外国というものを味わってみなければと思い立ち、次に、外国体験を一応すましたあと高度大衆社会と化した戦後日本に背を向けなければと心に決め、続いてクリティックつまり批評家になるには専門主義を強いられる大学から離れるしかないと算段し、ついに今、六十七歳の誕生日を目前にして老齢によってふたたび無為の生活が強いられるのやむなきを予想せざるをえない運びになっている。

「最後の時の鐘が鳴る」のを待つ心積もりでいたら、イプシロン出版企画から本書を復刻したいとの申し出があった。我知らず三十年余前への記憶へ連れ戻されるのに羞恥を覚えないわけではないものの、若い読者諸君に、そんな時代もあったしこんな人間もいたのだということに、ほんの僅かで結構だが、思いを馳せていただければ幸甚この上ない。

最後に小浦雅裕氏をはじめとするイプシロン出版企画の方々に深く感謝する。方々は、私が十一年間にわたって出版編集していた雑誌『発言者』が廃刊となった一年前、それを(富岡幸一郎氏を編集長とする)『表現者』として引き継ぐことを企画し、そして現在、その企てを多大の労苦のうちに実行して下さっている。「最後の時の鐘」が少し遅れてくれるのを期待しようかと考えているのは、方々の熱意に接すればこそなのである。

平成十八年一月二十三日　　西部邁

はしがき

本書の題名であるソシオ・エコノミックスは、著者が新古典派経済学の大海に十年のあいだ漂漾したあげく辿り着いた島であり、これから長く耕してみたいと考えている島でもある。

一九六〇年代末から顕在化しはじめたさまざまな公共的諸問題は、それまで社会の指導的な理念と理論に深く関わってきた経済学に、動揺と混乱を与えずにはおかなかった。新しい経済学としてパブリック・エコノミックスやラディカル・エコノミックスが提唱されはしたけれども、経済学の認識がさほど改善されたとは思われない。それらを創始した人々の努力は並大抵ではなかったであろうが、特にわが国に輸入された場合、それらは、ファッションのように移り行くあれこれの意匠の流れの一齣に堕してしまっているかのようである。

経済学は、自らの方法についても、他の諸科学との関連についても、旧態の経済学帝国主義をそのままに踏襲している。公共的諸問題に対する接近も結局はその埒内にある。そのような論理的構築物は、基礎に据えられる論理が狭小なために、経験のリアリティを前にして、逆三角形様の不安定な姿を示しているようにみえる。

社会科学の基礎論を、経済学にではなく、より包括的な社会行為の一般理論に見出し、その上に経済学を構想する試みは、別に新しいものではない。しかし、主として社会学の分野で行われてきたソシオ・エコノミックスは、確固たる体系を誇る経済学の諸仮説に肉薄するというよりも、どちらかといえば外在的な形で経済学を批判してきた。また経済学者の中でも、社会‐心理学的な‐要因に関心を払う人々がいなかったわけではない。しかし残念ながら、それらの関心は部分的であったし、論理化されることも少なかったといえる。

本書のソシオ・エコノミックスが目指しているのは、経済学の内在的批判を通じて、また包括的な一般理論につながることをできるだけ志向しながら、経済学をめぐる超学的（トランス・ディシプリナリー）な接近のためのいくつかの橋頭堡を築くことである。つまり、社会科学全体の配置における中間の段階に経済学を位置づけようというわけである。本書が実際にどれだけの成果をあげているかは、読者の判断に委ねるほかないとしても、このような方向での研究が重要だということだけは確かであろう。

さらに本書では、ソシオ・エコノミックスの考えうるあらゆる問題が扱われるのではむろんなく、主眼はそのグローバル・イメージを描くことにおかれている。本書に実践的指針が不足している一つの理由は、より仔細に具体的な個別論を展開してみなければ社会的実践のリアリティに及ぶはずはない、という著者なりの禁欲にある。それを裏返せば、少なくとも当分のあいだ、経済の全体的認識を追求することそれ自体が一つのありうべき文化的実践なのではないか、という自覚でもある。

このような構えで書いた本書を改めて振り返ってみると、やはり、そこで得られたものがほんの僅かであることを知らざるをえない。著者のような人間が一冊の書を作るまでには、数えきれないほど多くの人々の、公私にわたる、また物心にわたる援助が必要だったのであるが、本書がそれに報いるものであるとはとても考えられない。それを思うと心苦しくもある。せめて、本書が批判や検討の対象にされることが多ければと願う次第である。

本書を十五年来の知り合いである唐牛健太郎氏*に捧げるのは、かつての最も勇敢な全学連の闘士に対する思い出のためというよりもむしろ、この夏、肌寒い北の海で、乱獲のせいで年々少なくなっていく漁を求めて暗夜に船出する底曳き漁船の漁師唐牛氏を、妻といっしょに見送ったときに感じた、そういって氏に失礼でなければ、自分もこの漁師と同じような「行」を修めようとしているのだ、という観想めいた気分からである。

一九七五年九月　　　著者記す

〔付　記〕

本書中、行間の（1）（2）……は脚注を示し、各章末に収録した。また（1）（2）……は参考文献であり、巻末に一括して掲げてある。参考文献は著者名アルファベット順によって排列してあり、たとえば本文中（21）とあれば 21. Cassirer, E., An Essay on Man――An Introduction to a Philosophy of Human Culture, 1944. 人間，宮城音彌訳，岩波書店，1953. を意味する。

* 北海道函館市生まれ（一九三八～八四）。一九五六年北海道大学入学。60年安保闘争時の全学連委員長。六三年春、右翼の田中清玄から、安保闘争当時、金銭的援助を受けていたことをラジオ番組で明らかにされたのをきっかけに、運動から完全に身を引き、北海道で漁師になった。一九八四年、癌にて逝去。

ソシオ・エコノミックス▼目次

プロローグ——方法にかんする考察

ソシオ・エコノミックス

カバーイラスト：愛甲美智

プロローグ――方法にかんする考察

正統派経済学の限界

かつてC・レヴィ＝ストロース(99)は、未開と文明の構造的差異を、工学機械と熱力学機械との対比によって隠喩したことがある。未開は、ちょうど摩擦のない世界での時計仕掛けのように、出発点において与えられたエネルギーにもとづいて、同じ円周の上をとめどなく回りつづける。あらゆる歯車は寸分の互い違いもなくかみ合い、秒を刻む音を除けば、世界は静かである。未開の神話と儀式は、このように精妙に組み立てられた冷たい社会になくてはならない文化的機構である。他方、文明はといえば、それはちょうど、蒸気機関がボイラーとコンデンサーとの温度差によってエネルギーをふき出すようなものだという。巨大なエネルギーの創造は莫大な燃料投下と格差を内包した装置とを必要とする。それは、有限な資源を費消しながら、けたたましく走り続ける熱い社会である。科学の知識とヒエラルキーの組織とにおける発達は、このような機構によって時間と空間を支配するのに必須のものである。

この種のアナロジーの中に経済学をおいてみれば、特に新古典派といわれる正統は、いささか奇妙な配置にあるようにみえてくる。理性的個人と完全競争的市場の仮定は、分業と交換にもとづく近代資本主義の動的発展を写しとるために提出されたはずのものであった。確かに、正統派経済学を支えるこれらの仮定は、物的効率の何たるかを教えるのに多大の貢献をしてきた。しかし実は、そこで明らかにされた効率とは途方もない仮構の性質なのである。すなわち、所与の制度、所与の技術、そして所与の嗜好の下において、原子として点在する理性的諸個人の行為を機械的に調整した結果、えられるであろう均衡の性質である。この仮構は、一点に凝固した一般均衡を仮想してみて、そこにたどりつく過程を、歴史的時間ではなく、論理的時間の上に描いてみせた一個の論理小説である[1]。登場する人物は、すべて同様の体格、同様の資源を備え、そして同様に理性的である。彼らはみな等しく着実な歩みで均衡における大団円を迎えるべく運命づけられている。この仮構は、渾沌とした具体性の底にあると予想される精巧な秩序を言い表わすのに、社会科学としては比類のない成功を収めた。ただし、それによって取り出された秩序は、静態的均衡に対応するものにとどまるという意味で、理性的個人の持つ近代的装いにもかかわらず、未開のように冷たく静かである。

正統派経済学のこのような特徴は、ひとまず是としなければならない。進歩する文明もまた、その一断面を切ってみて論理化しようとすれば、その断面が静的に永続すると仮構するほかなく、だとすれば、未開文化の特徴が復元されるのもやむを得ないことだからである。しかし、この理論が自己の分限を越えて発言を要求する段になると、事態は多少複雑になる。新古典派の経済学は、ヴィクトリア期イギリスに典型的にみられる予定調和の社会観と無縁ではなく、そして前世紀前半の革命運動の波がヨーロッパから退潮していくのと軌を一にしているとみられる。このような自らの出生にまつわるイデオロギー的特色は、新古典派の仮構をして深い抽象のレベルにとどまらせずに、次第に、歴史の具体的経験に対する実際的解釈のためのモデルとしての役割を担わせるようになる。すなわち、それは分析的に仮想された純粋型から、具体性にかんする平均型へと昇格する。しかも、検証手続きが科学の要件として認知されるに及んで、仮説の経験適合性を試すための実証テストの作業が加速される。歴史的データは、理性的な原子論的個人と社会的均衡の存在が、論理の世界にではなくて、ほかならぬわれわれの経験世界にみられるということの証明のために動員される。

社会科学は理論体系の基底命題を直接に検証するのではなく、しょせん派生命題を間接的に検証することしかできないのであるから、実証テストにおいて確たる反証があがらないのも不思議なことではない。従って、科学的命題としての正しさは少なくとも否定されない。しかし、検証されたモデルにおいては、制度、技術および嗜好は不変である、もしくは、分析に都合のよい理想的変化しか示さないとされたままなのである。不確実な未来、それに対する知識と技術の変化の役割、それらを生み出す位階的組識、これら動態に関連した諸要因は依然として舞台の背景に退いたままでいる。従って、動態分析にまで歩を進めるとき、新古典派経済学はにわかに科学的神話の性格を強くする。

ところで、神話とはいったい何だろうか。端的にいって、神話は具象的に表現された一つの意味体系である。すなわち、自然言語の持つ意味の側面によって、経験世界を再構成する一つの方法である。社会科学もまた、経験世界に緊縛されたまま人間活動の意味を体系化するという点では、神話と同等の営みである。ただ社会科学は、数学という人工言語で語られる完全に抽象的な世界と経験世界との構造的対応を自覚するに至った点で、幸か不幸か未開の文化を脱け出てしまった。そして、その自覚の深さをもって、科学者集団には特殊な社会的役割があてがわれている。だから、科学的神話だというたとえは必ずしも否定的な意味にとらなくてもよい。社会科学も深層では神話と連続しているのだという認識ならば、社会科学における意味作用の不可避なことをはっきりと教える点で有益であろう。

しかし、科学的神話というたとえの意味が、論理の創造にたずさわるものがある限定された仮構の中に閉じこもり、それを神話のように信じて外部の世界を眺望しなくなるということならば、ことはいささか微妙である。論理を創造するものは、すべてを疑って果てしない客観化の作業を業のように引き受けたもののことだとしばしばいわれ、科学者もそのように自らを規定する。しかしこれは、半ば真実であるとともに半ば偽りなのだ。特に社会科学の場合、前意識的な習慣や信念の力をかりて知覚し感じとり思考するのでなければ、この複雑に移りゆく経験世界についてとても推論などできるわけがない。C・S・パース（149）が、完全な疑念などありえようはずがないとデカルトを批判したことが思い起される。「論理学は、もっとも明晰な方法で、推論そのものが究極的には感情への従属を証明する、ということを明らかにする」のである。とはいえ、事実が、そして疑念が、われわれの信念と習慣に亀裂をつくり出すことも確かである。この信念と疑念のシーソー・ゲームは、科学の場合、いわゆるパラダイムをめぐって行われる。

§

T・クーンの『科学革命の構造』（89）は、ここ数年、経済学における方法的論議の中でいくどか取り上げられた。しかし、不思議なことに、そして少々恐しいことに、それは新古典派経済学が擁護すべきパラダイムであるか否かの証拠として用いられてきたのである。この書の主眼はそんなところにはないはずである。誤解をおそれずにいえば、彼は科学者集団の社会心理学的分析を行うことによって、科学革命の根本的動因を「真理」というよりもむしろ「心理」の中に跡づけようとしたのである。パラダイムの交代は証明の問題ではなくて帰依や改宗の問題だというのだから、当事者にとっては一瞬深淵を垣間みさせられるような話なのだ。ここでは、科学するものたちの心理構造が、パースの個人心理学から集団心理学にまで拡げて展開されている。だから、クーンによる通常科学の内容規定書は、科学の論理的妥当性のテストにとってはほとんど助けにならないはずのものである。少なくとも、疑念にもとづく推論の妥当性だけが最終的判定規準だと宣明した科学は、心理分析医によって社会の多数派に属するという証明書が与えられたとしても、それを自己の正しさの証拠にはできないふうになっているのである。クーンの諸定義は、経済学における学問的状況を客観的に展望するためにこそ、そしてその中における自己の配置を正しく知るためにこそ有益であろう。

経済学の危機を語ることは、ほんの少し前には斬新な流行であり、今ではもはや恥しいことのように思われはじめている。科学の「危機」とは、クーンによれば、既成の理論体系における変則性に、単に気づくだけでなく、それを深く認識する段階のことである。そしてこの段階においては、通常科学からみれば異常な諸研究が陸続と生れるという。多くの人々にとって、現状はやはり危機の様相を帯びている。インフレ、買占め、資源問題、公害、都市問題そしてガジェットの山積が、人々の知覚と感情と思考をそのようにみえてくるように仕向ける。ロビンソン、ミュルダールあるいはラディカルズらによる異常研究がこの思いを裏打ちする。イソップ物語では危機を叫んだ少年に天罰が下るのが趣旨であるが、しかしともかくも狼は現れたのである。少年が最初に感じた恐怖を推測するだけの想像力を持たなかった村人たちが誉められるいわれはないのである。

ところで、経済学における異常研究の必要は、新古典派においてリアリティが失われてしまったという認識に端を発する。この「リアリティ」こそ社会科学にとって永劫の曲者である。ただしここでは、客観的証明に先立つ現象学的な知覚場における主観性をもろに問題にしようというのではない。

科学に踏みきった以上は、仮説‐演繹そして仮説‐検証の形式的手続きを尊重する以外に手はないのである。通常と異常を分つのは、この形式の位置づけ方にかんする差異である。ポパー流の方法論は、それが狭隘な個別科学の埒内で自足するような論理組立作業に適用されるとき、救い難い形式主義に陥るのではないか、この疑惑が異常研究を誘発する(2)。

まず、言い古されたことではあるが、実証テストは社会科学では非常に弱い役割しか果せない。経済学における実際の実証研究においては、いわば傍証もしくは情況証拠とでもよぶべき情報処理が無視できない役割を演じている。傍証は両面作戦で行われている。一つは、部分的な経験情報の注入による直観的な、帰納的な、あるいは類推的な傍証である。これは、経済学の対象が広漠たる経験世界に枝を拡げていることのささやかな確認である。しかし、この種の確認が仮説定立の作業にまで影響を及ぼすことは極力排除される。すなわち、理性的な（あるいは全知的に合理的な）個人の仮定は無傷のまま、または弥縫をほどこされたまま、保存される。

もう一つの傍証は、実証に付される当該仮説が既存の理論体系との論理的整合性を密にしているかどうかを試す仕方である。今、二つの仮説があり、両方とも実証テストによって棄却できなかった場合、生き残るのは論理の形式が正統の理論体系とより近接している方である。そして、この理論体系の中核は高度の抽象レベルに属していて実証を容易に許さないようにできているのだから、このような傍証手続きが研究方法の中にビルト・インされてしまうと、理論は自己を栄養として増殖しうるわけである。この性質がパラダイムのパラダイムたる理由の一つであるとはいえ、実証における確かさの欠如は、経験にこだわるものを多少とも不安にさせずにはおかないであろう。

しかしこのことを認めたとしても、そこでも途は分岐している。一方は、既存の理論を認めた上で実証テストの積重ねにいっそうの努力を傾注する方向である。他方は、理論がおかしいのではないかと考えてみることであり、これが異常研究へとつらなる。従って、異常研究に分類されるものがリアリティの回復をいう場合には、リアリティとは具体的経験との実証的結合を指す前に、まず理論的次元における性質でなければならない。この点を確認しておくことは、平凡ではあるが大切だと思われる。抽象理論が形式主義の罠にはまったとき、それから脱出する方途を、瑣末な実証の繰返しによる自己慰安に求めることが多いからである。科学史の上でいくどか演じられてきた理論と実証の交代劇をまた行えというのは、必ずしも不毛とはいえないまでも、精神の鈍磨を要求するにひとしい。

理論的次元におけるリアリティとは、経験世界に照応するような仮説を生み出す潜勢力を理論が持っているということである。そしてこの潜勢力の判定は、通常の意味での実証による以前に、理論それ自体の特性を調べることによらなければならない。まだ確言する自信はないが、著者には、理論のリアリティをみるための第一の規準は、理論の包括性にあると思われる。ここで包括性というのは、理論が経験世界の各位相を網羅しうるような構造的特性を有しているということである。少し具体的に言おう。新古典派経済学は、理性的個人の仮定に過度に依存するために、経済行動の諸側面を包括的に捉えることに失敗している。特に、諸個人の行動に介在する集団的契機と非理性的契機を分析しえない。このことは、他の諸科学の構造主義的潮流における包括的理論構成の努力と対比してみれば、もっと明瞭になるであろう。レヴィ＝ストロース、パーソンズ、ピアジェ、ベルタランフィ、……これらの人々の理論は、それぞれの分野の特殊性に左右されてさまざまに分岐しているとはいえ、大まかな方位としては構造的包括性を志向している。おそらく、経済学以外の分野における数量化の困難性が構造の質的特性に対する関心を促進したのであろうが、抽象性を徹底させることによって、逆に経済学をしのぐリアリティを持つことに成功したとみることができる[3]。

構造主義的諸理論が新古典派に優位する地点に立ちえた最大の理由は、要素還元主義あるいは方法的個別主義から離反したところにある。むろん、構造主義的方法が社会科学において普遍的なものとして確立されたとみるのは早計であろうが、要素還元主義の限界がますます明らかになってきつつある現在では、経済学の方法的反省を迫る最も重要な視点になることは間違いなさそうである。それは、かつての安直なホーリズム（全体論）の失敗に細心の注意を払いながら、なおかつ新たなホーリズムの確立を目指す試みであって、新古典派の対極に位置しているのである。

§

ここまでは相当にはっきりしてきた。しかし、まだ難関が待ちかまえている。構造主義的方向における理論の包括性は、共時的（および無時的）な論理、つまり静態論の次元において顕著な成果を収めているが、通時的な論理、つまり動態論の次元においてはまだ未知数だというのが正直なところであろう。そして静態的論理ならば、新古典派もまたそれなりの完成の域に達している。比喩的にいうと、構造主義的理論がたとえば立体のモデルだとすると、新古典派理論は平面のモデルだという点で構造的に下位にあるわけであるが、平面のモデルもいくつか張り合せてみれば立体になりうるのである。市場におけるホモ・エコノミクスのモデルは、政治におけるホモ・ポリティクスのモデルに拡張でき、以下適当な拡張を行っていけば、それらを立体的に張り合せて、多面的活動に従事する理性的個人像を創れる、という次第である。

従って、経済学が新古典派からの訣別を必要とするのは主に動態分析に入るときだといえよう。ここで、構造主義的理論が主体ぬきの理論だというのは示唆的である。そこでは行動主体はばらばらに分解され、本質的に重要と思われるいくつかの構造要素が拾い出され、それらを基にしていわばロボットのモデルが構成される。しかも、このロボットは静止したままか、またはごく単純な動きしかしないようになっている。しかし生身の人間は、時間の流れの中で、時間の流れを意識しながら、状況を知覚し、その一部を理性にまで高め、一部を意識下に沈め、そして不確定な未来へ向けて実践し続けている。少なくとも「文明」の熱い社会は、先鋭な時間意識の中で不断の変化を創造している。この動態次元において、人間と組織が歴史に制約されながら歴史を切り拓く主体として登場してくる。

思うに、ケインズは、その天才によって、時間と不確実性と組織とを経済学の中に持ち込もうとしたのであった。ケインズにおける新古典派からの訣別は、諸々の関数についてあれこれの弾力性が小さいというような形式的特徴に帰せられるものだとは思えない。むしろ、非伸縮的な機構を想定するまさにその思想の中に、動態の中に生成し転変する主体が構想されていたとみるべきである。すなわちそれは、新古典派の特殊ケースとして処理されるべきものではなく、抽象のレベルを新古典派よりももっと経験世界に近づけたところにおこうとしたのである。ケインズの後継者として新古典派と鋭く対峙するJ・ロビンソンらの異端は、たとえば資本の測定問題などの個別テーマにおける異見なのではない(4)。新古典派が静態モデルの形式的拡張によって動態分析を行おうとするのは、彼女の表現でいえば、「ずさんな思考習慣」だと批判しているのである。そして彼女は動態分析の困難さを深く自覚するところから、経済分析の可能な動態領域を、たとえば「黄金時代」という、あくまで仮想的な径路に限定してきたのである。この禁欲主義から学ぶべきものは多い。それは、リアリティを顧慮しない科学的方法が放縦な形式主義に陥るということの何よりの警告である。

しかし、ケインズ革命の精神はロビンソンとは少し異なった方向で受け継ぐことも可能である。端的にいえば、諸科学の総合という観点からケインズを評価することである。ケインズは、経済外的な過程で創り出される諸要因が経済の運行に重要な影響を与えることを、新古典派以上にはっきりと認識していた。たとえば、消費関数における「心理法則」、労働供給関数における「賃金の下方硬直性」、投資関数における「利子非弾力性」などの仮定がそれである。ただし、ケインズの場合、それらの仮定は独特の直観と豊富な経験によるアド・ホックなものであって、仮説を定立する際に周到な説明が与えられているわけではない。静態的な枠内において、新古典派の雇用理論に対して有効需要理論を提出するという課題だけからみればそれで充分かもしれない。しかし、いま必要なのは、動態において個人、組織、市場そしてコミュニティがいかに変容していくかをみるための一般的視点なのである。そのためには、ケインズの中に萌芽として含まれている経済システムと他のシステムの相互依存性を、もっと明瞭な形で問題にするという方向が考えられる。すなわち、多少とも諸科学の総合が必要であろう。

諸科学の総合、そして総合を媒介とする経験への回帰と実践への橋渡し、この困難な問題に挑戦しようとした人々は過去にもいた。たとえば、方法的にはK・マンハイムがそうであるし、分析においては制度学派もその流れに属する。[5] 今では、G・ミュルダール(132)が「超学的」接近を提唱している。確かに、総合科学化の営みは「言うは易く行うは難し」の典型のようなものであり、限られた才能しか持たないものにとってはあまりにも大胆なことである。しかし考えてもみよう。純粋な経済行為というものがないことが明らかであり、理性的個人の仮定が(仮構というよりも)虚構であることも明白であり、要素還元的方法の有効性に疑問がつきつけられている、というのが現状なのだ。そして論理化を迫られているのは、仮想された冷たい世界における想像上の経験ではなく、ある人々には終末を感じさせるほどに激動する世界の出来事についてなのである。

これらの出来事を純粋培養された狭隘な論理で摑みとろうとしても、その論理の網目から脱け落ちるものが余りに多すぎる。未開の民ならば、神話によって捉えきれなかったものを儀式によって掬い上げることもできたであろう。今では、業界や官界やジャーナリズムに実践的にコミットすることが、社会科学という神話で説明できなかった経験世界の意味を掬うための儀式になっているのだろうか。しかし、多くの観衆はすでにこの儀式の秘密を見通している。この種の活動に精神的エネルギーを注ぐ苦痛と比べれば、超学的接近を試みる方がまだしも可能性がありそうに思えてくる。

おそらく、科学的総合という大胆なテーマに臆病に近づくという方法が残されているのだ。経済行動という一点に像を結ばせるための総合化、これによって経済活動における動態的経験を分析することが個別科学としての経済学の役割だとみなすのである。そして、総合化のための鍵概念は、新古典派のような狭い論理世界にではなく、原理的抽象のレベルに属するもっと包括的な理論によって与えられるであろう。パーソンズやレヴィ゠ストロースの共時的モデルは、総合化の原理論として有益な情報を蔵していると思われる。また、動態分析としての経済学が構造的不均衡とそれに根差す変化の態様を明らかにするためには、他の個別諸科学との協同を必要とするだろう。このような研究は、たぶん長い間にわたって異常研究の部に入れられるのであろうが、やってみるのに値する。少なくとも、既成の個別諸科学の内部で〝もうやるべきことがない〟とそっと囁き合うときの、あのちょっと沈うつでちょっと無責任なムードに嫌気がさした人ならば、とりあえずここから始めてみるのも一案だと思われる。

（1） 歴史的時間と論理的時間との区別についてはJ・ロビンソン（167）を参照のこと。彼女の仮想的径路（**imaginary path**）は歴史的時間に接近するための論理的工夫である。なお、いわゆる宇野シューレの段階論もこの問題を扱っているが、それについては宇野弘蔵（204）をみられたい。

（2） ポパーの科学方法論および実践方法論を安易に適用した場合、いかなる難問にぶつかるかについては、エピローグにおいて検討されている。

（3） リアリティの回復の意味についてはプロローグ第三論文およびエピローグ第二論文をも参照のこと。

（4） 資本理論の問題および経済学におけるジョーン・ロビンソンの位置については付録第五論文をみられたい。

（5） マンハイムについてはエピローグ第二論文、制度学派については付録第一論文をみられたい。

虚構としての「経済人」

現代の経済学が、形式上の精緻化を成し遂げていくのとは反対に、現実との関連を大きく欠きつつあるという指摘には、まことにかまびすしいものがある。このような強い形容詞をあえて使う所以は、それらの指摘の多くが相当に直観的であったり、部分的であったり、あるいは超越的であったりして、さしあたり意識の混濁以外に残すものが少なかったからである。たとえば、正統としての新古典派経済学が、公害問題や所得分配などの公共的諸問題をあまり取り扱ってこなかったという類いの批判は、そのままでは経済学批判として自立しえない。なぜなら、それらの問題は経済学の外延的拡張によって処理しうる、また処理できないものは他の研究分野に属する、という単純な回答が返ってくるからである。また、演繹的論理に対して帰納的論理を、あるいは直観と弁証法の論理を対置させようとする方法論議にしても、具体的な経済分析に即して展開されるのでなければ、従来から未解決のまま残されているところを堂々めぐりするだけである。結局、ここ数年における経済学の在り方をめぐるいろいろな論争は、多少の疲労感と不毛な価値観の対立を結果しているようである。

このような情況にあって経済学批判を志す者は、まず、経済学の諸問題を支える基本的な諸仮定の現実性を疑うところから出発し、より現実関連的な仮定と理論のための足掛りを求めていかなければならない。功利主義の新古典派経済学を経由して形式主義の現代経済学へ受け継がれてきた最も基本的なもの、それは方法論的個人主義と経済的合理主義、すなわち経済人（ホモ・エコノミクス）の仮定だと思う[1]。確かに、功利主義における快楽‐苦痛の個人心理学は、経済学の進展につれてその内容を稀薄にしていった。また、ロビンスによって経済学は功利主義における社会的価値と科学との混淆からも解放された。しかし、個人主義と合理的経済行動の仮定だけは一貫して維持されている。ジェヴォンズの快楽主義、パレートの造語「オフェリミテ（ophélimité）」に象徴されるような快楽主義的内容を持たない主観的価値論、さらにはサムエルソンやグラーフの仮設的選択関数に至るまで、経済学がどれほど抽象化の度合を深めようとも、この経済人の仮定ははっきりと一本の流れをなして続いている。この経済人の仮定が意味するもの、覆い隠しているものを多少とも明らかにし、それによって、方法論として価値から離脱した経済学が、事実として、いかなる人間観、社会観に固執しているかをみてみなければならない。そこから、より現実的な理論のための示唆をえられるかもしれない。

一　合理性の抽象レベル

経済学における行動方程式は、ほとんど常套的に、合理的主体を仮定することから導出される。合理的とはいえない動機にもとづく行為が多く存在することは誰しもが認める。しかし、「理論とは抽象なのだ」という理由で、この手続きが正統とされる。だが果して、いかなるレベルでの抽象なのだろうか。それには次にあげるようないく通りかの解釈が可能である。

第一の解釈は、経済学者の大方の了解をえているもので、それによれば、合理的行為は実在の平均型であって、その他の動機にもとづく行為は社会全体としておおむね相互に消し合うとされる。もっと特定化した場合についていえば、残余の行為は期待値ゼロの正規分布に従うものと考えられる。要するに、合理的行為が平均人の平均的行為とみなされるわけである。そうだからこそ、合理性の仮定から導かれた行動方程式がすぐさま統計的回帰分析の対象とされる。しかし実は、このような想定が誤りであることについては、正統的経済学の外部ではつとに認められていた。たとえば、一九三〇年にG・ミュルダール（131）は、「非合理的な偏差が互いに消し合うような仕方で分布していることをわれわれはどのようにして知るのか？……心理的諸現象は相互に関連しあい、累積的な傾向をもっているから、したがって〝非合理的衝動〟が正規分布を示すことはまったく不可能であることが、いまや一般に認められている」と指摘している。思えば、M・ウェーバー（210）のあげたその他の動機、すなわち伝統的および情動的な動機が歴史的文化的なバイアスを持つことは自明である。従って、経験的心理学を踏まえれば、この平均型という想定が妥当しないのが当然といえよう。晩年のV・パレート（140）が合理性の経済学を心理学と社会学で補完すべく、没論理的行動としてのいわゆる「残基（residues）」の分析にとりかかったのも、この種の合理的人間像の限界を深く認識したからにほかならない。

第二の解釈は、第一のものの変形で、「他の行為はいざ知らず、経済的行為は合理的だ」とする見方である。他の動機を政治的あるいは文化的行為の領域に追いやるのである。しかしこのことがいえるためには、いくつかの条件がなければならない。一つは、経済システムが他のシステムから明白に独立しているという条件である。しかし、このような独立性を仮に考えうるとしても、それは特殊歴史的な情況の下でのみ近似的に実現可能であろう。それは方法論的にはウェーバーの歴史的個体概念としての理念型に近いもので、経済学におけるようにあらゆる時代に共通の一般理論とはなりにくいと思われる。しかも、ウェーバーの歴史的なものとしての理念型においては、合理性以外の動機の相対的位置づけを分明にするという姿勢が貫かれていたのであって、だからこそ彼は、功利主義の経済人という没歴史的人間像にはくみしなかったのである。もう一つの条件は、経済行為に関する問題のすべてが合理的に把握しうるほどに単純であること、逆にいえば、理性的能力が問題の複雑性に比べてはるかに大きいこと、である。しかし、このような想定は現実的とは思われない。後にも触れるように、人間の合理性には限界があるとみるべきだからである。

第三の解釈は、いわば純粋型としての合理性である。すなわち、分析的に分離された一つの概念として合理的行為を措定する仕方である。しかし、このように主体の行為と動機をばらばらに分解するということは、実在としての主体という想定を捨てて、もっと高い抽象レベルに入ることを意味する。そこで組み立てられた合理性のモデルは、直接に可視的な行動に対応するものではない。言い換えると、それはそのままでは観察された経済行動を模写しうる図式にはならない。そのような図式をうるためには、他の諸動機にもとづく行為のモデルをさらに重ね合せなければならない。従って、合理的な経済行動を純粋型として理解する場合には、従来のようにそれを直ちに統計的処理に回すわけにはいかなくなる。とはいえ、特にここ数十年にわたって、統計的処理を最初から断念する形で蓄積されてきた数理的経済モデルの多くは、このような純粋型の部分モデルとみなせよう。そしてこれらこそ、理論経済学が現実性を欠くと指弾されているものの本体である。

さて、合理性の仮定を救うための最後の解釈は、いわば仮説的合理性とでもいうべきものである。すなわち、動機が実際に合理的かどうかは不問に付し、あくまで便宜的な仮説として合理的だと想定した場合に、観察される行動がどこまで説明できるかを問題にするのである。言い換えれば、仮定の現実性よりも命題の予測的検証に重きをおく場合に用いられる合理性である。これは、広い意味では、行動主義的思想にのっとるものといえよう。そして、この種の方法は、実際的予測のための実用主義と結びついて、経済学の中心に近年ますます深く入り込んでいる。直接に観察可能なものへの執着が、自然科学的予測方法の発達に励まされて、行動主義への傾斜を強めているのである。仮説の正しさは、人間行動の現実性によってではなくて、統計的適合度によって保証されることになる。しかし、特に経済学の場合、このような方法の論理的基礎はきわめて脆弱である。実験不可能な経済現象においては、観察された現象がたとえ合理的行動の仮説を棄却しなかったとしても、代替的な仮説もまた棄却できない可能性が常に存するからである。まして、多くの場合、反証手続きにのせられる命題はいく段階もの演繹を経ており、その途中で追加的な諸仮定が付与される。計測結果がどの仮定をどの程度に反証したのか、常に曖昧なままに残されている。

ただし、この統計的適合性の実情については、一つ注目しておいてよいことがある。それは、合理的行動の仮説から演繹されたモデルは、直接には貧弱な統計的結果しかえられないことがしばしばだという事実である。そこで、統計的精度を増すために、いくつかの説明変数を付加しなければならなくなる。しかし、いうまでもなく、現実に接近するための努力は、統計的な技術操作にまかされるべきではなく、まず理論化の課題でなければならない。

二　合理的動機の役割

人間行為の動機づけについては、ウェーバーによる目的合理的、価値合理的、伝統的および情動的の四値への区分が周知のところである。これは、やや強引に人間を一個のシステムとみなせば、T・パーソンズの機能図式におけるA、I、L、G、すなわち適応、統合、潜在的価値パターン維持、目標達成にそれぞれ対応する。[(2)] 人々の行動は、一般に、これら四つの機能から構成されるシェーマの中に、経験対象を同化していくことによって、動機づけと意味了解を獲得する。すでにみたように、経済学はこのシェーマのうちの一部しか問題にしないが、それは次に述べる二点からしても首肯できない。

第一は、これら諸動機の心理学的内容に関係している。経済人の伝統の中では、基本的には十全の論理的認識能力を有した個人が想定され、従って慣習的あるいは情緒的な行為はごく補足的にしか論じられない。すなわち、経済人は、確実なものであれ蓋然的なものであれ、全知的だとされるわけである。しかし、人間の動機と行為にまつわる理性の役割は、経済人におけるように至極単純ではない。J・ピアジェ（153）の構成的認識の理論によれば、人間の精神発達において、形式的操作によって特徴づけられる高度の思考段階に到達するまでには、いく段階もの構造が、感覚運動、直観的知能、具体的知能操作等々というふうに継起しているという。しかも、その発達はより高次の構造がより低次の構造をその内容として包摂するという形で進行する。この自己調整による漸次的構造化を重視する認識の心理学は、刺激‐反応の経験説とも、硬直的な生得説とも、はっきりと一線を画している。今、ピアジェの観点に立つと、私達の日常的判断における慣習や情緒の中には、たとえ形式的思考を自覚的に経由していなくとも、何らかの論理操作を意識的あるいは無意識的に受けたものが多く存在している。仮にそれらが半論理にすぎないとしても、私達の持つ多層的な認識構造の中に、全体と関連づけられながら自らの地位を与えられた判断だといえよう。

価値に関連した動機や行為についても、統一的な認識構造の中で捉えることができる。認識の発達においては、視点を自己にのみ限定するいわゆる中心化の段階から、視点を相補的に他者にも移動させうるような脱中心化の段階へと進んでいく。その過程で、「私の欲求にとってどうか」、「他者の欲求にとってどうか」という形で、欲求と規範の関係を学んでいく。それは、自己の行為の自律性と他者との凝集性とを、両方ながら射程に収めうる論理的能力の形成でもある。そして、私達の日常的判断は、このような価値を必ずしも明確に意識しないままに包み込むところに成立しているのである。

結局ここでいいたいのは、分類としては「非理性的」とされようとも、伝統的および情動的な行為に内在する合理性や価値を看過してはならないという点である。経済人の全知的合理性は、まずその心理的基礎において一面的であり、そこからは偏頗な人間観しか出てこないであろう。そして、そのような人間観が次第に一つの理想型と観念されるに及んで、すなわち「合理的でない」という判断が「合理的に改変されるべきだ」ということを意味するようになるとき、それが確かなものとしての技術的理性に容易に結びつくのは見易いところである。

第二の点は、経済学にとってより重要なもので、諸動機がいかなる情況で各々の役割を果すのかということに関係する。人々の動機は初めからかくあるべきものと定められているわけではない。人々の認識構造を行為の場と関係づける諸動機は、行為の場（あるいは環境）の性質によってその在り方が大きく左右される。まず取り上げたいのは、経済学が主たる関心を寄せている目的合理性がいかなる環境で作動するのかという点である。

いろいろな目的を設定し、それに対する手段の適合性を計測する行為が必要になるのは、実は、一般に危険と不確定性が支配する環境においてである。もしも確固不動たる目的が存在し、そして目的と手段の間に確定的な関係が存在するのならば、行為の前提と結果について意識的に反省する必要は生じない。そのようなシステムは、むしろ刺激‐反応の機械的モデルとして表現される方が適当である。人間の意識性、目的性は人間行為の時間的・空間的拡がりの持つ不確定性にこそ由来する。過去は「もはやない」し、未来は「いまだない」という情況にあって、古来から人間が時間を捉えてきた仕方が、いうまでもなく「遡及」と「予期」である。このような認識における一定の客観性を基礎にして、この不確かな存在としての人間が安定性あるいは整合性を求めて創り出した行為形式の一つ、それこそ目的合理性にほかならない。

しかし、行為の安定性は、目的手段関係の確定だけによって充分に保証されるであろうか。また逆に、目的手段関係の領域は、他の動機にもとづく行為の助けなしに自らを安定的に維持し発展させていくことができるであろうか。目的合理的に、すなわち技術的に処理される範囲が定まるということは、他面ではそのようには処理されない領域が定まるということである。ここで、H・A・サイモン（110）（183）らによって強調された「合理性の限界」すなわち全知的合理性の否定が、時間にわたる行為の不確定性にその根拠があることが判る。価値、伝統、情動などの諸動機による行為は、この合理性の限界がどこにあり、そしてそれが時間とともにどのように推移していくかを規定するものとして捉えられなければならない。そしてそれらの行為の役割は、新しい目的と新しい手段を創出していく真に動態的な変化の世界において、いっそう重要なものになるのである。

経済人のような純粋に理性的な人間を想定しようとする姿勢は、皮肉にも、現代において先鋭な合理的意識を生み出す最も基本的な要因である変化とそれに伴う不確定性を、実質的に視野の片隅に閉じ込めることになる。たとえば、経済学においてしばしば用いられる確実性の仮定は、目的合理的行為の動機そのものを奪うにひとしい。また、関係するあらゆる諸条件について確率分布を仮定する仕方は、目的合理性に全権を委任してしまうという点で、不確定性の下にある行為からその現実性を消失させてしまう。

結局、合理的人間の想定はごく限られた場合にだけ妥当することになろう。それは、現在および将来において、イデオロギー、慣習、情動などの「非理性的」と呼ばれる諸要因の果す役割が所与である場合に意味を持ちうる。このような所与性は、むろん実際には成立しない。現在のことを決定するには将来に関する判断がなければならず、逆に、現在の行動が将来に影響を与えることも明らかだからである。行為動機の仕組みを単純化して目的合理性にのみ焦点を合せることができるのは、分析の上で特別に仮想された変化の世界においてだけだ、ということになろう。このような方法的限定を忘れて、目的合理的モデルが現実の平均を表わすかのようにいうのは論理の飛躍である。

さらに、経済人の想定は、単一の動機だけを取り上げることの結果として、調和あるいは均衡といった用語で象徴されるような人間観、社会観に馴染み易いということも指摘しておかなければならない。むろん、合理性を主観的なものと規定しておけば、個人のうちにおいても社会全体においても、客観的なあるいは事後的な意味での不均衡が存在することを説明することはできる。しかし、個人や社会がまさに存続しているという事実から、その不均衡は個人や社会のシステムにとって致命的なものでないだろうという推論が容易に導かれる。結局、不均衡は均衡へ向うほとんど機械的ともいえる収束過程において捉えられるにすぎない。変化と不確定性の世界において、一般的な諸動機の葛藤とそれにもとづく内在的不均衡の可能性は、経済人を仮定することによってはじめから排除されているのである。

三　諸動機の葛藤

経済人の思想は、観察された事象を意図的選択の結果とみなそうとする。このような無媒介の推論を離れるためには、まず人々の心的構造の中における諸機制に言及しなければならない。この点に触れることのない行為理論は、パレート最適をめぐる議論の多くがそうであったように、現実を〝合理化〟あるいは〝正当化〟するための形式に堕してしまうおそれがある。

無意識から反省的思考に至る意識の各階層には、無意識的順応から防衛的反応、そして定位的反応に至る種々の型の行為が対応する。すなわち、決定論的な様相を帯びる動因や目的論的な動機が種々含まれている。しかもそれらの全体は決して静的な状態にとどまっているのではなく、フロイトに端を発する防衛機制論に明らかなように、不断の心的葛藤をはらみ、従って、心的構造も常に暫定的な体制化にすぎない。人々の心的装置は、経済人において想定されるよりもずっと複雑で力動的である。この点を強調するのは、正統的経済学の選択理論では無意識に方向づけられた選択、強制された選択、防衛的な選択、自発的な選択等々の類別化がほとんど行われないからである。従って、それらの選択が動態的な世界でどのように相互に影響を及ぼし合っていくかということについても、議論されないからである。しかし、人々の欲求形成とその発現は無条件に内発してくるものではない。環境に条件づけられたり、周囲への同調を迫られたりといった社会的力学が作用する。そして、人々の行動特性からさらに性格特性まで下りてみるとき、この力学が無意識の、あるいは秩序立てられていない意識の領域で強く働いていることが判る。(3) 経済学においても依存効果、誇示効果、習慣形成などが論じられはするが、その中枢には依然として独立不羈の消費者個人が生き続けている。

さて、個人の心的葛藤における社会的力学を明示的に考慮する場合には、合理性とともに経済学のよって立つもう一つの支柱である方法論的個人主義にも触れざるをえない。たとえば外部性や公共財が存在する場合のように、諸個人の活動が技術的に依存し合っているというだけでは、個人主義にとってさしたる障害ではない。それは、少なくとも方法的には、個人を最終的な独立の意思決定主体とした上で操作的に処理しうる問題だからである。しかし、人々の選好形成（あるいはもっと広く認識と評価の形成）について考える場合には、マルクス、E・デュルケーム（38）（39）の系譜の社会学主義あるいは全体論的な説明が、相当の説得力を持っていることは疑いえない。社会の共有シンボルがひとまず個人を越えたものとして存在し、個人はその意味を十分に自覚しないままに、それを内面化していくという事実があることを否定できるものはいないだろう。家庭や学校などの主要機能の一つは、このような価値や伝統の内面化を通じて、個人を非個人化＝社会化するところにあるのである。このような過程から脱け出て自立することが理論的に可能だとしても、諸個人がすべてそのような自由の状態にあるという前提から論を起すのは、少なくとも選好の形成については不適当である。

個人の社会的方向づけについては、枚挙に暇がないほど多くの仮説が提示されている。E・フロム（51）にいわせれば、現代社会はパーソナリティまで市場化するような〝市場的構え〟にどっぷりつかっているという。H・マルクーゼ（111）によれば、現代における生産と消費の持続的拡大は、いわゆる後期資本主義における「実行原則」のもたらす「過剰抑圧」を正当化するための手段だという。J・K・ガルブレイス（53）は、テクノストラクチェアによる生産者主権への移行を強調する。これらのテーゼを受け容れるかどうかはさしあたりどうでもよいことである。ここでいいたいのは、個人の経済的行為にまつわる諸動機を理解するためには、全体としての社会システムが個々人に対して与える政治的文化的影響力について、何らかの解釈を加えざるをえなくなるだろう、ということである。そして、個人を社会と内的に結びつける一つの環が重層的で動的な心的構造の中にある、という当然の前提から出発しようということである。

もっとも、いい古されたことであるが、社会から個人への働きかけを一面的に強調するのは、過去の機械主義的な全体論の誤りをくり返すことになる。人間の本性は無限に可塑的ではないのだから、行為や思考における目標志向性あるいは創造性を無視するわけにはいかない。

結局、個人主義と全体論の間で決着をつけることは不可能であろう。そのうちのいずれかによる完結した一元的説明を求めるのは、経験科学において、特にその動態論においてはほとんど不毛であり、また、それのもたらすイデオロギー的帰結を考えれば有害ですらある。とりわけ、変化の世界における選好形成について自律的か他律的かの二者択一を問うことは無理だということを知るべきであろう。そして、変化に対する欲求は心的不均衡から生ずるという心理学的事実に立って、その不均衡と均衡化への運動を、人間の個人性と社会性、意識性と無意識性、合理性と非合理性といったさまざまなレベルの二元的構造の中で説明していかなければならない。経済人のような一元的理解からは、人々の選好における力動的変化の見通しは与えられないであろう。

四　動機の社会性

人々の選好形成における社会性は、全体論的因果からのみ重要なのではない。このようないわば外在的社会性とは逆方向に、個人から出発した内在的社会性は、たとえばJ・ハーバーマス（61）によって明確に示唆されている。彼の考え方は、現下の公共的諸問題における社会的価値の問題に接近する際に、一つのきわめて重要な視点を与えると思われる。彼によれば、「労働」という用語によって総称され道具によって媒介される目的合理的行為は、目的手段関係における主体と客体との意識的分離の上に成り立つ。それに対し、言語によって媒介される「相互行為」あるいは「意思疎通行為」は、「相手の立場に立つ」または「他者のうちに自己を見出す」という意味で相互主体的である。このように相補的態度期待を人間の本源的欲求に関連させることによって、規範は、デュルケームやパーソンズのような外在的価値としてではなく、個人に内在するものとして捉えられることになる。そして、そこで想定される個人は、意思疎通行為によって当初から他者と結びつけられているという点で、明らかに原子論的個人を脱け出たものである。

このように、ハーバーマスの見解は言語的関係を媒介とする個人と社会とのいわば相互存在に注目するものであり、個人主義と全体主義の双方に対する批判の基礎を与える。彼の見解にもとづけば、近代社会の抑圧は、目的合理的行動原理が人間の諸活動に過度に適用されているというところに求められよう。すなわち、それは意志疎通行為（これには交通、教育をはじめとして種々の公共的制度が関係する）までも技術的処理の対象とすることによって、諸個人から内発する真の公共性を抑圧する。

この点からみれば、福祉国家による計画的補償を主たる内容とするいわゆる「公共経済学」は、その思想において合理性の経済学の発展における第二段階をなすといえよう。それに対し、内在的社会性を取り入れた経済学は、技術的理性の文化的および政治的内実を反省するところから始まるに違いない。そこで（理想的に）想定される個人は、主観的精神の能動的発揚にのみ偏奇する個化された人間ではなく、はじめから社会的規範を自発的に志向する性向を有した人間であろう。そこで研究されるのは、このような人間集団の成立を可能にする経済的、文化的および政治的な諸条件の総体であろう。思うに、J・J・ルソー（171）の「一般意思」あるいはマルクス（116）の「類的存在としての人間」も、このような人間の内奥にある社会的性質の自覚的論理化だったのである。そして、このような性質の存在は、ユートピアとしてではなく、すでに触れたようにピアジェらの研究によってもその実証的根拠を与えられているのである。

ところでハーバーマスの理論は、新古典派およびラディカルズの一部が最近注目しているJ・ロールズの『公正の理論』（160）とどのように交錯するであろうか。たとえば青木氏のロールズ解釈によると、「未知のヴェイル」の下における合理的諸個人の社会契約の結果として、「立場の互換性」が導出されるという[4]。すなわち、諸個人の対称性は、諸個人が自他の情況について未知であるという仮構にもとづいて説明される。これは一見したところ、ハーバーマスとは論理が逆になっているようである。ハーバーマスは、立場の互換性を合理的行動の結果としてではなく、むしろ基本的欲求として前提するからである。しかし、このような差異は、究極的には、演繹と帰納の表現法の違いによるものとみることもできないわけではない。ロールズを帰納法で解釈すれば次のようになろう。すなわち、基本的欲求としての内在的社会性を生み出す要因が、実存主義哲学がいうように人間の根源的不安にあるのだとしたら、そしてこの不安がまさに生命の不確定性に由来するのだとしたら、その深いレベルにまで降りたときはじめて、ロールズの「未知のヴェイル」は単なる仮構ではなくなるのだ。あるいは、〝事物の自然〟の中には、このような極端な仮構によってしか形式論理によって把握できない種類のものがある、そして公正の問題がそれだ、ということかもしれない。

ところで、人々の本源的欲求に言及するとき、経済人の想定と功利主義との関わりについても触れざるをえない。今までは、経済人を合理性と個人主義によって特徴づけてきた。しかし、このことはL・ロビンス（163）以後の、価値から離脱した現代経済学についていえることであって、それ以前の経済学における経済人は、もっと実体的な内容を与えられたものであった。すなわち、少し極端にいえば、物質的な欲望を第一義的なものとして行動する人間が考えられていた。功利主義そのものについては物欲以外のものも含みうるより広い解釈が可能であろうが、少なくとも経済学と接合するときには、物欲にもとづく快楽‐苦痛の計算が中心であったといえよう。現代経済学は方法的にはそのような計算（社会的な総和の計算も含めて）を余計なものとして切り捨てたわけであるが、しかし、経済学からする現実解釈においては、功利主義の伝統が色濃く残っていることは否めない。おそらく、その最大の理由は、合理主義と個人主義が功利主義（上に述べた狭い意味での）と最も親しみ易い概念だというところに求められよう。

しかし、文化人類学における多くの研究が明らかにしてきたように、社会的規範を求める欲求は決して二次的に形成されるものではない[5]。それはむしろ自然的欲求の重要な一部をなすものである。そして、個人の消費活動であれ、企業における勤労活動であれ、さらにはコミュニティにおける協働であれ、それらの経済活動の中には物質的欲望だけでなく社会的志向性が織り込まれているのである。

選好の変化、企業組織の成長、コミュニティの再編成などを考える場合には、経済学はどうしてもこの社会的志向性の諸相についての検討を進めていかなければならない。そのためには、経済人の思想に特徴的な功利主義的欲望観を拒否する必要があると思われる。

もっと経済の実際に即した問題を取り上げてみよう。経済学は経済活動における最も重要な社会的集団である企業をどのように理解してきたであろうか。経済学は経済人の仮定に立って、基本的には、組織を諸個人の加法的合成物と見なす。すなわち、個人が組織に同調するか逸脱するかは、あくまで個人の自律した合理的判断によって、しかもほとんど物質的利得に対する考慮だけによって決まるとされる。しかし、このような一面的解釈は組織論の現在の水準からして簡単には受け容れ難い。C・I・バーナード (7) は、明らかに全体論の影響を受けながら、組織における個人動機と組織目的との質的違いを明らかにしている。また、組織は情報伝達のシステムとして秩序立てられた一つの行為の場として捉えられ、そこにおける権威、説得、委任、責任といった非経済的諸要因が人々の集団活動をいかに規制するかについても論じられる。

そこから浮び上る人間像は、端的にいって、組織人格と個人人格の二面性を持っている。メンバーの個別動機をその上位において統括する組織的な目的とシステムがあってはじめて、組織は継続性を有した協働体となりうる。そして、その上位のシステムに参加する場合に要求される組織人格は二つのルートから準備される。一つはいうまでもなく、現代技術社会に特有の機能的専門化の秩序である。それによって個人は組織の中に非個人化され、そして集団力学でいう「社会操作的集団」としての凝集性を高めることになる。もう一つは、集団人格性、集団道徳といった類いの「社会感情的集団」にとって必要な連帯感である。このような過程で形造られる組織人格は、その面では、株主を含めて経営者および勤労者の間で一つの運命共同体を作り出すことになろう。企業は一個の有機体として機能することになり、そこで発揮される組織人格の程度が、組織の「アニマル・スピリット」の強さを左右する。[6]

むろん、このような組織人格の結集体がどれほどの強度を持つかは、個人人格とそれにもとづく葛藤の状態によって相対的に定まるほかない。それは社会の文化的政治的な環境、そして特に大衆教育の成果いかんによってさまざまに異なるだろう。しかしいずれにせよ、この組織人格を軸とする企業活動は組織目的によって統合され、しかも集団的無意識とでも呼ぶべきものを含みながら進行する。正統的経済学における諸仮定、たとえば経営者は株主の個別利益のために行動する、勤労者は労働の苦痛に見合った賃金を獲得すべく企業間を浮動する、といった仮定は、まず組織論において根拠が薄弱である。ごく控え目にいっても、経済学における企業は、集団としての統合機能と価値パターン維持の機能とを欠いているという意味で、法人集団ではなくていわゆる「法人範疇」である。[7] 諸資源の完全可動性や完全情報の仮定は、単に分析の単純化のためというよりは、人間活動から組織の問題を抜きとるための工夫とみることもできる。しかしそのために、正統的な経済学は二つの代価を払わなければならなかった。一つは、企業成長という経済学にとって最重要の問題をうまく扱えないということである。もう一つは、人々の勤労活動、消費活動およびコミュニティ活動に対して与える企業のヴァイタルな影響力を明らかにできない、ということである。

五　動機と動態

正統的経済学における経済人の仮定が不自然かつ非現実的だということについて言及してきた。

経済学が全知的合理性と純粋個人主義をそのままの形で表現することは、むろん稀なことである。しかし、部分的修正を受けながらも、経済人は経済学の中に健在である。このような経済学は、いったいどのように理解されるべきなのだろうか。個人の「非理性的」な諸動機を無視すること、不確定性に因る合理性の限界を軽視すること、非経済的な要因や全体論的因果をないとすること、さらにはそれらの諸要因の間における葛藤に目をつむること、これらのこといっさいがそれなりの妥当性を持つようになるのは、いうまでもなく静態的な世界においてであろう。静態においては日々同一のことが繰り返されるのであるから、経済的合理性以外の諸要因は、ほとんど定義の問題として、所与としてかまわないのである。ついでながらいえば、そのような繰返し実験の行われている世界では、人間の理性が全面的な発言権を要求するのがむしろ自然である。たとえ「非理性的」な精神や潜在的意識や集合的意識の存在を認めたとしても、もう一段階高いところにそれらを認知する理性を想定することによって、葛藤のない静謐な世界が保たれるのである。しかし、このように理性神があらゆる領域を覆うときには、理性はただひたすら存在するのであって、つまり習慣に同化してしまうのであって、行為動機として特別に取り出すことはもはや無意味になろう。

結局、正統的経済学の性質は基本的には次のようなものと考えられる。今、経済現象の均衡状態が現前するとして、そしてその状態が持続するものとすれば、それは経済人の存在を仮想することによってよく説明できる、というものである。そして、仮にその説明において時間が導入されたとしても、それはあくまで仮構的な論理的時間であって、歴史的時間ではない。外部性や不完全競争の問題は、この仮構の建設を困難にするであろうが、方法的には正統的経済学と両立可能である。まして、市場以外の制度の設立も合理人の目標に入れてしまえば、存在するものはすべて効率的だとするパレート的解釈が可能となろう。このような仮構は、仮構に留まる限りにおいて、現実の一側面に関する有意味な抽象であろう。しかし、それが事実の〝平均的〟説明と取り違えられるとき、容易にイデオロギーに転化する。

新古典派動学というものも論理としては成立するが、その実質は静学と大差ない。歴史分析としての動学に必要な不確定要素、非合理的要素、およびそれらの多元的な葛藤が入っていないからである。J・ロビンソン（168）が指摘するように、「ケインズ革命の核心は、人間の生活は時間をつうじて行われるということをはっきり認識したことであった。すなわち、変えることのできない過去とまだ未知の将来との間に、たえず動きつつある瞬間において人間は生活しているのだということをはっきり認識したことであった」。新古典派成長論とロビンソンらのケインズ的成長論の二十年近くにわたる対峙の結果、特に企業理論の分野において、後者の正しさが証されつつある。

むろん、ロビンソンは歴史的決定論を信ずるわけでもないし、また統一科学の迷妄に溺れるわけでもないから、彼女の展開する成長論は注意深く「仮想的径路」の分析に限定されている。しかし、彼女における歴史的現実の重視は、個人の内部構造と企業の組織構造をその非合理の深みと非経済的な拡がりにおいて捉えることを要求しているようである。それが「ケインズのやり残したところからふたたびやり直す」と彼女がいう意味であろう。

しかし、社会科学全体の歴史が明らかにしているように、通時的分析の一般的枠組を作ることは至難のことであって、私達には個別の動態分析をひとつひとつ積み重ねていく営為が必要である。以下では、そのための準備として、一般的に留意すべき事柄についていくつか触れてみよう。

第一に、経済学の中で培われてきた演繹的論理と反証可能な命題の構成という科学的方法を用いる場合、仮定の現実性に最大限の注意を払わなければならない。現実の中には必ず動態化への契機がはらまれているからである。ただし、ここで現実性というのは表面に観察されるものとしての具体性と同義ではない。それはむしろ、具体的なものの中に含まれている重要な問題を、あるまとまりを持った概念図式によって捉えることと関係している。問題や仮定を思いつきや演繹操作の容易さによって決めるのではなく、経験される全体を注意深く帰納することによって定めるのである。「注意深い帰納」とは、逆説的に聞えるかもしれないが、経験の全体を掬うための新たな演繹操作をみつけるということであって、経験主義的な列挙の作業をいうのではない。そして、このような現実性を獲得するためには、他の諸科学との協同が不可欠であろう。それは、諸科学の既成の承認された命題を外面的に繋ぎ合せる〝インター・ディシプリナリー〟な協同ではなく、経済学という個別科学における基礎的概念を発見する際の、いわば内面的な下向の過程における〝トランス・ディシプリナリー〟な協同である。むろん、その過程には主観的要素が介在せざるをえないが、分析者自らの主観をぎりぎりのところまで反省的に分析するという前提がなければ、経験科学において意味ある命題を構成することはできないであろう。このような過程を飛び超えた個別科学の演繹的命題は、たとえそれが操作的に意味があり予測力を持ったとしても、ただそれだけのことである。(8)

第二に、このような諸科学の協同を重視するという姿勢は、検証された命題の意味を記述する際にも関係してくる。社会の動態的変化について、私達に全知的能力がない以上、その正確な姿を知るわけにはいかない。また仮に、変化の蓋然的可能性をすべて知りえたとしても、その可能性のうちのどれが選ばれるか、あらかじめ知るわけにはいかない。しかしそれにもかかわらず、経済学は社会批判や政策提唱を通じて変化の方向を示唆する仕事に関与する。またそこでこそ命題の意味が語られる。

しかし、この意味付けと科学的論理との間隙は、ひとり分析者の価値観やイデオロギーだけによって埋められるべきではない。仮定の現実性を問う過程、すなわち仮説定立の過程で得られた種々の概念図式もまた動員されなければならない。また、価値観が付け加わることが不可避だとしても、それはこの過程で事実との、とりわけ非経済的な事実との対決によって鍛えられた価値観でなければならない。このような前提があってはじめて、経済学的命題の意味はイデオロギーの呪縛から解き放たれて、社会的に了解可能なものになろう。

第三に、今までの議論で明らかなように、仮定の現実性を重んずるという立場からすれば、人々の行為や動機を経済人におけるように二元論的に捉えることは許されないだろう。そのかわりに、合理性と非合理性、個人性と社会性、意識性と無意識性といったさまざまな次元における二元論的構造が取り上げられることになろう。心理学や社会学などにおいては、すでにそのような方向での研究が蓄積されてきていると思われる。そのような諸研究を参考にしながら、経済学は二元的に構成された経済行為をまず質的に分析していくことができよう。そして、そのための数学的形式がまだきわめて不十分にしか与えられていないことを考えに入れると、質的分析は周到に精選された概念や用語を組み合せた概念図式やパターン化の図式に大きく依存せざるをえないであろう。

第四に、経済学は自らのメリットの一つである量的分析を可能なかぎり追求しなければならない。しかしここでも、種々の二元性を統一的に表現できるような有効な数学的形式はまだ与えられていない。現在可能なのは、いろいろな二元的要素の組合せのうちでどれが主要なものとして働くかということを基準にして、経済行為を類別化し、それら類別化された諸行為の間における対立と依存の関係を時間的流れの中で明らかにしていくことであろう。このような形での接近は、実は、非正統的な経済学の中で、特に実証の分野で続けられてきている。このような努力を全体の理論的構成の中に正当に位置づけることから、量的分析の可能な現実的動態論が始まると思われる。

いずれにせよ、私達は経済人、すなわち純粋な合理的個人の虚構からはっきりと訣別しなければならない。私達の前には、経済人であると同時に社会人でもあり心理人でもあるような、つまるところ私達自身の経済行為が繰り拡げられているのだから。

(1) ホモ・エコノミクス観の欲望論については第七章を参照のこと。

(2) 著者はパーソンズの概念図式を必ずしも最善のものと考えているわけではない。それを言語学的モデルに編成し直した方がよいのではないかと思っており、本書の論述も大略その線に沿っている。しかしより厳密な方法の提示については後日を期したい。なお、パーソンズの概念図式については、たとえばパーソンズ(145)を参照のこと。

(3) 個人の無意識あるいは集団の潜在的構造にまで分析を及ぼすことの必要については、とくに第一章、第三章および第八章を参照のこと。

(4) ロールズは極端な合理的個人を想定する点で新古典派的思考の真髄を代弁しているとすらいえる。ラディカル・エコノミストを標榜される青木昌彦氏(1)が社会編成の原理をロールズに求めようとしているのは、簡単に肯けるところではない。

(5) たとえばC・レヴィ=ストロース(97)を参照のこと。

(6) アニマル・スピリットについては、J・M・ケインズ(84)あるいはJ・ロビンソン(167)を参照のこと。

(7) 法人範疇とは、各構成員の共通事項およびそれを律する手続きや組織を欠いた集合体のことである。

(8) 詳しくはプロローグ第三論文およびエピローグをみられたい。

経済学における「経験」の回復

多くの人々を捉えて離さなかった一つの堅固な学説が危機の徴候を示しはじめている。これを眼前にして、われわれは複雑な心境にいる。新古典派的パラダイムを捨てることにも、それにかわる新しいパラダイムを模索することにも、それぞれ苦楽が相半ばするようである。まして、パラダイムに対する固執や離反が、T・クーン（89）がいうように、帰依や改宗の問題であって証明の問題ではないということだとすると、ことは重大である。われわれは、人間や社会を全体としてどうみるかということにかんする、思考のゲシュタルト・チェンジすら覚悟しなければならないのである。

しかし、新しいパラダイムが出現するということは、クーンがいうように「最も基本的な理論的前提とパラダイム的方法やその適用の多くを変えること」でなければならない。現状は明らかにまだそこまでいってはいない。従って、新古典派経済学は依然として通常科学としての地位を保っているわけである。ただし、そこにおける〝パズル解き〟の作業は、今までのように安穏としたものではありえない。公害、都市問題、所得分配、インフレーションおよび資源問題などのさまざまな「変則的」問題を（単に気付くだけでなく）深く認識する危機の段階にあっては、危機に対する反応としての「異常研究」が随伴するからである。J・ロビンソン（168）、J・K・ガルブレイス（53）、G・ミュルダール（133）およびラディカルズ（1）による異端の経済学がそれに当る。ここで異常というのは、むろん、通常科学からみたかぎりのことであって、研究内容の正誤にかかわるものではない。われわれを取り巻く学問的状況は、通常と異常の間における一種の懸垂状態だとみるのが妥当である。そこで著者の選択は、新しいパラダイムが芽生えるかもしれないという希望の下に、思いきって異常の大地に降り立つことである。

ソシオ・エコノミックスというやや耳慣れない主題の下に集団の経済行動を分析しようとするのには、特別の理由がある。新古典派の基本的前提の一つに、観察されるあらゆる経済行動を個人の次元にまで還元して説明するというアトミズムの立場がある。しかも、この立場は単に実証的分析のために便宜的に仮設された前提ではなくて、効率性という事実にかんする規範的判断のための前提ともなっている。つまり、アトミズムは方法論ばかりでなく存在論においても用いられている。新古典派における一方のアキレスの腱は、個人を形成する集団的場の構造と諸機能にほとんど触れることがないという点に求められよう。これを明らかにしていくために、コミュニティ、企業、家族といった集団の問題を直接に取り上げることにする。

新古典派のもう一方のアキレス腱は、合理性を過度に強調するところにあると思われる。すなわち、諸個人は合理的に行動するものと捉えられているが、そこにおける合理性は基本的には（確実であれ蓋然的であれ）全知的（omniscient）なものであり、かくして、すべての経済現象が理性的行動の結果として説明される。このような単純化は経験的な経済行動と必ずしも照応しない。主体の動機づけと行動様式にかんする過度の単純化あるいは一面化は、結局のところ、主体なき行動、つまり純粋に構成的な概念としての行為しか導けず、経験的世界への回帰を不可能にする。われわれはこのような主体ぬきの経済行動を経済行為（action）とよんで、経験との照応性を保持した通常の意味での経済行動（behavior）と区別するのである。

集団の経済行動を中心にとりあげるという姿勢は、J・R・コモンズの遺稿の題名『集団行動の経済学』（30）からも類推されうるように、ミュルダールのいう「制度学派への転換」とある程度並行するところがある。ただし、制度学派は自らの致命的弱点のために科学として死滅したのであるから、この転換はむしろホーリスティック（全体論的）な観点を思想的に強調するという意であって、理論的連続は期待できそうにもない。制度学派的な思考を理論的に整備して、新古典派的パラダイムからの脱却をより確かなものにしなければならない。しかし、このような難しい課題が著者一人の非力に余ることはいうまでもないことであって、本書の論述は比較的に明瞭でかつ重要と思われるいくつかの論点にかんするメモランダムの域を出ないものとなろう。読者の協力と寛恕をあらかじめお願いしておきたい。

一　リアリティの喪失

新古典派経済学が通常科学になりえたのは、基礎に遡っていえば、方法論的に一つの明確な立場を採用したからであった。それは、いうまでもなく、仮説‐演繹および仮説‐検証という二段階の手続きを研究の中軸に据えたということである。E・ネーゲル（134）によれば、発展した科学とは「少数の説明原理によって事実にかんする無数の命題を知識の論理的統一体に構成」することであり、そして現段階では、この科学の定義に反対しうるものはほとんどいないといってよい。新古典派はこの普通の意味での科学の常道を歩んできたのである。新古典派をパラダイムとして拒否することがこの常道を認めないということであれば、それは経済学が科学として成立しえないということを宣言するにひとしい。従って、科学的立場に依拠するかぎり、新古典派に対する批判はあくまでその科学的方法の用い方についての批判でなければならない。

このような自明とも思われることから論を起すのは、ここ数年における内外の新古典派批判が、実にさまざまなスペクトルに分散しており、なかには科学的批判にはなりえないものも少なくないからである。またそのために、科学的であることを唯一の依り所とした反批判も数多いということになる。現状のような批判と反批判の錯綜した渦の中では、最初に自らの方法的視点を明らかにしておく必要があると思われる。新古典派の難点は科学的方法それ自体にあるのではなく、その用い方が形式主義的に歪曲された結果、経験との照応という意味でのリアリティを喪失してしまったという点にある。問題は、リアリティを回復させるための手続きをいかにして組み立てるかということにあり、そのためにはまず、新古典派における科学的方法の限界を明らかにしておかなければならない。

新古典派がリアリティを喪失したという場合、それには次元を異にするいくつかの要因が関係している。第一は、仮説と具体的経験との照合をみる実証テストの段階におけるリアリティの喪失である。経済学の対象がほぼ実験不可能であるという理由から、多くの場合、理論体系の基礎にある基本的諸仮定あるいは基底命題を直接に検証（厳密には反証）するわけにはいかない。基底命題に対していく段階もの推論を加えることによって導かれた派生命題を検証するという、いわゆる間接的検証の方法に頼らざるをえない。たとえば、「消費者は完全競争的市場で完全情報を持って行動している」という基底命題から導かれた、「消費は所得と価格と利子率の関数である」という派生命題が実証的にテストされる。またたとえば、「企業は株主のために利潤を最大化する」という基底命題から導かれた、「投資は資本ストックと資本財価格と利子率の関数である」という派生命題がテストされる。

ここで問題が起る。まず、検証に付される命題と同一の命題が、しばしば、他の相当に異質の基底命題から導かれうるということである。すなわち、ある命題の検証はある特定の仮説の検証を意味しないことになる。次に、別の仮説にもとづく別の命題が当該の命題と同時に検証されるという事態もありうるということである。この場合は、異なった仮説と異なった命題が統計的に並存しうることになる。むろん、仮説 - 検証におけるこのような障害は、自然科学も含めて一般的に不可避のことであり、社会科学の場合はその程度が著しいということにすぎない。この手続きだけに限っていえば、さしあたり積極的反証があがらなかったことに満足し、統計的方法の発展に期待をつなぐほかないであろう。しかし、統計的厳密性に裏付けられた実証テストが、仮説の経験的適合性にかんする判定について弱い役割しか果せないということは、より明確な判定を下すためには何らかの傍証が必要になるということでもある。そして事実、経済学は傍証を用いずには自らを主張できない状況にある。

傍証は全く逆の二つの方向から与えられる。一つは、具体的経験にまつわる個別情報を追加することによって、仮説や検証の尤もらしさを補強することである。ここでは、帰納や直観あるいはC・S・パース（149）のいうアブダクション（abduction）といった通常の科学的方法とは別の方法が併用されているわけである。実際、実証研究の大半が、仮定の設定や実証結果にかんする経験的な解釈の論議に費されることが多いが、それはこの種の傍証を行っているのである。もう一つの傍証は、既に与えられた演繹的体系（これを理論とよぼう）との論理的整合性を問題にする仕方である。ここでは、既成の理論を正しいものとみなして、その正しいものとの連続性によって当該仮説の傍証が行われているのである。逆にいうと、この傍証手続きがあらかじめ念頭におかれるとすると、既成の理論との整合性を保っているような仮説だけが設定されることになり、明確な反証があがらないかぎり、理論は自己膨張的に拡大していくことになる。そして、前者の傍証はいわゆる実証家の好むところであるのに対し、後者の傍証は理論家の得意とするところである。しかし、今までのところこれらの傍証手続きの問題は論者の好みにまかされており、その方法的意味がまともな検討に付されたことは稀である。後で述べるように、具体性からの下向と抽象性からの上向というこれら二通りの手続きは、仮説 - 検証において副次的役割を果すものとしてだけではなく、リアリティを持った仮説を定立する際に決定的な役割を担うものとして捉えられることになろう。

第二の型のリアリティの喪失は、仮説 - 演繹の段階で生じている。新古典派理論のかなりの部分は、特に一般均衡論と経済成長論の数理的モデルにおいて、当初から実証を断念せざるをえないような高度の抽象レベルに属している。このような抽象的モデルに対しても、リアリティを欠くという批判がしばしばよせられる。まず、検証過程を欠落させているのは実証科学として落第だとする素朴な実証主義的批判がある。しかし、抽象性にとどまること自体を問題にするこの種の批判は、にわかには首肯できない。なぜなら、検証可能な個別仮説が、多くの場合、このような抽象的で体系的な認識から生み出されるというのは科学的営みの常だからである。この種のモデルは、いわば対象の全体的把握にかんする予備的認識を与えるものであって、それがなければ検証可能な仮説の定立は非体系的になり、試行錯誤によるほかなくなってしまう。さらにいえば、理論というものは、その演繹体系としての性質からして、検証の責を免れた公理系を基礎にして成立するのであり、従って、素朴実証主義からする批判は科学性の要件としての演繹そのものと抵触する可能性すらあるのである。

しかし、新古典派の抽象的モデルに対する批判には、これとは別の有効な批判がありうる。それは、抽象的理論において、公理系の地位にある基底命題およびその集合がリアリティを欠いているとする批判である。いうまでもなく、ここでは抽象レベルでの議論をしているのであるから、リアリティとは具体的経験を直接に表現しているかどうかということではない。むしろ、問題としている抽象的体系が具体的経験と照応しうるような仮説を生み出す潜勢力を持っているかどうかということである。これは、いわば可能的経験適合性としてのリアリティである。

この意味でのリアリティは何を基準にして判定されうるであろうか。新古典派の場合は、方法論的には、実証テスト以外にはリアリティの判定基準を持っていない。従って、抽象的モデルあるいはその集合としての抽象的理論は、リアリティによる判定を免れて温存しうることになる。しかも、検証可能な仮説はといえば、すでに述べたように、この温存された理論を動員することによって傍証されているのである。少し極端にいえば、新古典派の体系全体は、実証テストが頼りないものだという先の評価を認めるならば、リアリティによっては否定もされないし肯定もされない類いのものになっている。しかし、経験との照応は、経済学が経験科学である以上、離れることのできない条件である。ここで、新古典派における基本的前提のリアリティを検討するための手続きを、実証テストとは別のところに準備しなければならないことになる。換言すると、われわれは、リアリティを持った仮説あるいは理論を定立するための手続きをみつけるという難問に逢着したわけである。

二　理論の包括性

このような仮説定立の論理の一般論が果して可能かどうか、大いに疑義のあるところであろうし、仮にありえたとしても、とうてい著者の手に負える事柄ではない。ここでは、新古典派的な理論体系の特徴的な欠陥を指摘し、それを是正するには何が必要かという具体的論点に即して考えてみよう。結論を先取りすれば、新古典派的理論の欠陥は、経済行動を包括的に捉えることができないという点にあり、従って、理論体系の包括性が理論の可能的経験適合性の一つの要件だということを考慮すると、新古典派的理論はリアリティに欠けることになる。これが本節の要旨である。

このような結論はとりも直さず、理性的個人を前提した上での個別主義あるいは要素還元主義に由来するものである。行動の要因を全知的合理性（これをとりあえず理性的とよぶことにする）に一元化し、さらに、社会全体の構造的および機能的特性を個人の特性にまで還元しうるとするのは、一つの特殊な立場である。K・R・ポパー（159）のように、要素還元主義に加えて理性的個人の前提をおくことを擁護する場合においてさえ、それは現実の行動の偏差をみるための仮想的な（彼の言葉でいえば）〝ゼロ座標〟として示唆されたものにすぎない。すなわち、新古典派において通常行われているように、その偏差がすべて単なる確率現象として存在するということまで指示してはいない。いずれにせよ、経験的な経済行動の中に非理性的な行動要因と個人には還元できない全体的特性があることを認めるならば、新古典派は経験世界の広さとの関係で包括性に欠けることになると予想される。理論の包括性をもう少し詳しくみるためには、まず経済行動を共時性のレベルにおいて考察するのが有益であろう。

共時的構造とは、時間の経過の中で営まれている実際の経済行動を秩序化している基礎的構造を、時間を捨象した形で論理化したものといえよう。新古典派の経済学は、定常状態あるいは一時点の静態モデルとしては、高度の形式に到達しているといわれる。確かにその通りであるが、この共時的モデルは理性的個人の仮定にあまりにも強く依存するために、いささか一面的な構成をとっているといえる。それは、たとえばT・パーソンズ（141）、（142）、（145）の社会行為にかんする構造‐機能モデルと比較したときに明瞭になる。パーソンズは、経済システムを下位システムとして包摂する社会的行為の一般システムを、周知のA・G・I・Lの概念図式によって捉えた。この図式が最善のものかどうかはともかく、それは社会の構造的把握において新古典派よりもはるかに包括的であり、そして根本的である。

パーソンズによれば、一般に、経済的行為は社会システム全体の中で適応的機能（A）をつかさどるものであり、それは目標達成（G）、統合（I）および潜在的価値パターンの維持（L）といった他の諸機能との相対で、社会的行為の全体的構造における一分岐として配置されている。また、経済という下位システムは、政治をはじめとする他の下位システムとの間において相互交換を行うものとして捉えられる。ここで、経済行為の独立性という新古典派に特徴的な仮定とは全く別の、社会的諸行為の相互依存性が明示されているのである。このような包括的把握に成功した最大の理由は、社会を一つの全体としてみて、そこにおける構造諸要素間の関係に主たる関心を注ぐという構造主義的（システム論的あるいは全体論的といってもかまわない）観点を採用したところに求められよう。このことは、彼の概念図式が社会的に共有される価値パターンというものを軸にして組み立てられていることに明瞭に読みとることができる。

また、このような包括的視点がパーソナリティ論に持ち込まれる場合には、個人の諸動機および行為様式をも包括的に捉えることを可能にする。たとえば、動機づけにかんするウェーバー的な四元図式、あるいは社会的役割における志向性にかんするパーソンズら（143）のパターン変数の組合せ、といったものによって人間を構造化することが可能になる。ここでも、理性的なアトムとして個人を表現しようとする新古典派と鋭く対立することになるのである。いずれにせよ、パーソンズ的ないわば行為の原理論は、その包括性において新古典派をはるかに凌駕するといわなければならない。

そして、このような広い意味での構造主義的接近法は、別に社会学に特有のことではない。文化人類学のC・レヴィ＝ストロース（98）、心理学におけるJ・ピアジェ（152）、生物学におけるL・フォン・ベルタランフィ（12）、さらには政治学におけるD・イーストン（40）らの諸業績に、この構造主義的流れをみてとることができる。また、これらの行為にかんする包括的構造理論のいずれが、具体的経験をどの程度過不足なく包摂しうるかということも、さしあたり問題ではない。問題なのは、経験世界と抽象的理論との間のいわば位相的な対応関係であって、その点、新古典派的枠組は経験との構造的対応を欠いているといわなければならない。これら他分野における研究は、おしなべて、理性的個人の前提による仮説‐演繹の限界を明確にしていると思われる。新古典派的な抽象理論の限界は、ややパラドキシカルではあるが、その抽象性を広さにおいても深さにおいてもいっそう推し進めてみることによって、次第に明らかになるであろう。他分野の成果との比較検討によってこの作業を進めた場合、おそらくは、新古典派に特有の高度の論理的操作性を犠牲にせざるをえないであろうが、経験との照応のために理論の包括性が必要だとすれば、それもやむをえないこととしなければならない。

さて、パーソンズをはじめとして比較的明瞭な概念構成を持った包括的理論は、実は、時間およびそれに伴う不確定要素を捨象するところにはじめて可能になったものである。時間要素の切断は、一面では安易な社会進化論あるいは歴史的決定論に対する批判であるとともに、他面では科学の営みが必然的に要請する厳密な体系化のために（少なくとも今までのところ）必要なことでもあった。時間要素の導入は人間の自由意志に多少とも発言権を許すことであり、そこでは実践的要因が介在するために、人間行動にかんする客観的認識が不可避的な障害にぶつかることになる。このことを逆にいえば、時間要素の排除が個人や集団といった経験的主体をも排除せざるをえないということでもある。なぜなら、経験的主体とは、まさに時間の中での実践を通じて状況を感じとり、それを認識的に整序し、評価し決定して、新たに実践しているものにほかならないからである。

たとえば、パーソンズにおける行為モデルは、機能というあくまで主体とは分離された構成概念によって組み立てられたものである。またたとえば、レヴィ＝ストロースの構造主義的モデルにしても、コードあるいはメッセージといったシンボリカルな構成概念を用いた言語学的モデルである。彼らは、このようなモデルによって、人間の行動や認識の奥底に半ば不可視の構造として存在する（と彼らが予想した）秩序を表現したのである。従って、たとえば、パーソンズが経済行為をあたかも経済主体の行動であるかのように叙述するときにも、それはあくまで、経済的機能を純粋な形で営む仮構的主体を仮想した上でのことである。彼にとって、この純粋型の主体が経験と照応しえないことははじめから明らかなことなのである。これに対して新古典派の純粋型は、基本的には経験に照応するはずである、すなわち平均型であるという無理な飛躍を行わされている。またそうしなければ、検証手続きに回せないはずでもある。このような短絡を行うところに、新古典派的理論が形式的に完成の域に達しながら、経験との照応で破綻をみせる根拠がある。仮構は仮構であるかぎりにおいてその役割を果すものだからである。

とはいえ、原理論的レベルに属する行為理論が静態的枠内にとどまらざるをえないということは、新古典派に存在価値を与えるもとでもある。すなわち、パーソンズの概念構成が新古典派の一般均衡論から想を借りたという事実にうかがわれるように、静態的な範囲にとどまるかぎりは、理性的個人を仮設しても、パーソンズの構造主義的モデルと形の上では同型なものを導けるに違いない。パーソンズらがすでに一九五〇年代初期に、経済学と社会学との接合をはかる試みを行ったにもかかわらず、それが新古典派にとってさしたる刺激とはならなかった一半の理由は、おそらく、静態的枠組における両者の共通性にあったと思われる。さらに、パーソンズ的な社会行為のモデルが構造的包括性の代償として主体の問題をほぼ完全に切り捨てたのに対し、新古典派は構造的には狭隘であるが、曲りなりにも理性的個人という（一面的ではあるが）主体らしきものを登場させたという点で、経験的世界に一歩近づいた表現をとっている。この点でも、構造主義的方法が理論の包括性において示す有利性については、少し割り引いて考えなければならない。

ともかく、行為の原理論が持つ包括性が、経験的主体の行動仮説の次元における包括性とは直ちに結びつかないことが分る。時間を含んだ（すなわち動態化の契機を有した）行動モデルは、原理的レベルの理論からはすぐ出てこないのである。もう一段階上向したところに、検証可能な行動仮説を生み出しうる潜勢力を持った包括的な理論（あるいは理論らしきもの）が果して可能かどうかを尋ねてみなければならない。

三　集団の経済行動

経験的照応性を保った行動主体を設定するとき、パーソンズ的な視点を考慮に入れるならば、個人に先行して集団の次元で捉えるのが妥当であろう。すなわち、個人は新古典派におけるように理性的アトムなのではなく、R・ダーレンドルフ（33）に倣っていえば、いわばホモ・ソシオロジクスである。ホモ・ソシオロジクスとは、個性の社会化と社会的価値の個人への内面化とを営む、ある社会的役割の担い手の意である。このように、個人をまず社会的動物として捉えるならば、経済行動の観察単位として企業、家族等々の集団を取り上げた方が個人の社会的規定を明示できて有益だと思われる。むろん、このことは集団を実体としてみるということではなく、また集団を諸個人の単なる集計としてみることでもなく、諸個人の関係を構造化する一つのシステムとしてみるということである。しかし、集団の経済行動を取り上げると、次のような種々の複雑な問題が発生する。

まず、集団から出発するということは、集団の構造にとり込まれるという面で諸個人の同質性を問題にするわけであるが、それと同時に、集団との関係で個性が形成され発揮されるという面では、諸個人の異質性をも問題にしなければならない。集団内外における集団と個人との相互作用を通じて、集団の構造と個性の構造が互いに相補的なものとして析出されてくる。この意味で、たえず全体と個との二元的構成が考慮されることになる。しかも、この集団的契機と個人的契機は、集団の次元においても個人の次元においても、必ずしも均衡した状態にあるとは限らない。むしろ一般的には、両者の対立・葛藤が集団の新たな構造化と個性の新たな展開の原動力となる。

また、集団を中心に据えるという視点は、個人の意識の問題についても多層的に捉えることを要求する。すなわち、一面では、伝統、情動および価値などにかんする個人の動機づけは集団的場との関わりなしには考えられないものである。また他面では、集団および個人は不確定な将来に向って行動を企てるものであるから、目的合理的な枠組が必要になるとともに、その枠組を安定化するためには伝統的および価値的な枠組による支えが必要になる。そして、これら諸動機の間においても対立・葛藤が存在し、それが変化を生み出す要因になる。

次に、集団は一般に経済行動以外の行動をも合せて行っている。ここで経済行動というのは、K・ポラニー（157）の定義とほぼひとしい実質的な意味においてである。[1] すなわちそれは、財およびサーヴィスの流れを中心にして営まれる相互作用の過程に、多少とも制度化された動機づけにもとづいて関与することである。集団はこのような経済行動のほかにも、シンボルや権力を中心にして営まれる文化的、政治的行動などを同時に行っている。これらの諸行動が各々分離されているという例外的な事態を除けば、経済行動は他の行動との相対的関係を抜きにしては明らかにされえない。そしてここでも、さまざまな行動の間の相互依存性と対立・葛藤が取り上げられなければならない。

最後に、集団の経済行動における機能的分析が必要になる。集団は、まずその果す第一義的な機能によって、他と区別されるものである。たとえば、企業は適応機能の優越によって、また家族は価値パターン維持の機能の優越によって特徴づけられる。従って、問題とされる経済行動がいかなる機能を果しているのか、また補足的に取り上げる他の行動の機能はどうか、ということを問うてみなければ、一つの社会システムとしての集団の構造と機能は明らかにされえない。

このように、集団および行動という経験と直接に対応しうる概念を取り上げるや否や、分析の射程が飛躍的に増大することが分る。おそらくその分析作業は、社会学、社会心理学、さらには政治学等々の協同を必要とする。経済行動という一つの行動に焦点を当てた上での諸科学の協同、これこそミュルダールが「超学的接近」という提唱によって意味しようとしたところであろう。このほとんど気の遠くなるような仕事に着手し、そして失敗したのがほかならぬ制度学派である。諸科学の総合という、難行であることが明白で、そしてその接近方法について何らの基準も提出されていない課題については、制度学派の失敗から学ぶことすら必要であろう。

制度学派が何を目指したか必ずしも分明ではないが、明らかなことは、経済行動における嗜好や制度の変化を内生的に説明し、しかもその説明の論拠を形式的分析を越えた概括的な文化論の領域に求めた、ということである。そしてその叙述全体は、A・G・グルチィ(60)がいうように、ホーリスティックと形容するのが妥当である。しかし、制度学派がホーリズムにこめた多様な内容にこそ、彼らの魅力と蹉跌の原因があるようである。

ホーリズムの第一の、そして最も重要な内容は、社会を一つの全体としてみるということである。これはすでに指摘したように、構造主義的接近と軌を一にするもので、きわめて重要な見方と思われる。ただし、制度学派における全体論的把握はいわば思想的なもので、明確な概念構成を持っているとは思われない。われわれは、パーソンズやレヴィ＝ストロースをはじめとする社会的行為の原理論において、制度学派を凌ぐ成果をすでに手にしているのである。

第二の内容は、ダーウィニズムの系譜に属する進化論的視点である。ただし、この進化論はマルクス主義的な社会的決定論ではなくして、J・R・コモンズのいう「自発意思の原理(voluntarism)」に典型的にみられるように、個人の理性的発展までも含んだ進化論だという点で、いかにもアメリカ的である。いずれにせよ、社会の動態的分析を進化論的パースペクティブによって大づかみに表現するのは、あまりにも大胆というほかない。少なくともそれは、科学的な営みといえるものではないことは確かである。問題発見的な作業としては評価できても、仮説‐演繹および仮説‐検証の過程につながりそうにないからである。

第三の内容は、問題に対する経験主義的接近の重視である。仮説の定立において経験との照応を回復不能なまでに欠如してしまった新古典派的な形式主義に対する批判としてならば、制度学派の経験主義的立場が一応の反立になりうる。また、仮説定立に際しての科学者の心理についてまで考えることを要求し、そしてデカルト的二元論に抗して科学者の習慣的心理に認識の基礎を求めたパースの立場は、今こそ評価されなければならない。しかし、もしこのことが、制度学派において実行されたように、演繹そのものについての蔑視に連なるのならば、受け入れるわけにはいかない。その理由は簡単で、検証とならんで演繹が科学の要件だということをどうしても否定できないからである。

第四の内容は、実践的認識の問題である。制度学派は、しばしば、制度の改革に強い関心を抱き、社会改革につながらない認識を軽視する傾向があったといえよう。この点でも、制度学派はプラグマティズムの子であり、アメリカン・デモクラシーの子である。この実践への根強い執着が科学的方法の軽視と結びつくとき、それが制度学派を彩る主観主義、経験主義あるいは進歩主義の土壌になったことは否めないであろう。

このようにみてくると、制度学派は、リアルな対象を包括的に分析しようとした点でわれわれの導きの糸となることは確かであるが、対象が要求する総合科学化の試みをまったく不十分にしか果していないといってよいだろう。この意味で、ガルブレイスの『ゆたかな社会』(52)から『新産業国家』(53)をへて近著『経済学公共と目的』(54)に至る諸論稿は、制度学派の特質をそのままに受け継いでいるのであって、少なくとも「制度学派への転換」がガルプレイス的な方向に見出しえないことだけは確認しておいた方がよい[2]。では、経済行動論における総合科学化はどのように進められるべきだろうか。このことを考えてみるに際して、励ましになるのは、C・W・ミルズ(122)の「すべての者は自己自身の方法論者たれ」という提唱である。前節までの議論を踏まえ、そして制度学派の失敗を教訓にして、方法的にみて次の諸点が重要だと思われる。

第一に、総合化は経済行動という個別対象を分析する方向で行われなければならない。これは、原理的抽象と具体的経験の中間に、いわば段階論として経済学という（総合化を伴う）個別科学を位置づけることである。このことによって、総合化の持つ遠心力が議論を拡散させるのを避けることができよう。制度学派や近時の学際的研究における不毛の原因は、おそらく、この種の段階論を飛びこえて、経験をトータルに分析しうるとする楽観論にあると思われる。さらにいえば、政策的実践において操作性をもった論理は、少なくとも方法的には、このようにして段階論のレベルで組み立てられた個別諸科学のそのまた総合として存在すると思われる。

第二に、総合化を行うにあたっての大きな枠組は、社会行為（および文化、パーソナリティ）の原理的レベルに属する理論によって与えられる。すなわち、総合化における鍵概念、その集合およびその構造は、主として、共時的な次元で精緻化された理論の中からつかみ出される。ただし、新古典派的な理論は、その包括性の欠如のために、総合化のための原理論としては必ずしも有効とは思われない。

第三に、総合化は行動仮説を定立するための論理であって、検証にまでつながるものとしての仮説‐演繹の作業はその後段に位置する。数学的技術の限界のもとでは、おそらく、仮説定立の作業によって示された行動の一般的構造を分解して、いかなる要因が第一義的に働くかということを基準にして行動の類別化を行わざるをえないであろう。たとえば、企業行動の中における集団的契機と個人的契機との複雑なからみ合いは、企業の長期計画に集団的契機が作用し短期計画に個人的契機が作用するとみなすことによって、形式的分析の可能な形に単純化されよう。

第四に、総合化は原理的理論によってその基礎を与えられるにしても、同時に、原理的理論からの乖離によっても特徴づけられる。そこでは、たとえば、集団性と個人性、意識性と無意識性、静態と動態（あるいは恒常性と可変性）等々の二元的構造の組合せが問題にされよう。そしてさらに、これらの二元的構成の中に構造の緊張、不安定、不均衡といった変化の要因を探ることが必要になろう。

第五に、総合化における主観的要素にも触れておかなければならない。制度学派において問題にされた進化論、経験論そして実践論的な視角は、研究者の知覚、感情、思考そしてそれらを統轄する動機型式にたいして多大の影響を持つ。これは、T・L・ソーソン（196）の「視角状況」に関係するものである。われわれの総合化の営みは、一方では原理的抽象のレベルに基礎を持つとともに、他方ではわれわれ自身のトータルな状況把握によってつき動かされている。この種の視角状況からわれわれが逃れられない以上、むしろ視角を拡げ状況把握を確かにする方を選ぶのが認識の客観性にとっても効果的であろう。

このような暫定的な方法的視点にたち、そして「方法論者よ、仕事につけ」というミルズの言をもって自戒としながら、集団の経済行動にかんする仮説定立の準備作業を行うことにしよう。

（1）　ポラニーにかんする著者の暫定的評価については付録第二論文をみられたい。
（2）　ガルブレイスと制度学派の関係については付録第一論文をみられたい。

ソシオ・エコノミックス

第一章　コミュニティと公正規範

市場という交換機構は、いうまでもなく、コミュニティを構造化する多くの機構のうちの一つにすぎない。しかも、これらの諸機構は一般に相互依存的関係にあるのであるから、市場機構の在り方は、他の機構の態様によって種々の掣肘を受ける。たとえば、私有財産制と契約の自由という法的枠組は、市場機構を作動させるに当って最も根本的な役割を果す。しかし、ここで取り上げたいのはこのような周知に属する事柄ではない。コミュニティは一般に、個別的な活動と共同的な活動との複雑な組成である。市場は主に前者の活動に関係するものであり、また、他の個別的活動も市場類似的な機構によって処理されている。しかし、後者の活動については必ずしもそうではない。経済行動のもたらす公共的諸問題は多少ともコミュニティの共同性に関与するものであり、そしてそれは市場とは異質な機構によって処理されている。さらにいえば、共同的活動と個別的活動とは必ずしも並列的に論じられるべきものではなく、むしろ、共同性の基礎の上に個別性が展開される関係として捉えるのが妥当である。本章では、経済学における最大の難問の一つである公正規範の問題を、コミュニティの集団的構造（とくにそこにおける共同性）という視点から、そして今までの諸見解の批判的検討を通じて、明らかにしてみたい。

一　効率と公正

長いあいだ市場的活動を主たる分析対象としてきた経済学は、今、非市場的活動にまで射程を拡げた政治経済学へ転換する必要に迫られている。環境、所得分配、教育そして医療などにかんする公共的諸問題が激発してくるにつれ、いわゆる市場の失敗に対する公共的対策を論ずる公共経済学が重大なトピックになりつつある。しかし、少なくとも今までのところ、公共経済学といわれるものも、市場的経済学の外延的拡張の域を出ていないように思われる。それは、パレート最適性の議論の中で蓄積されてきた伝統的分析用具の新しい応用分野の観すら呈している。

周知のように、一つの規範概念としてのパレート最適性規準は、所得分配の問題をより高次の社会的価値判断に属することとして視野の外におき、資源配分の効率性についてのみ論ずるものである。しかし、この分配と配分あるいは公正と効率の二分法は、一つのアポリアをはらんでいる。すなわち、公共的政策の多くが所得分配にかんする決定と無関係ではありえないという問題である。公共的な資源投入は多少とも所得分配に影響を与えるのであり、そのことによって効率的資源配分の前提条件を変化させる。分配と配分は原理的には同時に解かれなければならず、そのためには、パレート最適性の規準よりももっと強い社会的価値を設定しなければならない。これは経済学が最も苦手としてきた領域である。

経済学が公正の問題をなおざりにしてきたのはなぜかという問が出た場合、通常の回答は次のようなものである。その問題は経済学というよりもむしろ政治学や倫理学の分野に属するのだ、というのがそれである。しかし実は、経済学が市場的分析に集中できたもう一つの理由は、市場機構によって長期的にはある種の公正な分配が実現されるであろうという実証的推論が広範な了解をえてきたという事実にある。A・スミスの『国富論』(186)にはじまり、M・フリードマン(50)とかP・A・サムエルソン(174)といった著名な人々による教科書に、その例をみることができる。すなわち、職業選択と移動の自由および教育機会の均等が法的に認められていれば、競争的市場における機能的分配が所得格差を是正するだろう、という推論である。各人の(限界生産力からみた)能力が歴史的に与えられた資産の賦存状態に依存するとしても、能力形成に対する資産の限界生産力が逓減的であるならば、長期的には能力の均等化が達成されるにちがいない。まして、高率の相続税によって資産分配が平準化されれば、この均等化作用はいっそう強められよう。それでもなお残る能力格差は生得的なものであって、それに由来する所得格差は個人を尊重する立場からして認められる方が自然だ、という判断がつけ加えられる。これは、いわば能力主義(meritcracy)とでもいうべき一つの公正規準である。

M・ウェーバー(210)がいうように、あらゆる社会制度は、それを正当とする文化・価値によって支えられなければ、存続しうるものではない。資本主義的市場機構を正当とする一つの根拠は、この能力主義という価値に求められてきたとみるべきである。そして、経済学は(しばしば暗黙のうちに)この価値を前提してきたわけである。しかし、このような価値の持つ公正さについては、すでに多くの疑念が提出されている。経済学の内部からする批判は、たとえばS・ボールズ(17)のように、教育による社会的移動性の向上という主張が自由と平等を偽装した外被にすぎず、実質的な不自由と不平等が依然として人々の活動を制限している、という点に向けられているようである。しかし、この種の批判は、いわゆる過渡的格差の重要性を指摘するならばともかく、能力主義に対する根本的批判にはなりえないと思われる。教育による所得の平準化は、（少なくともわが国では）大勢として否定できないことだからである。能力主義の真の限界は以下の三点にある。

第一の限界は、能力主義にもとづく競争場裡から脱落した少数者、すなわち所得平準化の恩恵に与かることのできなかった人々の存在である。彼らは、まず、共同体的な相互扶助の機構が弱体化していることからして、実質的な側面で改善の方途を見出し難い。さらに、能力主義に根差す社会的成功という価値が社会を律していることからして、彼らの失敗は精神的にいっそう深刻にならざるをえない。これら少数者の存在は、平均値でみた平準化の犠牲として、社会的進歩の否定面を表わすものである。

第二の限界は、能力の評価が主として市場化可能な生産物を創り出す活動について行われる、という点である。量的測定や私的占有の困難な生産物にまつわる活動を等閑視するのは、あくまで市場志向的なパーソナリティに特有のことにすぎない。そして、このようなパーソナリティが市場的環境の中で育成されているのだとすれば、そこにおいて、社会の多数者もまた進歩の犠牲者となりうる可能性がある。それを示唆するには、自然環境の汚染や都市環境の荒廃をあげればさしあたり充分であろう。

第三の限界は、能力主義の基礎となる限界生産力説それ自体が決して最善の仮説ではないというところにある。詳しい説明は後にするが、重要なのは、生産の場が単に諸個人の活動を集計する平面なのではなく、諸個人の関係を位階的に秩序づける立体（すなわち組織）だということである。組織のヒエラルキーは、技術的以外の理由から、分配上の格差を要求する。すなわち、所得格差は生産力という技術的概念によって捉えきれるものではなく、操作‐被操作、命令‐服従といった社会関係的な文脈の中に位置している。そうだとすると、能力主義を正当とするためには、現存のヒエラルキーを是とするという、もう一つ別の、必ずしも普遍性を持ちえない観点が必要になるはずである。

このようにして、分配の公正にかんする市場の失敗が明らかになると、公正な分配を論じるためには、能力主義とは異なった社会的規範を導入しなければならなくなる。経済学における社会的規範の議論については、すでに多くの解説が出されていることでもあるから、ここではごく簡単に触れるだけにしておこう。まず議論の嚆矢をなしたA・C・ピグー(155)は、効用の可測性と個人間比較の可能性という、後にL・ロビンス(163)によって激しく批判されることとなった前提に立って、公正規準としての均等分配を導こうとした。そのためには、各人の効用関数の同型性と社会的重要度の均等性という仮定が必要とされた。これらの前提や仮定はすべて価値命題であって、事実命題ではありえない。ピグーの拡張を目指したいくつかの論究も、この点では同類に属する。

たとえば、A・ラーナー(95)やA・K・セン(178)は効用関数の同型性の仮定を一般化して、種々の効用関数のうちどれを採用するかということにかんする確率が各人においてひとしいという仮定を持ち込んだ。しかしいうまでもなく、この仮定は事実に迫るものとはいい難い。他方、諸個人の社会的重要度については、サムエルソン(175)、A・バーグソン(10)あるいは、O・ランゲ(90)などによって拡張が行われ、より一般化された社会的厚生関数へと進んだ。しかし、このことは形式的に一般化しただけであって、誰がいかにしてその関数を形成するかという事実については、依然として何も語らないのである。結局のところ、ピグーの流れをくむ接近に具体性を付与しようとすると、それは所得再分配の実行権限を持つ政府の価値判断だと説明するほかない。諸個人との関係を断ち切られたこのような価値判断は、社会的規範としてはあまりに特殊だというほかない。

逆に、あくまで個人的決定に即した形で再分配を論じようとするのは、H・M・ホッチマン＝J・D・ロジャース（72）によるいわゆるパレート最適再分配の考え方である。今、諸個人は自分の制御する財からばかりでなく、他者の所得水準からも効用をうるものとしよう。これは、他者との貧富差にかんする各人の社会観を表わすものである。これにもとづいて、各人は所得再分配にかんする自発的な需要もしくは供給を持つことになり、通常の議論と同様にしてパレート最適な再分配の契約曲線を求めることができるわけである。しかし、このように社会的規範の問題を個人の同情あるいは嫉妬といった純個人的な心的特性に還元するのは、果して妥当であろうか。仮にそうだとしても、数あるパレート最適点のうちでどれを選ぶべきかという問題は残されたままである。いずれにせよ、社会的規範の形成という問題を回避するわけにはいかない。節を改めて検討しよう。

二　多数決と全員一致

経済学およびその周辺で社会的規範の形成について論じる場合、そこにおける最大の特徴は、個人主義と全知的合理主義をできるだけ重んじようとする方法的姿勢にある。これは、理性的個人の経済行動を機械的に調整する場としての伝統的市場の論理を、社会的規範にかんする公共的意志決定の場にまで拡張しようとする試みである。政治の場において仮定されるこのような主体をA・ダウンズ（35）にならって「ホモ・ポリティクス」と呼ぶならば、それは経済学において正統的なホモ・エコノミクスからの類推によるものなのである。ホモ・ポリティクスは、ダウンズ、J・M・ブキャナン＝G・タロック（20）が明らかにしたように、社会的規範の形成を諸個人の意図的選択にもとづく合意、すなわち契約として取り結ぶ。これが、いわゆる「民主主義の経済理論」の骨子である。

むろん、政治の場における契約は決して容易には達成されない。いま仮に、諸個人が利己的に行動するものとすれば、その場合、社会的規範も諸個人のさまざまな利己的動機と合致するものでなければならなくなる。しかし、K・J・アロー（2）が論証したように、民主主義的条件の下で、異質な諸個人の利己的行動から斉合的な社会的決定を導くのは一般に不可能なのである。それが可能であるためには、諸個人の判断をある部分で同質に保つような契機がどこかに存在しなければならない。独裁とか道徳といった類いの外在的強制による同質化は、個人主義の立場からして受け入れるわけにはいかない。そこで、A・スミスの『道徳情操論』（185）の伝統にのっとり、同情あるいは利他主義という心的性向を導入することによって、諸個人の同質化がはかられる。次節で詳しくみるように、ホモ・ポリティクスの仮定の一つの難点は、同質化の契機を個人心理の平面に限定せざるをえないところにあるのである。

ともかく、このようにして諸個人の部分的同質化が確保されたとすると、民主主義的手続きによって斉合的な社会的決定が可能になる。それは一般に多数決方式によって行われる。多数決制が全員一致制より合理的であるのは、社会的決定に要する費用、すなわち情報伝達、説得、会合等々に要する時間的および経済的犠牲が少ないからである。ここから、多数決制は合理的諸個人による合理的政治の形式とされるのである。しかし、多数決制が安定的であるためには、少数派の顕在的および潜在的な不満を多少とも抑圧しなければならない。多数決制は、異質な諸個人の葛藤を処理する形式であるとともに、葛藤の原因をその形式の内部では処理できないという意味で、あくまで政治的決定である。

しかし、民主主義社会といえども多数決だけによってすべての社会的決定が成り立つわけではない。多数決制に先行するものとして全員一致の社会契約があると想定しなければならない。すなわち、憲法的決定とよばれるのがそれであって、憲法は社会の長期にわたる基本的枠組を定めるものであるから、社会の成員にとっては定義的に全員一致でなければならない。政治的決定はこの憲法によって枠組をはめられることにより、自らの持つ抑圧の可能性に限界を画され、その面で安定性を保証される。民主主義社会では、憲法の中に諸個人の同質性が確認されているものと観念されるのである。このような理解を当分のあいだ前提して論を進めよう。

さて、分配の公正をはじめとする公正規範の決定は、政治的決定と憲法的決定という二つの層のいずれに位置づけられるであろうか。経済学における議論の多くは、政治的決定の層に解決を求めている。ここで当然の疑念が生じる。公正という概念は、社会のあらゆる成員にとって公平であり正当である、という意味内容を持つと考えるべきではないのか。多数決に依拠する論者は、多数決制を容認している憲法に各人が同意しているという間接的論拠にしか公正さを見出せない。しかし、この憲法に対する全成員の同意はどのようにして達成されたと考えるべきだろうか。それは公正という問題と密接に関わっているのではないだろうか。

公正概念を憲法的な場において確立しようとした最近における貢献はJ・ロールズの『公正の理論』(160)であろう。それによれば、合理的諸個人はすべて社会の長期的枠組にかんする次のような二つの原理に同意するであろう、という。一つは、「他者の自由と両立するかぎりにおいて最大限の自由をうける平等な権利を有する」という原理である。もう一つは、「地位と職業が開放されていない（いる）かぎり、不平等は恣意的なものである（ない）」という原理である。この二つの原理は、ロールズが説明しているように、そしてロールズを引き継ごうとする青木昌彦氏（1）も主張されているように、現下の公共的諸問題に対して種々の公正規準を与えることができるかのように思われる。ここにはじめて、公共経済学は全員一致の憲法的次元にまで遡った公正規範を持つことができたというわけである。

しかし、まだもう一つ重大な障害が待ちうけている。ロールズの公正原理が全員一致で成立するためには、J・J・ルソー（171）の社会契約論がそうであったように、いわゆる始原状態（**original position**）の仮定が必要である。すなわち、各人は自他の状況について無知である、と仮想しなければならない。この始原状態の仮定をいかに評価するかという点で、重大な分岐が生れる。まず、民主主義の経済理論に依拠する人々（従って経済学者の多く）は否定的評価を下す。その反駁は、容易に予想しうるところであるが、「歴史の上で始原状態が存在したことは一度もなかったし、今後もないであろう」という類いのきわめて直截なものである。この、単純ではあるが強力な論拠によって、多くの論者は政治的決定の場に退却するか、あるいはそれにあき足りない人は大胆にも超越的正義に頼ろうとする。

しかし、始原状態の仮定にもとづくいわゆる一般意志への合意を歴史的な観察事実から否定しようとするのは、ルソーに対する理解としてはいささか皮相的である。一般的合意にまで遡行せよというルソーの発議は、歴史的発生の追跡を指すというよりも、むしろ個々人のいわゆる特殊意志を掘り下げることによって、その奥底に人々を同質化させる根源的な契機を探ろうとするものである。ルソーにとっては、彼の垣間みた直接的な（J・スタロバンスキー（192）にいわせれば「透明な」）コミュニケーションの可能性こそ、法と道徳の理想的秩序の根底に据えられるべきものであった。『人間不平等起源論』（170）で展開された自然人の想定は、直接的コミュニケーションを文明がいかに抑圧しているかを示す試みであった。そして、『社会契約論』における一般意志の概念は、人間の自然性を社会的に維持し発展させうるような制度を展望するのに必要だったのである。ルソーこそ、人間のコミュニカティブな関係、つまり意思疎通的な関係の根源へ降りて社会的規範を導こうとした最初の人である。ルソーの提出した仮構的世界は、歴史の表面で観察された事実を対置することによって簡単に覆えされるようなものではないのである。

しかし、このような留保をつけたとしても、社会契約論はあくまで理想主義的なものであって、それに到る実現の過程が示されているわけではない。従って、実際的解決は常に政治的決定の問題だということになり、公正規範は憲法の理想の中に封じ込められたまま、人々の具体的生活に関与することは少なくなる。しかし、次のような問を発してみることができる。社会契約論が理想主義の平面にとどまらざるをえないのは、直接的コミュニケーションだけを唯一根源的なものとして取り出すことに起因するのではないのか。そして、始原状態という極端な仮構は、合理的諸個人の意図的合意の結果として社会を構成するために必要とされたのではないのか。すなわち、個人という要素にまで還元して社会的規範を説明するためには、理性という外被をまとった、内実を持たない個人を仮想しなければならなかったのである。このような仮構は確かに極端にすぎる。現実のコミュニカティブな関係の総体を取り上げ、そしてより包括的な概念的構図の中に、社会的規範の成立を読みとることはできないであろうか。ルソーの着想は、そこにとどまるにはあまりに不安定な台座であるとはいえ、われわれをコミュニケーションの問題へと押し出す力を持っている。そしてコミュニケーションこそは、コミュニティを含むあらゆる集団を構造化する最も基本的な社会的過程なのである。

三　個人と集団の相互作用

多数決制にせよ全員一致制にせよ、個人主義的な接近法における個人間の相互作用は、主として、機械的集計の結論が諸個人を拘束するという形で扱われる。これとは逆に、社会的規範を諸個人にとって外在的なるものとして措定する仕方もありうる。たとえば、社会有機体説から国家社会主義に至る系譜は、全体社会が個人に先行して一つの実体として存在するものと前提している。財政学におけるいわゆる能力説も、この流れに属する。さらに、E・デュルケーム（39）の集団表象、あるいはT・パーソンズ（141）（142）における独立変数としての文化・価値という考え方なども、外在的規範の方に傾斜しているといえよう。そこでは、社会的な価値や規範が諸個人に内面化されるということが重要なのであって、個人の側からの規範形成に対する作動は、無視ないし軽視される。

この種の捉え方は、未開社会の定常的文化の構造とか、個人の無意識構造を解き明かす場合には、確かに有効である。しかし、ひとたび理性と個人意識を社会的発展の原動力として取り込んだ近代社会については、規範の外在化は事態の片面しか説明できない。実際、内面化の事実をひとつ取り上げてみても、そこには、何をどのように内面化するかという点で、個人の選択性が織り込まれているのであって、単に白紙に刻印づけられる内面化ではない(1)。個人主義的な接近が一定の役割を発揮しうるのも、外在的規範に対する反立になりうるからである。

これらの相対立する二つの接近は、社会心理学における相互作用学派によって超克されつつあると思われる。そこで問題にされるのは個人と集団の間の相互作用であるが、それによって、たとえばT・M・ニューカム（135）が説明するように、個人のパーソナリティが形成されていく側面と、集団の構造もまた確定していく側面の双方が明らかにされる。相互作用は一般にコミュニカティブな行動を通じて営まれるわけであるが、その行動は認識や価値にかんする諸個人に共有のフレーム・オブ・レファレンス（準拠枠）によって支えられており、また諸個人に特有の動機と態度によって媒介されることによって、実際のコミュニケーションとなって実現する。このような行動の連鎖の中で、諸個人にとって画一的な共有規範と諸個人に独得の変異性とが互いに相補的なものとして析出されてくる。ここに、集団的規範は、個人的意志の単なる集計ではなく、個人に外在する超越的規範でもなく、諸個人の相互依存性の只中から、共同的なるものとして形成されるわけである。

むろん、コミュニケーションという概念は、相互依存性のコード化にほかならないから、経済学になじみ深い市場交換や投票なども含みうるきわめて広い範囲を網羅するものである。しかし、コミュニケーションという概念を中心に据える利点はまさにそこにある。すなわち、孤立した主体の操作的コミュニケーションばかりでなく、社会的視座に立って自己形成を促すコミュニケーション（たとえば、W・ジェームス（75）の「社会的自我」、C・H・クーリー（31）の「鏡に写った自我」、G・H・ミード（120）の「一般化された他者」）、さらには、無意識の領域にも浸透する集団的意識の形成におけるコミュニケーションをも、包括しうるのである。コミュニケーションを考える場合には、主体対客体、相互主体および共同主体という三通りの人間関係をともに取り上げなければならない。また、コミュニケーションの内容にしても、S・K・ランガー（91）がいうように、必ずしも分析的な認識領域において効果を発揮する論弁的シンボルばかりでなく、もっと包括的な知覚領域において作用する非論弁的シンボルをも伴うのである。ともかくここで問題なのは、さまざまな形式と内容において営まれるコミュニケーションを通じて、諸個人の思考、感情、知覚そしてそれらを統合する動機型式が形づくられ、さらには共有規範が成立する、という点である。

しかし、相互作用学派によってその実証的根拠を明らかにされつつある集団的規範形成の理論は、コミュニティの水準における規範の問題に直ちに適用するというわけにはいかない。なぜなら、そこで説明されているのは、凝集性の高い集団、すなわちある特定目標を追求するための役割体系として規定しうるような集団、つまり組織的集団（多くの場合、小集団）において看取しうるものだからである。もしコミュニティが、F・テンニェス（200）の「ゲマインシャフト」あるいはクーリーの「第一次集団」のような血縁や地縁による対面集団として存在しているのならば、そこにみられる高い凝集性は、当然に共有規範によって練り固められたものであろう。しかし現代的コミュニティにおいては、その内部における役割が高度に分化し、そして家計、企業、政党などの形で分立し凝固した諸組織がそれぞれ異なった特定目標を追求している。そして、そこにおける相互作用の中心的形態は、市場交換やマス・コミのように、きわめて間接的なものに移行する。個々の組織においては相互作用学派がみるような共有規範が成立しえても、コミュニティ全体の共有規範は、集団の分立性とコミュニケーションの間接性のために、不明瞭かつ不安定なものにならざるをえない。

とはいえ、コミュニティがいやしくもその名に値するならば、諸個人および諸組織を統合する環がどこかになければならない。ここで、相互作用学派における共有規範が、人々の具体的行動についてまで具体的に規制するという意味で強い内容を与えられることが多い、ということに注意しよう。

コミュニティ全体において強い規範を見出すのが困難である以上、もっと弱い規範を探してみなければならない。

そのためには、コミュニケーションを参加と活動の二つの次元に分けてみるのが有益だと思われる。前者は、コミュニケーション・システムに各人が構造要素として登場することを意味し、いわば、システムと個人との構造的関係を表わす。後者は、各人がコミュニケーション・システムに参加した上でいかなる行動をするかということであり、いわば、システムにおける過程の関係である。相互作用学派における共有規範は、後者の活動次元にまで深く関わろうとするものである。現代のコミュニティにおいて共有規範が成立し難いという場合、それは主として、この活動次元において顕著だと思われる。高度に機能分化した社会においては、諸個人は経済的、政治的および文化的にさまざまに異質な活動に従事しており、しかも、他者の活動内容については不十分にしか知りえないからである。むろん、あらゆる活動にとって有利だと思われる種類のものについては、活動次元における共有規範が比較的容易に成立しえよう。しかし、いまわれわれが欲しているのは、分配の公正といった類いの、一方の活動力を高めれば他方の活動力を低めるおそれのある規範なのである。

ここで、コミュニティを統合する共有規範を、参加の次元にまで下降してみてみなければならない。参加の問題は、コミュニケーション・システムの構造を規定することと密接に関係している。なぜなら、そのシステムは諸個人および諸組織を要素（あるいは結節点といった方が適切なのかもしれない）として構成されるものだからである。諸個人はその所属組織を各々異にしているといっても、諸組織の個別活動はコミュニティ全体の相互依存の網目に包み込まれている。この相互依存性の構造（すなわちコミュニケーション・システム）は、ゲシュタルト心理学の用語でいえば、図柄（figure）

としての個々の活動に対する地（ground）の役割を果すのである。諸個人の活動が対立・葛藤を起す場合ですら、この地としてのコミュニケーション・システムが前提されている。換言すれば、相互依存性の規則化は相互依存的諸活動に対して論理的に先行するはずのものである。

諸個人はコミュニケーション・システムの共有を基盤にして、次に、自己を社会的に関係づけるものである以上、コミュニティの共有規範もまずこのシステムの構造にかんするものでなければならない。そして、システムの構造要素の種類と多寡は、とりもなおさず参加の結果として定まるのである。いま、諸個人の参加が阻止される、あるいはそれからの脱落が防止されない、という状態にあるとしよう。その場合には、コミュニケーション・システムはコミュニティ全体のものから私的なものに転化する可能性が高まる。逆にいえば、コミュニティが統合された一つの全体として存続するためには、コミュニティの全成員の参加を確保することにかんする規範がなければならない。この種の規範を、暫定的ではあるが、次のように表現してみよう。

「コミュニティにおいては、コミュニケーション・システムに全成員が参加できるようにするための条件を整備すべきである、という共有規範が成立する」

この命題についてはいくつかの注意が必要である。第一に、このような規範の成立に当って、合理的個人とか始原状態とかの仮定は別に必要ではない、ということである。この規範は必ずしも合意による契約として形成されるわけではない。それはむしろ、人々のコミュニカティブな関係を支える最も基底的な意識として、社会的事実の経過の中で形成される。その過程における社会的コミュニケーションは、合意だけではなくさまざまの葛藤を伴い、また、目的合理的動機だけでなく伝統的、情動的および価値的な諸動機も含み、さらには、理性的意識による相互行為だけでなくさまざまに無意識的な行為をも随伴するものである。要約的にいえば、この命題は、実際に観察される複雑な相互依存関係の奥底に、半ば不可視の構造として存在していると予想されるコミュニティの統一性を示すための、事実にかんする一つの言表である。

第二に注意すべきは、参加条件を重んずるわれわれの公正規範は、個々の私的活動をすべて律しようとするものではない、という点である。参加が活動の前段にすぎない以上、参加条件の規範によって活動の終局点に至るまで規範化するわけにはいかないのである。それは、ソーシアル・ミニマムの実現に主たる関心を注ぐものだといえよう。すなわち、コミュニケーション・システムからすでに脱落している人々、あるいは脱落の危険にさらされている最下層の人々の救済を主たる内容とする。この意味で、われわれの公正規範は参加原理もしくは最低保証原理とよぶことができよう。

この参加原理は、すでに紹介したロールズの第二原理と結論的には類似している。ただし、原理の導出方法が異なっている点は別にしても、原理の意味内容にかんする力点のおき方には隔たりがある。それは、ロールズが自己の原理を「差別原理」と命名したことに端的に現れている。ロールズの場合、地位や職業にかんする門戸開放およびソーシアル・ミニマムの準備は、現実の不平等あるいは格差が公正であるということの証左になりうるのである。われわれの場合には、人々の具体的諸活動の結果として定まる諸々の格差についてまで、公正規範が成立するとは考えない。むしろ、次章で説明するように、諸個人の個別的動機に彩られる諸活動は、一般に、参加にかんする公正規範と衝突する可能性をはらんでおり、その規範を不安定化させる要因として捉えられる。

第三の注意は、われわれの問題とする参加があくまで実質的なものだ、ということである。形式的なことならば、思想・表現の自由、職業選択・移動の自由など、多くの参加規範をあげることができよう。しかし、多くの場合、これらは抽象的理念に関わるものであって、実際に実現されることまで保証しようとするものではない。実質的に参加しうるための条件を整備する場合には、多少とも経済的資源の投入が必要になる。ここから、次節で触れるように、参加の問題が公共経済学の対象となりうるわけである。

第四に、これも次節の論述と関係するのであるが、参加の条件は一つの範囲概念として成立する、という点に注意しよう。諸個人の活動能力およびそれに対する自己評価は、厳密には、それぞれ異なっている。従って、効用の可測性と個人間比較の可能性という認め難い仮定をほどこさなければ、活動のための参加条件の水準を決められないはずだ、と思われるかもしれない。(2) しかし、社会的コミュニケーションから出発して共有規範を導くわれわれの場合には、このような批判を（原理的には）回避することができる。すなわち、参加原理は、コミュニケーションの過程で思考、知覚、感情および動機型式において（根本的には）共有のフレーム・オブ・レファレンスが形づくられるという見方に立脚している。従って、この共有のレファレンスが根拠となって、コミュニティの最下層にいる個人や集団が大まかな範囲として共通に判別される、という推論が可能になる。実際、明日をも知れぬ病人や貧窮者、汚染と混雑にあえぐ人々、これらの人々もあるいは幸福なのかもしれないという懐疑に社会が浸っているのならば、（政治的居直りや文学的逆説を別とすれば）社会的コミュニケーションなどありえようがないのである。

四　参加原理と公共経済学

一つの事実命題としての参加原理は、社会的コミュニケーションの基底的レベルにおいて諸個人の同質性あるいは共同性が成立している、という認識から導かれたものであった。従って、ここで参加といっているのは、社会的意志決定に対する主体的参画という通常の意味ではなくて、もっと客観的に、コミュニケーション・システムの中で諸個人が活動可能な構造要素になることを指している。そして、諸個人の個別的で具体的な活動がもたらすであろうさまざまな格差は、参加原理の範囲外にある。ただし、それらの格差が人々の参加条件に影響を送り返す場合には、格差の程度もまた、参加原理によって限界づけられる。なぜなら、諸個人の活動能力との相対でみた過度の不平等もしくは悪平等は、人々の参加意欲を阻害せざるをえないからである。いずれにせよ、参加原理が主たる対象とするのは、個別的諸活動のための調整システム（たとえば市場）によっては解決できないような、いわゆる公共的諸問題である。

公共経済学は「市場の失敗」という概念を中心にして構成されている。[3] 費用‐便益アプローチによるテクニカルな分析からいくつか有益な情報がえられたことは認めなければならないとしても、市場をコミュニティ全体の中にどのように位置づけるかという最も基本的な点で、公共経済学はわれわれとは逆の捉え方をしている。公共的諸問題を市場の部分的機能障害（すなわちパレート効率性からの逸脱）とみなす個人主義的見地は、それを貫こうとすると、機能障害に対する社会的解決の規準を、これまた個人主義的な多数決の場に求めるほかない。そこでは理性的個人の「自由」が最大限に重んじられる。たとえ平等とか安全とかいった類いの制限が自由に対して課されたとしても、それらの制限の実質的内容を規定するのはやはり（政治の場における）自由な活動にあるとされる。だから、残されるのは自由の態様にかんする判断の差異だけである。消費者主権と市民主権がどの程度発揮されているか、それを客観的に判定するための証拠は少ないのが通常であるから、評価の主観性をめぐってとめどない議論が続く。

これに対し、参加原理は、公共的諸問題を諸個人の個別的活動に対する前提条件として解釈する。それは、いわば共同の容れ物である。平等や安全にまつわる諸条件は、諸個人に自由な活動を許すための先決条件だとみなされる。そして、それらの実質的内容は（具体的な量的水準についての決定はともかくとして）範囲としてはコミュニティの全成員に共通なるものとして客観的に定まると考えるわけである。公共的諸問題の重大化は、市場の失敗ではなくて、むしろ、市場の前段階にある共同的秩序の形成における失敗である。

市場が正当性を付与された制度として存在するのは、それが諸個人の自発的意志にもとづく平和的交換のシステムだという了解があるからである。人々におしなべて自発性を保証するのは、交換が何がしか平等であり安全であるという社会的通念である。この交換の前提となる通念こそ、参加条件の確保によってえられたものである。むろん、参加条件を考慮することなしに市場的交換や多数決の活動を営んだとしても、参加条件が必ずしも保証されないわけではない。ただ、「市場の失敗」論の欠陥は、その個人主義への行き過ぎた偏りのために、問題が効率の次元から公正の次元に移行したとき、すなわち参加条件の危機が明瞭になったとき、コミュニティの全成員にとって一致した規準をどこにもみつけられないという点にある。諸個人の社会的重要度にかんするウェイトづけを多数決にまかせる仕方は、現状肯定的もしくは容認的態度につながりやすい。なぜなら、表面に観察される社会的決定はすべて多数決だからである。多数決の場に構造的安定性を与えるのが、ほかならぬ公正を実現することだという認識は公共経済学において見出し難いのである。

他者の健康、他者の教育、他者の所得について一定水準以上が確保されていなければ（すなわち他者がコミュニケーションの構造要素として登場することを予想できるのでなければ）、社会的コミュニケーションは困難になる。また、交通施設や環境がある程度以上備えられていなければ（すなわちコミュニケーション・チャンネルが不足していれば）、コミュニケーションが狭隘になってしまう。このような平凡な社会的事実の上に、公共的諸問題の解決規準が組み立てられなければならない。多数決による決定はこの事実に具体的表現を与えるにすぎないのであって、それに根本的に代りうるものではない。あるいは、代りうるという迷妄にとり憑かれたときに、コミュニティの統一性が危うくなりはじめるといった方が適切かもしれない。

ソシュールの比喩を用いて、われわれの観察するいろいろなコミュニケーションをいわゆるランガージュ（言語活動）だとすれば、それは社会的側面を表わすラング（言語）と個人的側面を表わすパロール（言）との混合である。[4] 公正の規準は、ちょうどラングにおける文法のように、社会に共通な、そして最も基底的な構造の中に配置されている。このように、公正規準は、個別的活動を秩序化する客観的規範として存在し、諸個人の自由にとってはむしろ社会的強制として立ち現れる。従って、少し逆説的ではあるが、諸個人が自らの逃れ難い不自由を知れば知るほど、すなわち、個人をどこまで分解してもやはり社会的存在であるということを自覚すればするほど、公正規準が社会的に明示され確認される可能性が大になるといってよい。

（1）ゲシュタルト心理学の決定論を踏まえながら、なおかつ、このような個人の選択性を重要視した人として、たとえばM・メルロー＝ポンティ（121）をあげることができる。

（2）効用の個人間比較が不可能だという見地からするロールズ批判についてはK・J・アロー（6）を参照のこと。社会契約説にたいするこの種の批判はJ・A・シュムペーター（181）に始まりR・A・マスグレイブ（130）に至るまで新古典派の大勢である。しかし、彼らがその代りに提出する〝リーダーシップ〟の理論は、第十章でもふれるように、権力者の恣意を支持することになりかねない。少なくとも、そうならないという論理的保証はどこにもない。

（3）公共経済学は、わが国では、公害問題の深刻化につれて体系化されはじめた。しかし公害の経済学は、付録第三論文で示したように、事態の最も重要な側面を説明することができない。

（4）ソシュールをはじめとする構造主義言語学の概要については、たとえばF・ド・ソシュール（172）あるいはR・ヤコブソン（73）を参照のこと。

第二章　市場と企業

諸個人にとってコミュニケーション活動が可能であるか否かの判定（従って参加条件の確認）を行うには、実は、あらかじめ活動の態様にかんする予期がなければならない。そして、コミュニケーション活動は、それが経済的取引であれ政治的葛藤であれ文化的意志疎通であれ、何らかの規則（ルール）にもとづいて行われている。この規則によって相互依存性は反復可能なものとなり、そこからコミュニケーション活動が一つの制度的過程として営まれることになる。たとえば、婚姻制度においては女性が、経済的制度においては財・サーヴィスが、そして文化的諸制度においてはシンボルが規則的に交換されている。参加条件は範囲として定まるというわれわれの推論も、諸活動が規則化されているときには、起りうる活動の内容についてある程度の予測が可能になるだろうという判断に立っている。

ここで取り上げたいのは、むろん経済制度についてであるが、K・ポラニー（156）にならっていえば、制度化された経済過程には四種類のものを区別できる。一つは自給自足の家政の過程であり、次に対称的な個人や集団の間における互酬の過程であり、もう一つは集権的センターの介在によって行われる再分配の過程であり、最後に市場的交換である。(1) 資本主義社会はいうまでもなく、市場的交換の規則を中核に据えるものである。

一般に、活動規則は諸個人（あるいは諸組織）の異質性を調整するための社会的形式であるが、市場的交換はこの異質性の処理においてきわめてすぐれた性質を有しているといわれる。一つに、市場的交換は当事者の自発的意志にもとづくものであるから、交換されるという事実そのものがすべての当事者の利益を増進させたことを意味する。もう一つに、市場は貨幣の交換手段としての機能によって交換過程を迅速にする（すなわち現在における交換可能性を増幅する）ばかりでなく、貨幣の価値保蔵手段としての機能によって潜在的購買力を保証する（すなわち将来における交換可能性を増幅する）。K・E・ボールディング(15)の用語を借りれば、市場的交換は〝良性移動〟の可能性を拡大すると考えられている。いわゆるパレート効率性の概念は、この良性移動の終極点の集合を示すものである。これに比べ、再分配の過程はいずれかの状態を悪化させるのが通常であるから、いわゆる〝対立移動〟である。このような良性移動の性質が構造的安定性に寄与することは改めていうまでもなく、実際、市場的交換が人間関係の質量両面の発展に多大の貢献をしてきた。

しかし、市場の効率性に対する礼讃は今や注意深い検討を必要とする。市場的交換のシステムが資本主義として成立するとき、市場における良性移動と不可分な形で対立移動が発生するからである。新古典派の枠内においても、所得の初期分配をめぐる対立移動の可能性についてははっきりと認識されているところであり、また再分配の規準についてはすでに議論してきたところであるから、これ以上いうことはない。しかし、特に資本主義段階の市場的交換のシステムには、新古典派において認められているよりも、もっと本質的な対立の契機が存在する。

第一に、貨幣供給（もっと広くいえば信用創造）の問題である。市場システムは、貨幣供給を経済外的なシステム（すなわち政治 polity）に委ねることによって、形式的に完成する。市場システムは、自己の産み出した貨幣という交換媒介物を自己の領域から外化させることによってはじめて、交換当事者の恣意性と偶然性から解放されて、交換過程の安定性・反復性を保証される。この種の貨幣観は、貨幣利子率が制度的存在であることを強調するJ・M・ケインズ（84）においても、明瞭に看てとることができる。またT・パーソンズら（145）や村上泰亮氏ら（129）が明言するところでもある。

さて、信用創造の在り方は、価格体系の変化を通じて所得分配に影響を与えうる。信用創造にかんする政治的決定において市民主権が発揚されているというのはごく稀であり、従って、市場システムは自らが形式的に完成するまさにその結節点において、対立の契機を持ち込まざるをえないふうになっているのである。しかしこのように、経済と政治を互いに一応は分離された制度として捉えた上で両者の相互依存を説く視点は、新古典派の効率性概念にとってさして重要な問題ではないかもしれない。信用創造が所得分配に影響を与えるのは、主として動態的過程においてだと思われる。そして、新古典派の効率性概念は、もともと静態の次元で妥当するものであって、動態的効率性についてまで云々するものではないのである。

第二に、そしてこれが新古典派における市場理論と効率性概念の破綻を示す最も基本的な論拠であるが、市場的交換における組織的要因の問題である。つまり、実際の市場的交換における経済と政治のからみ合いである。特に、新古典派は企業という組織の存在をごく形骸化した形でしか取り扱えない、という点である。資本主義経済が成立するのは、誰しも認めるように、市場的交換のシステムが生産過程をも包摂するときである。もっといえば、生産において決定的役割を果す労働サーヴィスの市場化、すなわち「労働力の商品化」に成功するときである。ところで、労働サーヴィスについては、A・スミス（186）以来、就中、K・マルクス（117）および宇野弘蔵氏（203）によって強調されたように、「労働力の商品化には無理がある」という問題意識がつきまとってきたことに注意しなければならない。そして、この労働力の商品化と企業組織との関係についても検討してみる必要がある。

ただし、ここで取り上げたいのは「労働力商品化の無理」を軸にして『資本論』を解釈することでもなく、またそこにおいて発生する疎外の心理分析を試みることでもない。また、労働力が経済過程によっては再生産できないというところから、経済過程の自立性に対して疑問を出すことでもない。それについてならば、資本主義は何よりも技術革新の進展によって、効率単位で測った労働力の再生産に成功してきたのである。さらに、いわゆる原始的蓄積の過程における無産大衆の暴力的創出にかんする経緯を指摘することでもない。それはあくまで歴史的発生の問題であって、いま議論したいのは「労働力の商品化」がもたらす論理的帰結についてなのである。

労働サーヴィスは、A・マーシャル（114）が明確にしたように、他の商品とは異なったきわめて特殊な性質を有している。一つは、「労働者は労働を売るが、そのための資本は自己のうちに保持している」という性質である。もう一つは、「労働の販売者は自分自身で労働しなければならない」という性質である。これらのほとんど自明とも思われる性質は、しかし、技術的概念としての労働力が、家族およびコミュニティという社会的場において各々特有の価値観と態度を持って生活している労働者の統一的な人格的存在と一般に密接不可分であることを教える。しかも、労働者たちは、生産の場で異なった個性を持った他者との協働作業を行わなければならない。このような労働者から労働サーヴィスを技術的に整序されたものとして取り出して、協業のシステムの中に配置するためには、一片の雇傭契約書の交換だけでは決定的に不十分であろう。おそらく、単純労働（仮にそのようなものがあるとして）の場合においてすら、そうであろう。企業という経済組織こそ、このような労働サーヴィスの技術的編成を可能にするために発見された制度である。従って、資本主義経済成立のメルクマールとして労働力市場の成立をあげるということは、経済システムの中枢部（すなわち生産の場）における人的組織の成立をいうにひとしいと考えなければならない[2]。

経済学において企業組織の問題が重要視されるのは、多くの場合、経営者革命論の系譜にのっとった「所有と経営の分離」という論点をめぐってである。自由主義段階の資本主義について企業組織の問題が議論されることはほとんどない。たとえば、企業組織に多大な関心を向けるJ・K・ガルブレイス（53）にしても、技術の大型化・複雑化という特殊現代的な背景の中に企業が位置づけられる。この大型で複雑な技術システムそれ自体が、企業組織によって発見され実用化されてきたという点にまで遡って論じようとはしないのである。しかし、論理の問題としても、（労働力の商品化に対応して）企業組織が資本主義経済の要の位置にあるし、事実の問題としても、企業者の発生史を論じたA・H・コール（29）がいうように、企業者職能と企業組織は分ち難く結びついて成長してきたのである。

他方、新古典派においては今なお、企業は株主個人にまで分解されてしまっている。むろん、新古典派においてもマーシャルのように企業組織を（資本、労働、土地とならんで）第四の生産要素に数えることを提唱したものもいるのであるから、企業組織の問題が完全に無視されてきたわけではない。しかし、マーシャルの企業組織に対する多面的な関心も、ついには、規模の経済と完全競争の非両立性にかんするいわゆる「マーシャリアン・ジレンマ」というテクニカルな問題に限定されてしまうこととなった。周知のように、E・H・チェンバレン（22）とJ・ロビンソン（165）による不完全競争の理論、そしてN・カルドア（78）とE・A・G・ロビンソン（164）による経営者の調整能力の理論などは、マーシャリアン・ジレンマから脱け出るための方策を探るものである。いずれにせよ、マーシャルに端を発する流れは、企業組織の存在を当然のこととして前提してしまい、なぜ企業組織が存在しなければならないのか、企業と市場の関係は如何、という根本的な点にまで立ち入ろうとはしていない。

ここで、労働力の商品化をめぐる問題から一歩進んで、企業と市場の関係を一般的に考察するために、「組織」を少し厳密に定義しておこう。組織を単に相互依存性の体系とするのはあまりに広すぎる（それならば自然界のことも含めてほとんどすべての関係に及んでしまう）。ここで組織というのはあくまで社会学的な意味においてであって、「ある特定の目標を追求すべく秩序立てられた役割（role）とサンクション（sanction）にかんする体系」ということである。役割とサンクションという人間関係にかんする概念を明示することは重要だと思われる。それらの関係は人間の価値・態度にかんする制度的な安定性を必要とするために、またそれらの関係に依拠して特定目標を追求するのには時間的経過を必要とするために、組織の関係者たちが組織の中に多少とも固定的な要素として存在することになる。労働経済学が労働の固定性に注目するようになっているということについては、後に触れる機会があるであろうが、たとえばパーソンズ（145）が労働サーヴィスに言及して、「雇傭がほんの一時的でしかないというのは極限的ケース以外ではありえない」と指摘したのもこの点に関係している。

労働力の商品化が組織形成の重要な要因になることはすでに指摘したが、この「商品化の困難性」という問題はもっと広い裾野を有している。組織における人的固定性は、先にマーシャルの言としてあげた二つの意味での労働力の特殊性ばかりでなく、もっと一般的な市場化の限界から発してくる[3]。人的固定性を伴う組織の存在を市場化の限界から説き明かすことは、新古典派的な市場理論に重大な修正を迫らずにはいない。またそれは、現実的な市場理論がなぜ企業組織の問題を中心に据えなければならないかをみるのにも資するであろう。

すでに一九三七年に、R・H・コース（27）は企業の本質についてきわめて有益な貢献を行っている。彼の論旨は、「市場が完全情報的ならば企業組織が存在する理由は何もないのであって、不完全情報の市場を利用するのに費用がかかるからこそ、その取引費用を節約するために企業組織が作られるのだ」というものである。いま仮に、あらゆる種類の財・サーヴィスについて市場が成立しており、取引に関連するあらゆる価格が正しく予見でき、そして契約書には微細な内容規定が盛り込まれていて、その通りに実行されるという保証があるならば、その場合、組織がなくともあらゆる経済活動が可能になる。分業と専門化がどれほど増大しようとも、経営職能を含めてあらゆるサーヴィスの市場が完全な形で成立しているならば、人的固定性を伴うような組織は不必要である。「組織は短期の契約が不満足であるような場合に出現しがちである」というコースの指摘は、市場の不完全性に由来する（明示的もしくは暗黙的な）長期契約の存在（すなわち人的固定性）が企業組織の基本因だとするものである。結局のところ、企業組織が発生しなければならない理由は、情報の不完全性（それが労働力の特殊性によるにせよ、自然資源や大型設備にみられるような物理的特殊性によるにせよ）を処理するのがほかならぬ人間なのだという点に見出されよう。

コース的見解は、経済的資源の配分が市場の価格機構だけによって行われるのではないことを闡明にする。資源配布の調整は、市場における organism と企業における organization の両者が互いに補完し合うことによって達成されているのである。くり返せば、市場と組織との二元的構成によって資本主義的経済活動を捉える仕方は、完全情報的な市場観をはっきりと拒否するものである。従って、新古典派的理論体系の基礎にある完全予見の仮定は、企業組織の存在を論理的に不必要にするだけでなく不可能にもする。

「セイの法則」に典型的にみられる家計と企業の同一視は、単に「貨幣に対する超過需要が恒等的にゼロである」という形式的特徴に還元されるべきではない。そこには、企業組織の要因を考慮しなくてすむような特定の（すなわち完全情報的な）市場観が横たわっている。そして、完全情報の仮定は決して単純化のためだといってすませるものではない。資源配分を説明するにあたって、市場と組織の二元論から市場だけの一元論へ退却するのは、論理の構造としてすでに異質なものに移っているのである。他方、ケインズがセイの法則を激しく批判して貯蓄主体と投資主体の別なることを主張した場合、それは労働市場をはじめとするさまざまな市場の機能が不完全だという認識と不可分なのである。従って、ケインズにおける諸々の価格硬直性が、新古典派的市場モデルの特殊ケース（いわゆる弾力性ペシミズムの「ケインジアン・ケース」）として扱われるのは不適当である。それらはまず組織的行動との関連で論じられなければならない。

ただし、情報費用の節約を組織の発生因とするコースの見方には、一つ重大な点で疑義がある。それは、問題をあくまで個人主義的な平面で捉えているということである。すなわちコースにおける組織は、不完全情報の下において諸個人がより効率的な状態を追求することの結果なのである。理性的アトムとしての個人が、市場だけでなく組織にも登場するわけである。しかし、後段の章で詳しくふれるように、組織は諸個人の単なる集合ではなく、諸個人を役割体系およびシンボル体系の中に社会化する場でもある。ここで、個人は当初から社会的規定を受けたものとして扱わなければならなくなる。従って、組織を評価する場合、効率性という個人主義的規準だけですますわけにはいかないのであり、諸個人の同質性にかかわる共同的な規準も必要になる。コースの注目した不完全情報の問題④は、個人にとってより複雑な技術的処理の対象であるばかりでなく、まさに個人を非個人化する契機でもあるのだ。経済的資源配分にかんするコースの二元論を人間観・社会観にかんする二元論にまで深めなければ、効率性概念に新たな装いをほどこすことに終ってしまいかねないのである。

なお、不完全情報および組織という要因は、プライス・テーカーという意味での「完全競争」の仮定と容易には両立し難い。企業の活動は、その出発点からして、市場の不完全性（すなわち市場価格の情報的機能の限界）にいかに能動的に対応するかという志向性を持っている。この能動的志向性がJ・A・シュムペーター(180)のいう「創造的破壊」あるいはケインズ（84）やJ・ロビンソン（167）のいう「アニマル・スピリット」の基礎である。このような過程が完全競争的であるのは、むろん偶然のことでしかありえない。誤解のないようくり返すと、「新古典派の創始者たちも完全競争がフィクションであることぐらいは知っていた」とか、「科学とはそもそもフィクションなのだ」といった類いの一般的論議は何の足しにもならない。交換一般の純粋理論としてならばともかく、いま必要なのは資本主義経済における行動モデルなのであるから、不確実性の下における組織の存在を明示することが是非とも必要である。だから、日本語の語感でいえば、フィクションにも〝仮構〟と〝虚構〟の二通りのものがあるのだとしなければならない。

二　組織と対立

資本主義経済における一つの活動規則としての市場的交換は、企業組織というもう一つの活動規則を伴ってはじめて成立することをみてきた。「前世紀中葉には経済と政治が分立していた」という新古典派にもマルクス派にも共通にある見解は、それがホモ・エコノミクスの人間観によるにせよ、経済過程を土台とみなす唯物史観によるにせよ、簡単には受け入れられない。それはしょせん経験的一般化にすぎないのであって、論理の一般的構造としては、組織をめぐる対立の要因およびそれを処理する政治システムが経済行動論の中に含まれている。組織は必ず権力的関係を随伴するという常識的理解からもすぐ予想しうるように、企業組織の存在は種々の側面で対立を惹き起す。つまり、市場的活動は交換における良性移動と組織における対立移動との複合である。そして、対立の要因こそ市場と企業組織、さらにはそれに参加する人々のパーソナリティの再編成を促す動因となる。

ここで、対立（コンフリクト）の問題について少し概念整理をしておこう。対立の概念規定は、分析対象と関心のいかんによってさまざまでありうる。[5] しかし、経済学に限っていえば、ボールディング（14）の次のような定義が一般的了解をえていると思われる。すなわち、「対立とは競争のある状況であり、そこではいく人かの当事者が潜在的な将来の位置が両立しえないことを意識していて、しかも、各当事者がほかの当事者の欲求と両立できない一つの位置を占めようと欲求しているような競争状況」である。

これはきわめて広い定義であるから、社会的対立のほとんどを網羅しうるが、反面、静態的社会観とも結びつき易いという難点を持っている。たとえば、市場的交換という個別の活動規則をとり出してみると、そこでは周知のように、分配をめぐる対立が存在する。しかし、視野を多数決という政治的な活動規則にまで拡げてみれば、その対立が処理されているのだという見方も可能になる。また、多数決制が円滑に機能しない場合には、対立の調整は文化の場において行われているのだというふうにも考えられる。このように解釈していくと、ボールディングの定義があまりに一般的であるために、対立は、社会の静的均衡に行きつく途中での局所における現象として理解されうることになる。換言すれば、社会における活動規則の総体を不変に留めておいて、所与の規則の下で対立がいかに解消されうるかを論じることになるのである。すでにのべた「民主主義の経済理論」がその好例である。卑近な例でいえば、特定規則によるチェス・ゲームの成行きが問題にされるわけである。

さらに、ボールディングの定義では、個人の心理の次元における葛藤は排除されている。しかし、組織の要因を導入するときには、組織における役割構造そして支配‐服従の位階的構造をめぐって、個人心理は必ずしも安定性を保証されない。それは個人の勤労や消費という経済行動に影響を与えるし、さらには企業の再組織化の原因にもなる。いずれにせよ、ボールディングの定義が有効でありうるのは、主として、理性的個人の前提がおかれる場合だと思われる。

著者が基本的に依拠したいと思うのは、J・G・マーチ＝H・A・サイモン（110）の発想である。それによると、「対立とは通常の意志決定のメカニズムに故障を生じて、そのため個人またはグループが行動の方途を選択するにあたって困難を覚えていること」である。この定義においては、既存の活動規則（その原則と適用の両面における）では容易に処理できない状況が発生する、というところに要点がある。そして、この定義は個人の心理的メカニズムについても妥当する。マーチ＝サイモンの見解をもう一歩進めて、「対立とは既成の活動規則に不満を感じ、新しい活動規則を模索したり提唱したりする状態のことである」とすることが許されるならば、ここでは動態への契機がはっきりと示される。再び卑近な例でいえば、チェス・ゲームの規則変更をめぐって対立が現れるのである。あるいは、「悪法もまた法なり」といって敗者が安んじているときには対立はないのであって、法改革への欲求や行動が生れるときに対立が生じるとするのである。

さて問題は、必ずしもすべての人が既存の活動規則を進んで受け入れようとしないような状況が生じるのはなぜか、という点である。前節の議論を踏まえて、次の二点を重要視したい。一つは、行動の環境において不確実性が無視できない要因になっていることであり、もう一つは、人々が情報的かつ物質的に格差づけられているということである。仮に、不確実性がたいした意味を持たないとすれば、社会的諸制度はすでにその確実な状況に適応するように作られているとみなすのが妥当だから、制度改革をめぐる対立は考えにくい。また、不確実であればこそ、行動方途の選択における各人の主観性、恣意性をめぐる対立も露わになる。そして、各人が物質的および情報的にほぼ同等の条件にあるとすれば、各人の生得的な個性の差は、既成の規則によって調整しうる可能性が大きいであろう。既成の活動規則の不安定性は、その規則が対象としてこなかったような状態が発生する度合が大になればなるほど、また、その規則が諸個人の格差を考慮することが少なければ少ないほど、大きくなるであろう。

このように考えると、不完全情報下における企業組織の登場がさまざまの対立を伴うであろうことが容易に推測できる。たとえば、大きな組織の方が小さい組織よりも、情報量も行動手段の数も一般に大きいであろう。また、組織内部における役割と政治的位階構造は、人々の格差づけを示さずにはいない。そして、諸個人は企業以外の集団にも所属することによって、不確実性と格差はいっそう複雑化する。これらの諸要因は市場、組織、パーソナリティにおける活動規則の変更を要求することになる。市場的活動のモデルは、純粋交換という虚構の世界でのみ意味を持つ効率性の概念を捨てて、組織による人間の社会化と社会化をめぐる対立の領域に入っていくべき段階に到達しているのである。

ここで、とりあえず、不完全情報と企業組織がもたらす対立の種々相を経済学に引き寄せてまとめてみよう。

第一に、「完全競争的企業モデル」というのはほとんど形容矛盾だと考えておく必要があろう。企業行動は（組織成立の事由からして）あくまで寡占的で動態的なものでなければならない。そこにおけるプライシング（価格づけ）、イノベーション、広告・宣伝そしてテーク・オーバー（乗っ取り）は、広い意味で市場的交換の活動規則に変更を迫る諸企業の葛藤である。企業モデルがロビンソンの「アニマル・スピリット」のように素朴な段階に留まるか、R・マリス（113）のように寡占相互のゲーム論的状況を重んずるか、あるいはガルブレイス（53）のようにテクノストラクチュアの専制的な「計画システム」として表現するか、それらの優劣はにわかにはつけ難い。そして、それらに代替するモデルを作成するのもおそろしく困難であろう。J・R・ヒックス（68）がいうように、「完全競争の仮定の一般的放棄、独占の仮定の全面的採用は経済理論に非常に破壊的な結果をもたらさずにはおかない」というのが本当のところであろう。

しかし、「この破滅から何ものかを救い出すことは、……われわれの取り扱う大多数の企業の直面する市場が、完全に競争的な市場とさほどはなはだしく異なってはいないということを仮定してはじめて可能である」とヒックスがいうとき、理論は現実を説明するためにあるのではないか、と問いたくなる。ともかく、資本主義的経済のモデルにとって企業組織の導入は不可欠だということは明らかである。

このことに関連し、A・レーヨンフーフド(94)が、ケインズとそれ以前を区別するのは市場価格の情報的機能に対する評価の差異だとしているのは教訓的である。また、D・G・チャンパーナウン(24)が、ケインズにおける「期待」要素の重視こそ動態的分析への関鍵だと指摘しているのも興味深い。ケインズの「投資の限界効率」あるいは「主要費用」の概念を、企業組織にかんするもっと広い文脈の中にいかに位置づけるか、このあたりから学説史的に連続した企業理論が可能になるのであろう。

第二に、企業を含めたいろいろな集団における動機づけの問題がある。経済行動を支える枢要な価値パターンは経済合理性である。特に、財・サーヴィスの生産によって「適応」という社会的機能を受け持つ企業の行動は、貨幣尺度による計算可能性の増大によって著しく経済合理的である。しかし注意しておかなければならないのは、この経済合理性は新古典派におけるように純化された公準としてあるのではなく、経済において第一義的な重要な特徴にすぎないという点である。すなわち、他の副次的な諸動機を無視してよいということではないということである。仮に労働者は企業活動に参与する面では経済合理的に振舞うとしても、家族における消費者の面ではもっと慣習的であり、あるいは情動的であるかもしれない。また、企業活動においても、一面では経済合理的な個人として組織に参加しても、他面では地位・名誉などにかんする非経済的で非合理な動機に左右されているかもしれない。端的にいえば、諸個人のパーソナリティは、たとえばH・ギンタス(56)(57)が述べるように、資本主義的な経済様式の中でそれ特有の傾向性を与えられ、また変化させられる。そして、企業活動を支える価値パターンに完全に合致するようなパーソナリティが考えにくい以上、コミュニティの中で、家族の中で、さらには企業の中で、諸動機と諸行動の葛藤は免れ難いであろう。具体的には、消費、レジャーおよび勤労などにかんするさまざまの経済行動の中に、これらの葛藤が探られなければならない。

この点でも、ケインズの意義は明らかである。たとえば、消費関数におけるいわゆる「心理法則」の導入は、決して単純化のためのものではない。それは、消費活動における非経済合理的な要因の重要性をいわんとするものである。以後の研究によって「心理法則」の妥当性に限界があることが明らかになったとしても、そこには新古典派的な全知的に合理的な個人観から訣別する姿勢がよみとれるのである。

第三に、企業の組織的活動が誘発する他の部面での組織化の進展があげられる。労働組合、経済的行政組織、消費者団体、教育組織などの絶えざる増大傾向は、すべて企業活動との強い相関の下に作り出されたものである。宗教団体や村落共同体の退潮もまたそうである。これら諸組織の間において、ガルブレイスのいう経済と権力の関係が露わになる。ケインズは「賃金の下方硬直性」の仮定によって、かろうじてこの種の問題を持ち込んだのであるが、検討すべき課題は数多い。賃金決定、教育による労働力の質、政府による生産力と信用の増強、そこにおける社会的政治的要因を探ってみれば、経済学は政治経済学への道を歩まざるをえないであろう。

（1）　ポラニーの家政、互酬、再分配および市場的交換の四元図式は、パーソンズの用語でいえば、それぞれL、I、GおよびAに近似的に該当すると思われる。ともかく、市場的交換を除く三者には、家族、文化、政治が直接に関与するのである。そして、組織の問題を明示するということは、経済分析の中にこれら三者の役割を取り込むということでもある。

（2）　労働市場の形成にかんする歴史的分析については、たとえばJ・R・ヒックス（70）を参照のこと。そこでは、やはり、労働が商人的体制に十全に適合しえないものであるということが言及されている。

（3）　労働力の特殊性についてマーシャルは、本文にあげた二つの性質のほかに、「労働は保存がきかない」、「労働の販売者は交渉においてしばしば不利な立場にある」、「特化した能力をもった労働の追加供給をするのに非常に長い時間が必要である」という三つの性質を指摘している。企業組織の成立をいう場合に重要になってくるのは最後の性質であろう。確かにM・フリードマン（50）が批判するように、それと同じ性質が資本についてもいえるから、それは他の要素と比べた労働力の特殊性でないかもしれない。しかし、企業を固定性を伴う人的組織と定義するなら、特化した能力がすぐさま市場で供給されないという事情は組織成立の事由になる。そして、さまざまの、たとえば大型設備のもたらす情報的複雑性は、適当な人的能力の（市場を通じる）速やかな供給をいっそう難しくし、そのことは企業組織の必要をますます高めることになろう。

（4）　情報の経済分析については、たとえば村上泰亮他（128）が便利である。

（5）　コンフリクトの概念をめぐっては土屋守章・富永健一編（201）が有益である。

第三章　企業の行動目標

経済行動が市場的交換を軸にして営まれるようになったとき、同時に、その補完物として企業組織を必要とすることについてのべてきた。世界史の上で例外的でもあり新しくもある企業組織の存在が稀有の物質的発展を支えてきたのであり、その分析を欠如した新古典派の標準型モデルは、われわれに奇異の感を与えずにはいない。これから四章にわたって企業行動を分析するための基礎的枠組について検討をはじめることにするが、ここで企業の組織論一般を展開するのではないことはいうまでもない。議論の目的は、むしろ、企業組織論の成果を参照しながら、企業行動にかんする新古典派的仮説を修正するにあたって喫緊の要因を探るところにある。

特に着目したいのは、前章で指摘したように、組織としての企業は生産要素（とりわけ労働力）の固定性という性質を一つの要件として備えていなければならない、という点である。生産要素の固定性は、市場化の限界がもたらす一つの結果であるとともに、それをいっそう限界づける原因にもなる。その意味で、市場一元論的な思考に特有な可塑性（malleability あるいは移動可能性 shiftability）の前提については慎重に検討しておく必要がある。可塑性の限界を明示化した場合に、企業行動における目標設定や手段選択にとっていかなる転換が必要になるのか、これが以下の論述の主たる関心事である。

むろん、生産要素の固定性という問題は新古典派の枠内でもしばしば論じられてきた。たとえば、R・アイスナーおよびR・ストロッツ（42）流の「調整費用」という要因を新古典派的モデルに接ぎ木する仕方である。しかし、今までのところ、それらはごく部分的な考慮を払われているにすぎず、要素の固定性をはじめとする組織的諸要因がモデル全体の中に統一的に配置されることは稀である。従って、要素の固定性と矛盾するような他の仮定が一緒に持ち込まれるということになる。要素の固定性を、生産や投資の決定における単なる技術的制約として捉えるのではなく、制度としての企業組織が持つ一つの属性として捉えるならば、組織の問題が理論の中核に登場するはずである。その手始めとして、企業の目的関数における組織的側面について論じてみよう。

企業が何を目的として行動しているか。この問題については異論が続出しており、まだ決着はついていない。たとえば、R・M・ソロー（190）は利潤最大化の仮説をとり、J・ロビンソン（168）は成長率最大化の仮説をとっている。ところが、もっと押し進めてみると、積年にわたる論敵であるこれら両者の間にも、「企業が何を目的としているか本当のところは判らない」（ソロー）、「企業の動機を簡単な公式であらわそうとすると、満足できるものはおそらくえられないであろう」（ロビンソン）という不可知論的方向での一致が奇妙にもみられるのである。他方、C・I・バーナード（7）からC・A・ヒックスマン＝M・H・クーン（65）に至る経営学あるいは社会心理学の系譜は、経営者モティベーションの多様性をくり返し主張している。確かに、企業は市場に対する能動的働きかけを通じて複雑に変化していくものであり、その行動目的については単純な定式化を許さないところがある。従って、複数の仮説が優劣の定まらないまま並存しているのも肯けるところであるから、以下の論述も何か断定的な結論を求めるものではなく、次のような限定された問題意識の下になされる。

一つは、新古典派において正統的な利潤最大化仮説がほとんど常套的な手続きになってしまい、その結果として、利潤最大化と両立しないような仮定と抱き合せで用いられることが多い、という点である。二つは、利潤最大化に代るものとして提出されている諸仮説が相当にアド・ホックであり、特に、組織論との関係について必ずしも十分な考慮が払われていない、という点である。三つに、多少とも旧来のものを越えた新しい仮説を考える余地がありうるのではないか、という点である。順を追って検討してみよう。

一　利潤最大化の欠陥

新古典派のオリジナルな発想においては個人企業家が想定されている。彼は、企業家能力以外のあらゆる財とサーヴィスを市場から購入して、生産を編成し、危険を負担し、そして革新を行う。そこでは、独自の専門的機能を備えた経営者階層はまだ姿を現わしていない。この個人企業家の想定は、まず、人的要素の固定性を伴う組織の問題を度外視する見方につらなり易いことに注意しておこう。すなわち、組織を問題とする場合には、専門的経営能力の必要からして、個人企業の形態が桎梏になると考えるのが妥当であろう。A・H・コール（29）がいうように、「単純な個人企業はその拡張のためパートナーシップを組織することが多く」、さらに「少ししか株式をもたない経営者による有効な管理という意味でのプロフェッショナルな経営は、大会社あるいは巨大会社に限られたことではない」と考えるのが妥当なのである。しかし、当分の間、企業組織が所有者個人によって経営されることが可能だという、いわゆる「所有者＝経営者」型の企業形態を受け入れて議論を進めてみよう。

個人企業家の行動目的は、一般に利潤最大化にあるとされている。むろん、彼が利潤以外のもの（たとえば生産規模の拡大）に独立の関心を払わないと断言することは必ずしもできない。しかし、組織体に対する考慮が明示されていないのであるから、彼の創造したものは利潤だけだと観念されるのが自然であり、従って、権力や威信といった非金銭的なモティベーションも利潤の大きさによって表現されるとみなしうる。新古典派における利潤最大化仮説は、このように企業の意志決定が個人によってなされている状況において、首尾一貫したものとなりうるのである。

ところで、T・シトフスキー（177）が解説するところによれば、個人企業家の活動は次のようにも解釈されうる。それは利潤最大化仮説に新しい解釈を与えるだけでなく、次節でのべる「経営者効用最大化仮説」とも論理的に接続しうると思われるので、簡単に論評しておこう。彼は、企業家が貨幣所得と不活動（**inactivity**）との構成要素からなる効用関数を持っているという、通常の消費者理論と同様の考え方に立つ。他方、貨幣所得は不活動（逆にいえば企業者活動）の関数であるから、一般に、効用を最大にする企業者活動の水準を決めることができる。ここでわれわれは、企業家とは消費者の一変種にすぎないのだという見解をみせつけられているのである。すなわち、理性的個人の個別的利害に対する執着が、企業活動の究極因だとされているのである。

個人企業家の利潤最大化という命題それ自体については、いわゆる物神崇拝にもとづく蓄積衝動というマルクス的理解をも許容するものである。そこでは、市場の発達による計算可能性、そしてそれにもとづく経済行動の合理的客観化の増進が、企業家の人格をして「ヴェニスの商人」の如き市場的人格へと偏倚させるという点が強調され、その意味で、彼はすでに社会的存在である。企業家が自己の活動に不効用を感じ不活動に効用を感じるというシトフスキー的仮定は、企業者を市場的活動への衝動に憑かれたものとみなす立場からすれば、到底認めることのできないものであろう。ともかくここでいいたいのは、オリジナルな新古典派における個人企業家の想定が、単に企業形態にかんすることではなく、特有の個人観にまで及ぶものだという点である。たとえばG・ジンメル（184）がいうように、「企業は、経済の客観性のために、もともと所有者の人格からは分離した何物かである」、という方向での理解は新古典派において見出し難いのである。

さて、組織の問題が否応なく明示される近代的法人企業についてはどうであろうか。この場合、経営者が利潤最大化（厳密には企業価値最大化）を企業目的として設定するとすれば、それは経済的もしくは法的な制約条件が経営者にそれを強要するからである。B・ヒギンズ（71）の言葉を借りれば、利潤最大化が経営者の〝生存条件〟になっている場合がそれに当る。しかし、利潤にかんする制約があることは認めなければならないが、それが「最大化」という最高の水準で働くのは、いくつかの条件が成立している場合である。そして結論を先取すれば、それらの条件は、組織としての企業という観点からみると、ほとんど満されない類いのものである。従って、「経営者が解雇される」、「テーク・オーバーされる」、あるいは「資本コストが上昇する」から利潤を最大化しなければならないといった類いの新古典派的な説明は認められないことになる。

第一の条件は情報の問題に関係している。経営者の下した決定が利潤を最大にするものであるか否かを株主が判断できるのは、企業の技術的条件、経営者の抱く将来の市場や技術にかんする期待、そしてさまざまな将来計画の見通し、などについて株主が知悉している場合である。しかし、経営者と株主との間には情報の不平等性がある（情報的不平等性があるからこそ経営者の存在意義があるのだ）。そして、この情報的不平等は、市場の不完全性が大になればなるほど、技術システムが複雑になればなるほど強まる。このことは何も無知な株主を想定せよというわけではない。動態的な変化の世界で新しい製品、新しい技術、新しい市場という形でたえず情報が更新されているときには、株価と経営効率の間に調整されつくせない格差が存するということである。そして前章で指摘したように、市場の完全性を仮定するのならば、そもそも企業組織などは不必要なのである。

第二の条件は、まさに、組織の要件である人的要素の固定性に関係している（組織の中で人的要素がいかに変容されるかについては次節に回すことにして、ここでは固定性の実質的意味に立ち入ることはしないでおこう）。このような固定的要素の生み出すサーヴィスは、市場で自由に購入できるわけではない。従って、仮に株主の利潤最大化要求が受け入れられたとしても、それに不満な経営者や労働者が組織から離脱する、あるいは彼らの勤労意欲が減退するという事態を招くとすれば、結果的にみて株主の利潤が最大化されないことになりうる。なぜなら、それらのサーヴィスは、市場からすぐさま補充することができないからである。たとえばR・マリス（113）が、「経営陣の全面的交替は現在の経営陣がよほど不効率である場合にだけ資本収益率の上昇をもたらす」というのは、この人的要素の固定性に注目してのことである。このことは、テーク・オーバーには、（その進行途上における株価の上昇分は別としても）組織的体制の変更のために特別の費用がかかるということでもある。だから、テーク・オーバーの危険が明瞭になるのは、このような特別の費用が決定的制約にならないような、大きな経営能力と大きな金融力を持った企業のテーク・オーバーが一般化しているときであろう。しかし、たとえこのような情況が支配的だったとしても、大企業の手によるいわゆる経営者的テーク・オーバーが利潤最大化の行動原理によって説明しうるかどうか、大いに疑問であろう。

第三の条件は、企業内部における組織的関係の問題である。株主は市場における株式の売買を通じてだけでなく、株主総会や取締役会における決定業務という組織的径路を通じて経営者に影響力を行使しうる。この過程が順調に進捗すれば、経営的情報の収集も人的要素の入替えも、支障なく行われるかもしれない。しかし、R・A・ゴードン(58)もいうように、現実はこのような情況から大きくかけ離れている。取締役会は経営陣と一体化ないしは従属する傾向が強いのである。資本市場の発達による株主の量的拡大は、組織内の力関係における質的低下によってバランスされているわけである。さらに、自明のことではあるが、組織においては株主集団だけが経営者を掣肘する唯一の勢力なのではない。株主の組織的発言力を問題にするのであれば、同時に、銀行、労働組合さらには顧客などの利益団体をも取り上げなければならず、その先には行動科学的アプローチが待っているということになろう(1)。

さて、これらの諸条件を考慮すると、利潤最大化仮説は相当に疑わしいということになる。少なくともそれは、不完全情報、不完全競争、人的要素の固定性、諸利益集団、等々の存在(結局は組織としての企業の存在)とは両立しにくいのである。むろん、誤解のないようにいっておけば、このことは企業が株主の利益に相応の配慮をするということを否定するものではない。ただ、組織としての企業という視点からすると、利潤最大化は一つの極限的な場合であって、企業(特に現代的法人企業)の行動目的にかんする代表的説明にはならないと思われる。要点はあくまで企業の組織的性質にあるのであって、この点を離れて利潤最大化をいうのは、単純化のためというより、むしろ経済分析と組織分析を分断するための工夫だとみるのが適切である。

二　経営者効用最大化の恣意性

企業の組織的側面に特殊な関心が集められるようになったのは、次の二つの契機によるといえよう。一つはA・A・バーリー＝G・C・ミーンズ（11）による「所有と経営の分離」にかんする実証研究であり、もう一つはバーナードに端を発するフォーマル組織の協働行為にかんする理論的研究である。両者とも、経営者が組織の調整者として果している独自の役割を強調するものであった。この線に沿って、A・パパンドリュウ（139）は利潤最大化に代る仮説としていわゆる「一般的選好関数」の最大化という企業目的を提案した。そして今までのところ、この一般的選好関数の内実は、経営者の持つ大きな「オーソリティ（権威）」と「インフルエンス（影響力）」に注目して、経営者の個別利益として定式化されている。

これにはさまざまな特定化がありうるが、利潤との関係で重要なのは次の二つの型であろう。一つは、最低必要利潤の確保という形で、利潤を制約条件にだけ入れるものである。もう一つは、経営者の地位の安全性を表わす指標として、利潤が経営者の効用関数の構成要素になっているものである。しかしいずれにせよ、両者とも、企業の行動目標を形成するのが経営者の主要な任務であるという点に特殊な関心を寄せ、経営者効用の最大化をもって企業目的とする点では変りはない。このような考え方を、とりあえず経営合理性と呼ぶことにしよう。経営合理性の発想は、一見したところ利潤最大化よりも現実的であると思われるかもしれないが、必ずしも企業組織における最も重要な要因を十分に斟酌していない面がある。この点を簡単にみてみよう。

まず、経営合理性の考え方は、経営者が企業目的を形成する途上で企業の異質な構成メンバーとの間で相互に交渉を行う（あるいは対立を演ずる）という点にほとんど注意を払わない。株主との関係についてはあまり触れられないが、労働者との関係については株価を通じて一定の妥協がはかられているが、その他のメンバー、特に労働者との関係についてはあまり触れられない。しかし、経営者の重要な機能の一つは、いろいろなメンバーを協働システムの中に効果的に誘引し、そして各メンバーの間に生ずる不均衡を調整するところにあるのである。そのために用いられるのがいわゆる誘因のシステムであり、地位・役割の位階的な組織構造であり、また情報伝達に付随するオーソリティとインフルエンスの行使と受容である。ところが、経営合理性のモデルが、たとえば企業成長率をもって経営者の権力、威信あるいはボーナスの代理変数とみなすとき、そこからイメージされるのはいわゆる「ピーク・コーオーディネーター（最高位調整者）」の自己利益への排他的執着である。それは、企業は政治的支配のヒエラルキーだというささか安直な見解につながることにもなる。しかし、企業を一つの永続的な協働システムたらしめるのは、そう単純なことではないのである。企業を統轄するための決定的に重要な環は、バーナードがいうように、メンバーの個別利益に一定の考慮を払いながら、なおかつそれを越えたところに形成される企業組織全体の共通目的の存在にあると思われる。

企業の共通目的を明らかにするための方法には、大別して二通りのものが考えられる。一つは、H・A・サイモン（183）あるいはR・M・サイアート＝J・G・マーチ（32）流のものである。彼らは企業を一個の連合体とみなし、諸々のメンバーの合理的行動から共通目的が形成される径路を説明しようとする。異質なメンバーが各々別個に合理的に振舞った場合、そのゲーム論的状況が意見の一致に落着くのは一般にきわめて困難である。彼らは、不確実性下における「合理性の限界」という事実に立って、「極大原理」に代えて「満足原理」を導入することにより、すなわち「限界づけられた合理性」を仮定することにより、このゲーム論的解決を容易にしようとする。しかし、このような合理主義的接近が一定の成功を収めているのも、実は、価格水準とか生産量といった種類の、経済学では手段とみなされているものについてであって、究極的な共通目的については、「漠然とした目標の一致」あるいは「組織目的への個人の同一化」がむしろ前提されているといってよい。

もう一つの方法は、バーナードに淵源を発するもので、どちらかといえばホーリスティックなものである。彼は組織を諸個人の加法的合成物とみるのではなく、諸個人の行為を結び合せるシステムとしての「アクション・フィールド」と捉える――この点、バーナード＝サイモンという、慣習化した表現法における等号関係は誤解を招き易いと思われる――。先に指摘したような経済的、政治的そして文化的な諸機能をつかさどるこの〝場〟の中に諸個人が包摂されていくとき、彼らは自己に固有の「個人人格」としてとどまることはできず、組織によって規定される組織人格をも兼ね備えざるをえない。組織は個人を非個人的なものにする、すなわち社会化するのである。

企業における社会化は二つのルートを経て達成される。一つはいうまでもなく分業と専業の秩序であり、個人の担う役割が全体のシステムに関連づけられてはじめて機能を果すということが、個人を組織の部品たらしめ、さらには役割取得における企業規範を受け入れることを余儀なくさせる。これは、集団力学でいう「操作的」集団としての凝集性をつくり出すことになろう。もう一つは、個人の中に当初からある社会的志向性、すなわちJ・ハーバーマス（61）の強調する「コミュニカティブ・アクション」への欲求である。(2) むろん、企業におけるコミュニケーションは、自然に対する目的合理的行動原理を人間関係にまで貫徹しようとする点で、人々の相互存在を前提とする内発的な社会性を十分に汲みとることはできない。それは、主として企業内のいわゆる「インフォーマル」組織の側に回されているのであろう。しかしいずれにせよ、たとえば企業精神という名の集合意識あるいは集団道徳の発生根拠の一つは、諸個人に内在する社会的志向性にあるといえよう。これは〝感情的〟集団としての凝集性をつくり出すことになろう。ともかく、これらの集団的凝集性を形づくる過程の中で、諸個人の組織人格が析出されてくる。組織の共通目的はこの集合的な組織人格によって支えられているとみることができる。組織人格は、その定義的意味からして諸個人の同質性を内包し、従って企業目的における共通性の成立を促さずにいないであろう。

この視点からみると、経営的合理性の考え方は経営者の個人人格（従って経営者の個人的動機）を偏重しすぎているといわなければならない。特に、経営者が他のメンバーから区別される主要な特徴がその組織人格の強さにあるという点を考えに入れると、この欠陥は見逃しにできない。バーナードにいわせれば、「管理者に要求される独特の最も重要な貢献、確かに最も普遍的な資質は、忠誠すなわち組織的人格による支配」なのである。シトフスキー的な企業者個人の効用を経営者個人の効用によって置き替えることによっては、企業の組織的側面を表現することはできないと思われるのである。

むろん、このことを主張するからといって、諸々のメンバーの個人人格が演ずる対立、あるいは組織の共通目的と個人的動機との間での緊張を問題にしなくてよいということではない。逆に次章で述べるように、企業成長と企業内分配を説き明かすには、これらの要因が重要な役割を果す。だから、一般的にいえば、個人か組織か（方法的には要素還元論か全体論か）の二者択一は論理操作の簡便さに寄与するところが大きくても、企業の理論（特にその動態論）を考えるときには不毛だとしなければならない。ともかく、ここで問題にしたいのは、企業目的の形成における経営合理性のモデルは、その個人主義的発想において、経済学において伝統的なホモ・エコノミクスの延長線にあるのであり、企業の共通目的を構成するためには企業が組織であるという事実にもとづかなければならない、ということである。(3)

なお、経営合理性のモデルが大方の同意をなかなか獲得できていないのは、右に述べたような基礎的理由からではなく、もっと分析上のテクニカルな難点によると思われる。一つの難点は、経営者効用の構成要素を選択する際の恣意性である。企業資産の成長率はなぜ経営者の権力や威信の代理変数となるのか、それはなぜ売上高成長率や従業員成長率等々であってはいけないのか。また、経営者集団の力量と密接な関係を有するはずのいわゆる組織スラック（slack）は、企業資産の成長率とどんな関連にあるのか。さらに、経営者の地位の安定性は株価だけによって説明されうるのか、労働組合や銀行による圧力は考えなくてもよいのか、といった疑問もわいてくる。結局、経営者効用を規定する諸変数はいつも分析と計量化の難易によって便宜的に取捨されているというのが実情なのである。

二つめの難点は、分析技術上の制約からして企業成長率の選択が恒常的成長率に限定されるということである。仮に長期計画の問題としてそれを認めたとしても、短期的修正はありえないのか。そして、長期計画と短期計画の差異は企業組織における目的形成や誘因編成とどのように関係しているのか。これらの問題は今のところ視野の外におかれている。

三つめの難点としてしばしばあげられるのは、種々の制約条件（たとえばマリスのモデルにおける需要成長率や評価率）が経営者の主観的判断の比重の高い相当にアド・ホックなものになりがちだ、ということである。しかしこのこと自体は、不完全競争下における期待要素の役割を重視するという基本的立場の然らしむるところであって、いちがいに難点だとはいえない。難点があるとすれば、むしろ、問題としている制約条件のいかんに応じて主観的比重の大小がきちんと類別化されていないという点であろう(4)。

いずれにせよ、このような諸点を検討していけば、論者の好みによって経営合理性モデルのさまざまな変種が作り出されることになり、企業行動の一般理論への道は遠いという印象を拭えない。しかし、だからといって、このようなテクニカルな難点だけから経営合理性のモデルを批判して利潤最大化を擁護しようとするのは、むしろ論理的退行である。経営合理性モデルが、不完全競争下における組織としての企業の行動を明らかにしていくための重要な一歩であることは間違いない。

三　共同利益最大化の試案

株主の個別利益だけが絶対的制約となる利潤最大化も、経営者の自己利益追求として表現される経営者効用最大化も、主として組織論の観点からみて欠陥のあることがわかった。両者とも、一つに企業における共通目的の存在とその受容、二つに企業内部における対立とその調整、を積極的に取り上げようとはしていない。ここで代替的な仮説を考えてみる必要に迫られる。一般的構造としては、組織人格と個人人格、共通目的と個人的動機、一致と対立等々の組織‐個人の二元的構造が企業活動のあらゆるレベルにおいてみられる、とするのが妥当であろう。しかしいま問題にしてみたいのは、先行諸仮説と同程度に反証可能な命題を組み立ててみることである。そのためには、組織の中に個人があり個人の中に組織があるというこの相互存在性をどこかで分断しなければなるまい。第一次近似として、組織性と個人性のいずれがプライマリーな要因として働くかを基準にして、企業行動の各局面を類別化するのが有益である。以下で、ごく試験的でありプリミティブでもあるが、一つの類別化の試みを行ってみたい。

まず最初に、企業の「メンバー」の資格条件を規定しておこう。ここでメンバーというのは、組織人格を具有するもののことである。そして、この組織人格は人的要素の固定性に由来するのであるから、メンバーとは当該組織に多少とも固定的に在留するもののことだといってもよい。個別のメンバーについてはどうであろうか。株主は、個々人としてはいつでも株式を売却できるので、その限りでは固定性はほとんどない。しかし株主集団としてみた場合には、企業経営に影響を与えうる集団として存続する。端的にいえば、株券という非人的な要素の集合が、所有権という法的裏付けによって擬人化される。すなわち法人となるのである。その面で彼らは固定的集団とみなせる。株主は、個人人格全体として企業活動に参画するわけでないし、従ってまた、彼らの関心は企業活動のもたらす経済的報酬だけに限定される。株主は、企業組織の側からみれば、個人性の最も希薄な部類だとされよう。少し面白いことに、これと同様なことが、たとえば未熟練な浮動的労働者についてもあてはまる。ただし、彼らが集団として企業のメンバーになりうるのは、株主総会に匹敵するような組合を企業の中に作りあげることができた場合であり、実際には、浮動的労働者の組合は周知のように至難のことである。最後に、トップ・マネジャー、ミドル・マネジャー、一般のホワイト・カラー、そしてブルー・カラーが組織人格の強度において序列をなしていることについては、いまさら論じるまでもないであろう。

さて、このような諸々のメンバーの持つ組織人格の集合体を仮設してみよう。そこには各メンバーの同質性が確認されるはずである。この仮設的集合体にとってふさわしい目的をもって、企業の最も根本的な共通目的とみなすのである。この点に限っていえば、企業は、（連合体ではなくて）運命共同体として規定されることになる。利潤最大化や経営者効用最大化の仮説の弱点が企業の共通目的を無視するところにあり、またサイモン流の（限界つきの）合理的諸個人によるゲームも共通目的の形成にまで辿り着けない以上、別の推論手続きで共通目的を組み立てなければならない。さしあたり、バーナード的視点が有効だと思われるのである。このような運命共同体のいわば生命力の強さは、先にのべたように組織人格は社会的・文化的文脈の中に位置しているのであるから、各国のまた各時代の歴史的特徴によって左右されよう。しかしともかく、企業が組織であるかぎりは、共通目的が最も深層のレベルにおいて想定されなければならないのである。

この仮設的運命共同体が経済的利得だけに関心を持つと考えるべきかどうかは、まことに微妙なところである。企業が純粋な経済組織だと断定することができないならば、共通目的の構成において非経済的な要素をも考慮しなければならないことになる。たとえば、経営者のモティベーションについて言及されているような諸要素を、企業の共通目的についても検討してみる必要が生ずるのである。たとえば、J・K・ガルブレイス（53）は企業を取り巻く社会的環境との「共鳴」や「適合」という非金銭的な刺激誘因を重んじているが、これらを近年論議されている「企業の社会的責任」論との関連で企業の共通目的の中に配置することができるのかもしれない。

しかし、ここで強調したいのはむしろ逆のことである。非経済的な目的は一般論としては排除できないにしても、企業という新たな社会的形式がかくも急速かつ大規模に発展した理由が那辺にあるかを不明確にしてしまうような議論には問題がある。企業組織は、まずその価値志向における顕著な特化によって、他の諸組織と区別されるものである。それは、前近代的な未分化の社会から、おそらくはジンメルのいう「分化と力の節約の原理」にもとづいて、発展しきたった資本主義社会に特有の組織である。そしてその価値志向は、T・パーソンズ（141）のパターン変数でいえば、たぶん、感情性ではなくて感情中立性、特殊主義ではなくて普遍主義、自己志向ではなくて集合体志向、帰属ではなくて成就、無限定性ではなくて限定性によって特徴づけられるであろう。このような諸特性は、貨幣経済の進展による計算可能性と形式的合理性の増大と対応するものである。プロローグのところでのべたように、理論の包括性を大事にしたいという本書の立場からすれば、経験的一般化については常に慎重でなければならないわけであるが、企業行動の特に共通目的にかんしては、（とりわけ経験的に反証可能な命題を組み立てるための類別化作業においては）右にあげた諸特性を受け入れるのが賢明だと思われる。そのことは、企業の共通目的が貨幣的利得の獲得にあるとみなすことによって、最も適切に表現されるであろう。

次のようにいうこともできる。貨幣という単一尺度の上で各メンバーの組織人格が共通に表象されるということによって、活動の異質性あるいは組織内ヒエラルキーの上下関係を越えて、彼らが同質の存在であることが確認され、さらにこのことは、貨幣をして運命共同体の統合性を保つための集団的物神とするのである。ここで物神というのは広い意味においてであり、字義の通りに信仰の対象であることもあれば、共同体におけるコミュニケーションを媒介するための操作的シンボルであることもある。

さて、各々の組織人格に対応する貨幣的報酬について考えてみよう。企業会計の方式が構成メンバーの組織性と個人性を明確に区別していないので、近似的にしか把握できないが、次のように規定して大過ないであろう。すなわち、株主に対してはネット・キャッシュ・フロー（net cash flow）、経営者に対してはボーナスおよびスタッフ（staff）とスラック（むろん金銭表示に変換した上で）、一般労働者に対してはボーナスを中心とする非定期的給与（福利厚生支出も含めて）である。これらの合計値を仮に共同利益とよぶことにしよう。以上の議論は次のような結論を導く。

「企業の共通目的は、現在から将来にわたる割引された共同利益を最大化することにある」

ここでいくつかの点に留意しておきたい。一つは、将来の共同利益に対する割引率は、主観的な時間選好率ではなくて、危険プレミアムを勘案した上での市場利子率だという点である。すなわち、組織人格の共同体は貨幣的利得に統合の表現を見出しているのであるから、現在と将来の比較もまた効用を媒介としない貨幣的比較である。企業行動は、共通目的という最も基礎的次元において、貨幣および組織という人間の具体的営みから発生しながら、なおかつ個人を越え出たものとして物化された機構によって、客観的に編成されているわけである。

二つは、共同利益最大化の仮説は、構成メンバーの間における共同利益の分配比率が仮に一定であるならば、新古典派的な利潤最大化仮説と形式的には同一になるということである。しかし、両者の含意はいうまでもなく大きく異なっている。われわれの場合には、利潤が最大化されているとともに経営者や労働者の「組織的」利益もまた最大化されている。株主の個別的利益という個人主義的発想を、組織の共同利益といういわば全体論的方向へ転倒させると、スタッフ、スラック、ボーナスなどは（少なくともその一部は）費用概念ではなくて利益概念で捉えられることになる。この意味で、新古典派に特有の個人主義的理解は（それがひいては効率性概念に行きつくのであるが）制度的なものとして物化された客観的経済過程に対する〝虚偽の意識〟であるとみなされる。利潤最大化が、たとえ形式的には有効であっても仮説として是認できない理由は、組織的行動という視点からみたときにその含意が逆立ちしているところに見出されるわけである。

三つは、たとえばアメリカにおけるように従業員ボーナスや福利厚生施設の制度がさほど普及していない場合であっても、一般労働者に対する組織的報酬を無視してよいということには必ずしもならない、ということである。彼らは、所属企業の賃金と移動可能な他の諸企業の賃金との格差をもって組織的利益とみなすかもしれない。さらに、経営者の利益にはスタッフやスラックという形での自己拡張分が含まれているが、それは、経営者自身の威信や権力といったものの源泉であるだけでなく、労働者に昇進の機会を与えるという点では、労働者に対する（将来可能なものとしての）組織的利益でもある。

四つは、これも一般労働者の組織的報酬に関連することであるが、たとえばボーナスは、労働者が組織のコミュニケーションにおいて、経営者のオーソリティやインフルエンスを受容することに対する報酬だとみなしうる、ということである。労働者が何らかの仕事を具体的に遂行しうるためには、それに先行もしくは並行して、組織のヒエラルキーにおける上位者の指揮・命令を受容する態度を持たなければばならない。前章で触れたように、一片の雇傭契約書だけでは労働過程を操作するわけにはいかないのである。少なくとも観念的には契約自由な個人として存在している労働者を、組織の活動規則に恒常的に服させるためには、それなりの貢献‐誘因のシステムを作らなければならない。それが日本的なボーナス制であるか、アメリカ的な昇進への鼓舞であるかはともかくとして、組織人格の形成もまた経済的基礎の上に行われるところに企業が著しく経済に特化した組織である所以の一つがあるのである。

(1) 企業の行動目的にかんする行動科学的アプローチについては、R・M・サイアート＝J・G・マーチ編(32)に所収の諸論文を参照のこと。しかし、行動科学的思考における、いかにもアメリカ的な、経験主義と操作主義の結合は、観察しうるものとしての「行動」を規制している観察困難な「構造」にかんする配慮をないがしろにする点で、著者は受け入れるわけにはいかない。

(2) ここでは、ハーバーマスを含めてフランクフルト学派に色濃くみられる、ヒューマニズムの色合いを強調したいのではない。むしろ、ヒューマンなるものを成り立たせているコミュニカティブな活動形式と著しく背反するような組織形態は安定的に存続するわけにはいかないだろう、という意味である。

(3) 青木昌彦氏やS・マーグリンらのラディカルズも経営合理性の考え方を採用しており、そこには、企業のヒエラルキーを一面的に抑圧的機構とみなす姿勢がみられる。青木昌彦(1)を参照のこと。

(4) 企業は将来という時間を制御するために、将来計画を重層的に分化させ、またそれに応じてヒエラルキーをも分化させる。それぞれの部局は、相互に関連を持ちながら、しかし、異なった問題について、異なった時間視野で、異なった期待を形成する。詳しくは第五章をみられたい。

第四章　企業組織と分配決定

企業活動に統一性を付与する組織人格と共同利益は、企業を一個の組織的集団として存続させるための基礎的要件をなすものであるが、しかし、それはいわば布地の縦糸にすぎない。個人人格にもとづく個別的動機もまた、企業活動の横糸として織り込まれている。ちょうど、コミュニティにおけるコミュニケーションが参加と活動とによって捉えられたように、そしてコミュニケーション活動が活動規則と具体的活動とによって捉えられたように、企業行動の構造もまた組織人格（共通目的）と個人人格（個別的動機）との二元的構成によって表現されるわけである。この限りでいえば、われわれの論理構成の基本的図式は、種々の集団的レベルにおいて共同性と個別性とが、形姿をさまざまに変えながら反復されるとみなすところにあるといってよい。この章では、企業行動に含まれる個別性の契機について論じることにする。特に取り上げたい論点は、分配決定という経済的問題に企業組織の要因がいかに関連しているかということである。

分配問題は、D・リカード（161）の有名な立言にみられるように経済学における中心的課題の一つであるが、今なお理論的決着はついてはいない。それどころか、ケンブリッジアンと新古典派の主要な対立は、まさに分配理論をめぐって展開されている。しかし今までの論争の模様は、広く知られているように、ケインズ型の分配理論と限界生産力説に依る機能的分配理論という、おのおの明確な定式化を与えられた二つの仮説の間におけるほとんど和解しがたい対立の表明だったといえよう。ここでの意図は、両者について解説したり、いずれかに与したりすることではなく、企業組織という要因を導入することによって分配問題に対して多少とも新しい照明を当ててみることである。

結論を先取りしておけば、以下の論述は次のような一つの示唆へ向けて導かれることになろう。それは、企業組織における労働の固定性という性質に注目することによって、ケンブリッジアンの分配理論の欠陥だと思われるミクロ理論の欠落を補うことができ、同時に、新古典派の欠陥だと思われる資源の可塑性（あるいは移動性）に対する過度の強調を修正することができるのではないか、ということである。そして、組織という社会学的概念を介在させることは、単に分配理論の形式的整理に対してだけでなく、分配決定にまつわる多面的含意を明らかにするのにも役立つであろう。つまり、分配決定にかんする新古典派の技術主義的理解とケンブリッジアンのほとんど政治主義的といってよいような理解とについて、両者を橋渡ししつつ超克するための端緒を探れるかもしれない。

一　共同利益の分配

組織のメンバーであることの条件が人的固定性にあるということは、企業組織の側からみて、彼らが将来の金銭的利得のためのストックになることであり、その意味で、彼らは多少とも資本としての性質を具有しているとみなされる。一般化された購買力としての財産（すなわち物的および金融的資本）と同じく、一般化された労働力（すなわち職業）は、組織の金銭的稼得に対するパーフォマンスを長期にわたって組織に委託するという点では、組織の側からみてひとしく資本と観念される。資本のパーフォマンスに対するサンクションは、T・パーソンズ（145）がいうように、組織の運営に対する「介入権」として一般に設定される。われわれの場合についていえば、この介入権を金銭のタームで確認するものこそ、株主に対するネット・キャッシュ・フロー、経営者に対するボーナス（および金銭表示したスタッフやスラック）、そして労働者に対するボーナス（および福利厚生支出あるいは昇進の機会）である。従って、一般的にいえば、組織に固定的なものとしての組織メンバーはすべて共同利益の分配にあずかる資格を持っていると考えられる。

ここで介入権というのはごく広い意味においてであって、必ずしも通常に理解されるような経営に対する積極的参画のみを指すのではない。たとえば、労働者集団が経営者のオーソリティやインフルエンスを受け入れるのも介入の一形態に数えられる。いま労働者が組織におけるコミュニケーションの流れを円滑に受容しているとしても、彼らはそれらを受容しないという可能性（離職、罷業、サボタージュ）を常に残しているのであるから、経営者は労働者に受容されうるようなコミュニケーションを編成すべく努力しなければならない。すなわち、労働者はいわば消極的介入権を保持しているのである。だから、労働者に対するボーナスや福利厚生支出や昇進の機会などは、具体的な労働に対する報酬というよりもむしろ、経営者のオーソリティやインフルエンスを長期にわたって受容することに対する報酬だと考えた方がよい。わが国では、労働者がボーナスを経常収入としての所定賃金と同一視しているといわれることが多いが、仮にそのことが事実だとしても、それはあくまで労働者の個人的会計についていえることであって、企業組織の報酬システムの問題とは別ものである。同じようにして、企業内昇進と市場を経由する社会的移動とを比べると、前者が組織人格に後者が個人人格におのおの密接しているという点で、別次元に属する。

因みに、ボーナスと所定賃金が同次元のことならば、なぜボーナス制度が特別に存在するのかをうまく説明できなくなる。昇進制度についても同様である。労働者が毎月の給料を受け取るときの平然とした様子と、ボーナスをもらうときの感謝の混じった表情との差異は、そして市場を経由してより高い社会的地位に雇用されたときと、企業内で昇進したときとにおいてみられる同じような差異は、少なくともその何割かは労働者の人格的二面性のなせるわざであろう。このような労働者の持つ組織人格と共同利益への分配権利は、労働組合の性質にも影響を与える。労働組合は、組合指導者が好んでいうように労働者の個別的動機を発揮するだけの場ではない。それは同時に、労働者が企業の価値パターンに自己を調節させて、自己の組織人格の形成を背面から援助する場でもあるのだ――。

共同利益の分配は、表面的には、企業内部における集団（ときには個人）相互間の交渉の結果として定まる。この政治的力学においては、当該メンバーが企業のヒエラルキーの中でどのような地位にいるかということによって、彼の手番の数も種類も影響を受けざるを得ない。この点において、経営者が相対的に有利なのは明らかである。経営者は、共同利益の獲得と分配にかんする行動手続きを規定するにあたって、強いイニシアティブを握る立場にいるからである。しかし、共同利益の分配においては、経営者の権力にせよ労働組合の圧力にせよ、諸集団の間の力関係は、（長期的には変化しえても）短期的には安定した状態にあるとみるのが妥当である。事実、J・V・リントナー（102）らによる研究は配当性向の安定性を明らかにしているし、わが国におけるボーナスと法人所得との比率も（著者の経験した試算によると）短期の景気変動に左右されず一定水準にとどまっているのである。

また逆に、共同利益にかんする分配ゲームの均衡解が仮に安定性を保っていないとすれば、共同利益の最大化をもって企業の究極的目的とするわれわれの仮説も成立しにくいということになろう。その場合には、組織の共通目的に対する各メンバーの同意が分配をめぐる対立によって脅かされ、その結果、企業目的は、経営合理性の思想における経営者効用の最大化に、あるいは新古典派における利潤の最大化に、さらには労働者管理の思想における労働者所得の最大化にというふうに、いくつかの極限的ケースに傾かざるを得ないであろう。しかし、それら極限的ケースは、すでに述べたように、組織の組織たる所以（すなわち組織人格と共通目的の存在）からみて企業行動の平均的説明としては不適切なのである。

さて、共同利益の分配ゲームはなぜ安定的な解をもたらすことができるのであろうか。すぐ思いつくのは、異質メンバー間の葛藤について明解な分析を行うのはそもそも無理な話なので、いっそのこと制度的慣行とかサイモン流の満足原理にでも頼ろう、という仕方である。しかしここで言及しておきたいのは、結果としての慣行とか満足水準の存在を指摘することではなく、むしろそのような慣性をもたらすような場が企業の中にあるという点である。それは、共同利益そのものが諸個人の同質性（すなわち組織人格の運命共同体）に付与されるものだ、ということに関係している。この仮設的な共同体における分配ゲームは、標準的なゲーム理論におけるように合理的諸個人が自律的に選択しているという想定とは、少し隔たったところがある。一つに、諸集団の交渉（negotiation）の途上における情報交換を通じて各当事者の認識や評価さらには人格が変化していくことによって、二つに、その変化が組織人格の共同体という共通の靭帯に結びつけられていることによって、事態は対立を緩和させる方向（一致にせよ妥協にせよ闘争回避にせよ）に向う可能性が大きいと予想される。すなわち、たとえばC・M・スティブンス（193）がいうように、社会的場における行動主体の変質を伴う

negotiationは、ゲーム理論における合理的なbargainingとは同じではないのである。いずれにせよ、共同利益の分配をめぐる個別的動機の対立は、それが行われる場がほかならぬ組織人格の共同体であるという理由から、一般に微弱なものになると考えることができよう。

二　賃金決定の諸仮説

経済学が取り扱ってきた分配は、いうまでもなく、企業の各メンバーが自らの個人人格と個別的動機をそのままの形で発揮するような局面についてである。これは、共同利益の分配がコミュニケーションを受容することに対する報酬であるのに比べ、労働者（および経営者）の具体的勤労活動そのものに対する報酬である。この種の支払いは、組織の側からみて費用と観念される。諸個人が純粋の個人人格として規定される局面においては、組織への参加とそれからの離脱は、彼らの自由な判断に委ねられているとみなしうる。従って、彼らの提供するサーヴィスに対する支払いは、ちょうど原材料費と同じ意味において費用である。すなわち、そこには労働者は市場における通常商品と同様に〝モノ〟として捉えられる。しかし、実のところ、この労働力商品に対する対価としての賃金については、必ずしも通常の市場理論によってうまく説明されてきたわけではなく、賃金決定の諸仮説がいまなおいくつか並存して競い合っているというのが実情である。諸仮説の問題点を簡単に検討してみよう。

まず古典派においては、リカードに典型的にみられるように、賃金基金説という非市場的な分配論が採用された。単純化していえば、資本家は賃金前払分として保有している流動資本から一人当り固定された実質賃金を支払う（従って雇用量も自動的に定まる）。実質賃金が固定されているというこの考え方は、周知のように、農業における収穫逓減とマルサス的人口法則とによって予想される過剰労働力の存在から導かれたものである。すなわち、技術と人口という非経済的要因のみによって、実質賃金が生存最低水準に釘付けされるのである。実質賃金を外生的に扱い、実質利潤を剰余として規定するリカードの方法は、少し形を変えて、マルクス（117）によって受け継がれた。彼はマルサス的人口法則の代りに産業予備軍の仮説を用いることにより、実質賃金の固定性を考えた。資本の有機的構成の高度化による産業予備軍の創出という仮説がもしも納得的ならば、それは経済的メカニズムにかんするものであるから、実質賃金が経済学的に説明されたといってよい。しかし、この仮説の妥当性はいうまでもなく疑わしい。マルクスにおける実質賃金の固定性は、彼自身がいっているように、「歴史的・道徳的」にのみ説明されるといってよいだろう。

しかも、固定的実質賃金を資本家の行動仮説として考えた場合、マルクスはリカードにはみられない一つの難点を伴っている。リカードが想定した状況は資本家的農業経営を中心とするいわゆる「穀物経済（corn-economy）」であるから、穀物による賃金前払いを考えてやれば、所与の実質賃金という仮定を一個の行動仮説とみなすことができる。他方、マルクスの場合には近代的工業を想定しているのであるから、賃金支払いはあくまで貨幣による支払いだと考えるのが妥当であろう。だとすると、実質でみて固定した賃金を支払うためには、消費財価格に対する完全予見（もしくは消費財価格の固定性）というもう一つ別の仮定を持ち込まなければならないはずである。むろん、きわめて不十分な段階にとどまったマルクスの価格理論の枠内でこれ以上の議論をしても無駄であろうが、賃金を貨幣タームで表現するという行動仮説それ自体は、（以下でみるように）ケインジアンの賃金論を考える場合に決定的な論点になってくる。

ともかく、リカードにしろマルクスにしろ、固定的実質賃金の水準は生物学的、歴史的もしくは文化的に定まるとしかいいようがない。この経済外的な理由による賃金の所与性という発想は、貨幣賃金の面でケインジアンによって引き継がれることになる。失業を含むモデルという点での古典派とケインジアンの類同性を生み出す因は、まさにここにあるのである（ただし、前者は失業を前提し後者は失業を説明するという点では逆なのであるが）。しかし、生存水準といい、あるいは歴史的・文化的水準といい、実際には何も説明していないのではないかという疑念がわいてこよう。次節でみるように、賃金決定にかんする経済的要因と非経済的要因とのからみ合いは、もっと慎重な検討に値すると思われる。特に、新古典派の賃金論が純経済的な方向で形式的に完結した説明を提示している以上、その作業をなおざりにするわけにはいかない。

次に新古典派であるが、そこでは、リカードの地代論における限界分析を労働サーヴィスについてまで拡張することによって、そして労働市場の競争性を仮定することによって、賃金決定を説明する。このことについては無数の教科書が解説しているので今さら言及を要しない(1)。この限界生産力説こそ、新古典派における市場の効率性概念およびそれに関連する能力主義の基礎に据えられたものである。従って、新古典派に対峙するケンブリッジアンが、その主要な攻撃目標の一つを限界生産力説においたのも肯けるところである。

しかし著者のみるところでは、ロビンソン（166）を代表者とする限界生産力説批判の論陣は、必ずしも成功を収めてはいないようである。たとえば、有名な資本の測定問題にかんする論争についていえば、ロビンソンらがいくら形式論理的に正しくても、最終的な決着はむずかしい。なぜなら、測定にかんするリゴリズムをつきつめていけば、資本だけでなく労働についても生産物についても、いっさいの集計可能性が疑惑にさらされるはずである。測定問題について困難の生じない（すなわち期待がそのまま実現される）仮想的な恒常状態についてだけ形式的分析を行えといったところで、実際の経済状態については曖昧な記述的な分析に委ねざるをえないのであるから、全体としての経済分析においてはやはり曖昧さは免れない。従って、R・ソロー（188）らのように、分析のためのプラグマティズムという見地から測定問題について楽観的な立場に立つ人々も、常にそれなりの発言権を有することになる。また、資本と労働の代替可能性についての論争も、L・P型のモデルやヴィンテージ型のモデルを考慮に入れれば、必ずしも限界生産力説を揺がすことにはならない。

賃金決定にかんする新古典派とケンブリッジアンの真の差異は、新古典派が伸縮的な労働市場を考えるのに対し、ケンブリッジアンは貨幣賃金率が短期的にみて硬直的だとみなすところにある（ついでまでにいえば、労働市場で調整される価格変数が新古典派の標準モデルにおけるように実質賃金率であるか、あるいはケインズがいったように貨幣賃金率であるかは——むろん後者であるが——経済モデルの全体的構成にかんすることであって、賃金決定の問題についてはさしあたり関係がない）。賃金の短期的硬直性についてはいく通りかの変種が認められる。

最初に、ケインズ（84）がオリジナルに出した見解がある。それは、短期の労働市場において貨幣賃金率は伸縮的に変動しうるが、たまたま短期労働供給曲線が下方硬直的になっているために、貨幣賃金率はその硬直的水準以下に下りえないというものである。しかし、この想定は受け入れられない。硬直的水準のところで非自発的失業が発生しているのに、なぜ貨幣賃金は下落しないのか（つまり、なぜ労働供給は下方硬直的でありつづけうるのか）。労働者の個人的あるいは集団的慣性は自らの飢えを代償として提供するほどに強力なものだろうか。この点を考慮して、短期労働供給曲線の下方硬直性は経済学の中から次第に姿を消しつつあるというのが実情である。

ただし、この関連で一つ留意しておきたいことがある。J・R・ヒックス（67）にしろL・R・クライン（85）にしろ、あるいはF・モジリアニィ（124）にしろ、彼らのケインズ解釈においては、貨幣賃金率の硬直性を陽表的に導入しないで非自発的失業の発生を説明できるようなマクロ・モデルを構想するところに主眼がある。この種のモデルは、たとえ形式的で斉合的であっても、失業がある場合に貨幣賃金率はどのようにして決るのか、さらにはどの水準まで下りうるのか、ということを説明しえないという点で欠陥がある。たとえば、ヒックスにおけるL-M曲線とI-S曲線との交点で所得と利子率とが決るという、今なお代表的ケインズ解釈とされている見解にみられるように、そこでは、雇用にかんするミクロ理論と労働市場にかんするマクロ理論がすっぽりと抜け落ちているのである。なお、ケインズの賃金の下方硬直性と失業発生の論理を逆手にとって、失業がある場合に貨幣賃金率が固定的となる（そして完全雇用に達すると新古典派的な伸縮的賃金決定機構が復活する）という、新古典派総合の流れに属する考え方(2)も受け入れられない。理由は簡単で、そこでは失業の存在を説明するためにやはり賃金の固定性を前提しなければならないということが見落されており、そして、その前提が完全雇用に到達したときになぜ急に崩れるのかということも説明されていないからである。すなわち、新古典派総合においては、二つの互いに異質な価格機構が一つの経済モデルの中に何の論理的連関もなく、いわば木に竹を接いだように、放り込まれているのである。

このように消去していくと、ケインズに端を発する失業理論の中で生き残りうるのは、短期の貨幣賃金率が固定的であるとみなす見解だけのようである。そしてその固定性の根拠は、「貨幣賃金率はそれ自身のコースをたどる」というロビンソン(167)の意見に典型的に示されるように、経済外的な歴史的・文化的領域に求められることが多い。ここでは、既にみたように、古典派の固定的実質賃金にかんするのと同様の想定が貨幣賃金について適用されている。

ともかく、当分の間、このような意見を受け入れて議論を進めよう。すると、形式的には、実質賃金率と労働の限界生産力とがひとしいという新古典派的命題が復活するかにみえる。もっと厳密にいえば、生産物市場が完全競争的である場合には、生産物市場の均衡条件として実質賃金率と労働の限界生産力の均等が成立し、生産物市場が不完全競争的である場合には、需要の価格弾力性によって修正された形で実質賃金率と労働の限界生産力が関係づけられる。従って、実質賃金率の決定についてはケンブリッジアンと新古典派との間に形式的な差異はないように思われるかもしれない。しかし、いうまでもなく、問題は雇用水準（したがって労働の限界生産力と価格の水準）がどこに決るかということであり、ケンブリッジアンは（貨幣賃金の短期的固定性を媒介とすることによって）それを有効需要によって定まるとみなすのである。

とはいえ、有効需要仮説の意義を十分に認めるにしても、それがロビンソンのように労働市場をほぼ完全に欠落させるところに成り立つのであれば、少なくとも新古典派批判としては脆弱であるとの印象を拭いきれない。貨幣賃金はなぜ短期的に所与なのか、それは長期的にいかに変化していくのか、これらの問題をもっと経済の場に近づけて論じることはできないであろうか。この種の検討を欠いたままでいるならば、ロビンソン的なモデルは、結局のところ完全雇用を持続する黄金時代についてのみ有効だということになってしまう。確かに、第二章でのべたように、労働力商品は通常の市場理論になじまない特殊性を有しているのであるが、その特殊性をいかに組み込むかというところに資本主義モデルの成否がかかっていると思われる。

貨幣賃金の固定性を、ロビンソンのように歴史的・文化的な領域に追いやるのではなく、より経済学的にみようとするのは、たとえばJ・トービン（198）である。彼のケインズ理解によれば、貨幣賃金は団体交渉によって決められるものであり、それは一定期間にわたって固定されるいわば管理価格だという。端的にいえば、固定的貨幣賃金とその動態的変化は、持続的不均衡を伴う市場の調整過程の中に位置づけられる。競売人（auctioneer）のいない市場における不均衡現象の重要性については、市場理論一般の問題としても、いくら強調してもしすぎるということはない。実際、労働の問題に限定してみても、フィリップス曲線をめぐる理論的・実証的研究は多少ともこの視点を取り入れている。(3) しかし注意しておかなければならないのは、市場の調整問題を単にメカニックな意味での機能不全として捉えてはならないということである（それならば調整が完了したあかつきには再び新古典派的命題が復活するということになりかねない）。ここで市場の不完全性を明示するならば、それは組織の形成を要請し、そして組織は人的固定性によって特徴づけられるという、コース的論点を考慮する必要があろう。すなわち、賃金決定の諸仮説を概観してきた結果、労働の固定性という要因につき当ったわけである。

三　労働の固定性と賃金決定

労働の固定性については、実は、かなり古くから気付かれていたことである。たとえば、ヒックスは著名な『賃金の理論』（66）において、労働の固定牲とほぼ同義なことを意味する「雇用の規則性（regurality）」について一節を費やしている。しかし、近年において労働の固定性について特殊な関心が払われ出したについては、二つの契機を指摘できよう。一つはE・クー（88）、T・A・ウィルソン＝O・エックスタイン（211）などを中心とする雇用と生産性にかんする実証研究においてであり、もう一つはフェルプス（151）やD・T・モーテンセン（126）らによるフィリップス曲線の再構成にかんする理論研究においてである。ともかく、労働の固定性は賃金や生産性の研究において無視することのできない要因になりつつあると思われる。

もちろん、すべての種類の労働が固定的なわけではない。パート・タイマーに典型的にみられるような可変的労働が存在することも確かである。しかし逆に、いわゆる管理労働（overhead worker）だけを固定的とみなす通常の見方がやや狭きに失するということも見逃しにできない。すでにのべたように、たとえ管理される側に属する労働者であっても、彼が企業のコミュニケーションを円滑に受容していくためには、組織人格を有した固定的メンバーになる必要がある。すなわち、労働にまつわる組織性は、いろいろな具体的労働の持つ特質のみによって規定されるのではなく、それらの労働がいかなる経緯で（そしてどのような環境で）行われるかということにもとづくのである。そのように考えると、固定的労働はいわゆる生産労働（production worker）の範囲にも及ぶとみなければなるまい。以下では、議論を単純に示すために、あらゆる労働が固定的だとして、さらに、資本の問題も（固定的生産係数を仮定することによって）無視することにして、以下では労働の固定性がもたらす伝統的理論からの乖離について箇条書ふうにまとめてみる。(4)

《労働ストックと労働時間》

労働が組織に固定的であるというのは、あくまで労働を員数で数えてのことである（これを労働ストックとよぼう)。すなわち、それらの労働者からどれほどの労働サーヴィスが当該期間の間に生み出されるかというサーヴィス・フローの決定は可変的だとみることができる。それは、労働時間(もしくは労働強度)の決定は企業内において短期的に行われうるからである。長い間にわたって労働市場で需給されるのはサーヴィスで測った労働量だとされてきたが、固定的労働を考える場合に市場で決められるのは当該企業で働くか否かについてであって、サーヴィス・フローは企業内決定にまかされる。そしてこのように考える方がより現実的でもある。

ついでまでにいえば、この捉え方によって二つの経済学的概念が修正を余儀なくされる。一つは失業率の概念である。失業は、(統計データとしてはストックで測られていながら)理論的にはサーヴィスの次元で規定されてきたが、われわれの場合には労働可能人口から既に雇用されているものの数を差し引いた形でストックとして規定されることになる。もう一つは労働の限界生産力である。われわれの場合には、企業の短期的計算にとって意味ある限界生産力の概念は、いわゆるマン・アワーについてではなく、アワーについてだけ妥当することになる——。

《労働の固定性と貨幣賃金の固定性》

労働の固定性を入れると、貨幣賃金の固定についても新しい解釈が可能になる。労働者がある期間にわたって当該企業にとどまることを決意できるのは、その間どれくらいの賃金を受け取れるかを知っているからである。このことは、当該企業で働くか否かの雇傭契約とどれくらいの報酬で働くかの賃金契約とが抱き合せになっている(いわゆる tie-in-contract)ということを意味する。だから、労働ストックを固定的とみる以上は、貨幣賃金もそれに対応して固定的だとされなければならない。

たとえばモーテンセンのように、労働を固定的としながら貨幣賃金を可変的とするような仕方は、とうてい認めるわけにはいかないのである。ここに、ケンブリッジアンのマクロ・モデルにおいて決定的な重要性を持つ貨幣賃金の固定性が、ロビンソンのように文化的・歴史的といういささか無規定な要因にではなく、企業が組織であることに由来する労働ストックの固定性に、結びつけられたわけである。

《標準賃金、オーバー・タイムおよび賃金の下方硬直性》

ところで、貨幣賃金が固定的なのは実は標準的労働時間に対応する部分、すなわち標準賃金についてである。企業の内部で労働時間が短期的に調整されるからには、（正または負の）オーバー・タイムに対する標準からの賃金調整が短期的に行われると考えなければならない。そして、企業内賃金調整は、おそらくは、経営者と労働者との団体的契約にもとづいて行われるであろう。この企業内の団体的な賃金契約において、ケインズのいう賃金の下方硬直性が甦える余地がある。労働者が固定的標準賃金の下で組織に固定的にとどまるという事態が生れ易いのは、オーバー・タイムによる賃金調整が下方硬直的な場合であろう。すなわち、たまたま当該企業の今期の売上げが悪化して労働時間が短縮されたとしても、そのことによっては賃金が標準を大幅に下回ることがない場合である。このとき、労働者は当該企業にとどまることそれ自体によって生活の保証がえられるのであるから、労働の固定性が強まると考えてよいであろう。

ついでまでに、賃金調整が下方硬直的である場合には、事前に計画される労働時間は標準時間に一致する可能性が大になる、ということを指摘しておこう。オーバー・タイムにかんする生産可能性曲線が通常のように限界生産力逓減の性質を持っているならば、賃金支払いは標準時間の点まで一定に近く、それ以後は逓増的なのだから、生産から賃金支払いを差し引いた純収入は標準時間のところで最大になる可能性が大きいのである。企業が（労働時間を操作できるということを知りながら）標準労働時間にもとづいて将来計画を立てるのは、ここに原因があると考えられる。逆にいえば、オーバー・タイムが発生するのは将来にかんする期待が誤っていた場合のみだということになろう[5]――。

《労働ストックの変化と調整費用》

労働者（そして経営者）は企業の組織的構造の中で各人特有の役割を当てがわれて配置されており、また各人は、自らの役割を遂行するのにふさわしい人格、能力および価値観を保有している。このような人的要素のストックは、市場において瞬時に購入して補充できるわけではなく、多少とも時間と費用をかけて変化させていかなければならない。次章でのべる資本蓄積における調整費用と同じことが、労働ストックの蓄積について発生するのである――実のところ、前者は後者の反映にすぎないといってよいのであるが――。これはいわば組織化費用（organizing cost）であって、募集費用、訓練費用、組織的配置の費用等々を含むものである。このように、労働ストックの固定性は、企業の長期的利益の源資として、通常の資本とパラレルに捉えられる側面を持つことになろう。

もちろん、奴隷制でない以上、労働者は自己の意志で当該企業を離職してもかまわない。しかし、企業が労働者に適当な誘因を与えている限り、そしてそれを媒介にして労働者の組織人格が形成されている限り、労働ストックは将来利得の源泉となりうる。また、労働者が仮に純粋の個人人格として振舞ったとしても、彼らが当該企業においてすでに獲得した能力や人間関係を補ってあまりあるほどの強い誘因がなければ、他企業に移ろうとはしないであろう。このことを逆にいうと、いま仮に失業者が多数いて、当該企業に対する潜在的労働供給が大きかったとしても、既に雇用している労働者の賃金を大幅に下落させることが困難だということでもある。なぜなら、その場合には当該企業の組織の中で特有の資質を持って存在している労働ストックの離反を招くかもしれず、従って、いわば資本の損失が生じるかもしれないからである。

《新規労働の市場と貨幣賃金率の変化》

ここで詳しく展開する余裕はないが、労働ストックの固定性と標準的貨幣賃金の固定性を考慮に入れると、労働市場の構成は新規労働の需要と供給（すなわち求人と求職）から成り立つことになる。そして、そこで決められる価格変数は貨幣賃金率の変化だということになろう。[6] その場合、新規労働需要（いわば頭数の変化でみた労働フロー）を決定するためには、将来の市場や組織にかんしてさまざまな期待を形成しなければならない。他方、新規労働供給については、教育制度の在り方、職探し（**job-searching**）あるいは企業間の転職（**turn-over**）などが取り上げられなければならない。この種の市場の構造においてこそ、ロビンソンのいう歴史的・文化的事情が考察されるべきであろう。労働力商品の持つ特殊性を新古典派のように無視するのではなく、またケンブリッジアンのようにすべて経済外的領域に押しこめるのではなく、リアリティと論理操作性の両者をともに犠牲にしない形で全体としての経済モデルの中に位置づけること、ここに、ケインジアン・モデルを発展させる一つの鍵がありそうに思える。

なお、この新規労働市場との関連で、一般労働者（とくに労働組合）と経営者における賃金決定をめぐる対立が展開される。賃金決定の局面では労働者は純粋の個人人格として捉えられているのであるから、共同利益の分配にみられたような組織的紐帯は見出しがたい。従って、そこにおける対立は必ずしも安定的に落着くとは限らない。しかし、経営者にはこの対立を実質的に回避する手段が、少なくとも可能性としては、残されている。すなわち、製品多様化や広告・宣伝による需要創出、さらにはカルテル的行為にもとづく製品価格の引上げなどを通じて共同利益を確保できると判断すれば、経営者は賃上げ要求を受け入れることができるのである。

最後に、新古典派においても労働の固定性に対して次第に関心がよせられていることを指摘しておかなければ、片手落ちであろう。たとえば、ソロー（189）は労働ストックを在庫ストックと同列において「労働保蔵」のモデルを展開し、「修正された限界生産力説」を提示している。つまり、労働の生産力は、通常の資本理論におけるのと同様に、長期的な視野の下で計算される。しかし注意しておかなければならないのは、ソローにあっては、労働の固定性はほとんど技術的な観点からのみ取り扱われており、固定性を生み出す究極因まで立ち入ろうとしないことである。企業を組織として捉え、組織と市場の関係、組織における社会的および心理的要因、等々にまで言及するということは行われない。そこでは、組織という要因が新古典派における市場一元論的な諸仮説の全域にまで影響を与える可能性がある、とは考えられていない。限界生産力説ひとつとってみても、労働の固定性の導入は、労働の限界生産力の計算を短期のものから長期の加重平均へ置き換えることによってすませるものだとは思えない。労働過程が組織のヒエラルキーによって秩序づけられ、そこで労働者個人に対する独特の社会化が行われている、というところに固定性の根拠を見出すならば、限界生産力説の含意そのものが修正されなければならない。そこには、組織全体にとっての役割体系とシンボル体系とが、政治と文化とが、介入してくる。すなわち、新古典派における個人主義的含意（それが効率性や能力主義の概念につらなるのだが）が危うくなるのである。

（1）　ワルラス、ヴィクセルあるいはマーシャルが、限界生産力説の解釈において微妙な差異を示していることについては、J・ロビンソンらの近著（169）を参照のこと。
（2）　宇沢弘文（206）（207）は、ケインズ経済学の数学的再構成において最も優れた水準にあると思われるが、そのモデルにしても、労働市場と貨幣賃金の問題については、新古典派総合の考えに立っている。
（3）　E・フェルプス編（151）を参照のこと。
（4）　以下にのべる諸要因を考慮した若干数学的なモデルとして西部邁（136）がある。
（5）　標準労働時間の決定についてと同様のことが、標準操業率についてもいえるであろう。すなわち、設備を稼働させる費用が固定費用の存在によって下方硬直的ならば、計画される操業率は概ね標準値に固定されるだろう。
（6）　これについての一つの単純なモデルとして著者の前掲論文（136）がある。

第五章　企業組織と投資決定

企業組織の存在を明示した場合に、企業行動の理論はいかに修正されるべきか。前二章にわたって目的関数と分配決定の問題について論じてきたが、そこで企業組織の第一義的特徴として取り出されたのは、労働ストックの短期的固定性であった。ところで経済学の流れに即していうと、生産要素の固定性が重要な論点になりつつある分野は、労働についてよりも、むしろ資本について、すなわち投資理論の分野においてである。投資理論は新古典派にとって最も脆弱な部位の一つであって、資本ストックの固定性に対する関心の高まりも、実は、新古典派批判という形で生じてきたものである。そして、投資理論をめぐる新古典派批判の要点は、新古典派が企業を単なるメカニカル・セットとして捉えていて、有機的に構成された組織だとはみないというところへ向けて次第に収斂してきている。ここにおいて、労働の固定性と資本の固定性とは、おのおの独立の事柄ではなく、企業組織の中で相互に関連したものとして説明されなければならないことになる。この章で、資本の固定性が意味するところについて、投資理論の経緯にふれながら明らかにしてみよう。

以下の論述の前置として、二つの点に言及しておきたい。一つは、新古典派において資本の固定性という性質が真面目に議論されるのは稀であるが、それは新古典派がきわめて人工的な期間概念を用いることと関係している、ということである。時間軸の上での変化を問題にしなければならなくさせる究極の因は、短期的には変動しえない何か固定的なものが存在することである。しかし新古典派の標準型は、経済活動の「単位」期間を適宜に引き延ばすことによって、固定的なものの時間的変化を追跡する代りに、それらを（適当に案出された〝長い〟単位期間の中で）可変的なものとして扱おうとする。しかし動態論において長期というのは、新古典派のごとく一種の状態を意味するのではなく、短期が次から次へと生起する一つの継続のことである。資本の固定性とその時間的変化（すなわち投資）はこのようなシークェンスのうちに捉えられる。このほとんど自明のことに言及しておくのは、資本ストックを可変的だとみなすモデルが、新古典派に特有の、時間を無視した静態的思考を反映していると思われるからである。

時間意識の問題こそ投資理論の焦点である。あらゆる時間的変化が企業の外部にある環境の変化によってのみ生じるのならば（すなわち環境変化に対する反応が機械的に定まっているならば）、変化の過程は機械的調整の過程とみなしてよく、従って、変化の過程を客観的に説明し予測できるはずだという予断を持つことができよう。しかし、企業という人的組織の動態的行動は、機械的反応という想定を容易に許さないところがある。企業は、時間の流れの中で、環境に対する働きかけを通じて、自らを意識的に変化させていく。すなわちそれは、過去からの遡及と未来への予期という主観的要素にもとづいて、能動的に行動する自己組織系である。むろん、変化の正確な径路を予測することは、再組織化の過程それ自身が組織の保有する情報量を変更させるために、不可能である。つまり、歴史的決定論はとりえない。とはいえ、企業の動態論を展開するということは、この自己再組織化の方位について何がしかの分析を与えるものでなければならない。新古典派の企業理論の一つの欠陥は、この能動的再組織化の問題をないがしろにして、静態的企業観を採用するところにある。

このように、投資理論に新たな展開を促す契機は、一方で資本の固定性、他方で企業の再組織化能力に着目することだと思われる。そして両方の要因とも、企業が新古典派のいうように擬制的なヴェイルなのではなく、一個の組織だということに由来するのである。

一　新古典派の投資関数

新古典派の資本主義モデルが投資関数において欠陥を露呈するという場合、それには二つの異なった次元の問題がある。第一の欠陥はマクロの次元に属するもので、すでに指摘したことのある「セイの法則」である。「新古典派モデルには投資関数が存在しない」という性質はこの法則に因る。セイの法則は貯蓄主体と投資主体とが同一だと前提しているから、資本の蓄積は貯蓄関数から直ちに決定され、投資関数を陽表的に示す必要はなくなる。このような前提が曲りなりにも現実性を持ちうるのは、労働者の所得水準が生存水準に固定され、さらに資本家が同時に経営者を兼ねる（従って、組織を持たない個人企業家の貯蓄だけを考えに入れればよい）ような状況においてのみであろう。

しかし、現代におけるいわゆる新々古典派が投資関数を含まないモデルを使用する際に想定される状況は、むろんこのような旧態のものではありえない。R・ソロー（187）によると、マクロの実質所得が所与のマクロ生産関数だけから定まるとされるのは、モデルの背後に、政府が常に資源の完全雇用政策を採用しているという想定が陰伏しているからだという。しかし、このような弁護論はあまり強い説得力を持っているとはいえない。一つに、政府が完全雇用政策を効果的に行いうるとするためには、最低限、民間部門の経済行動論が定立されていなければならないが、はじめからセイの法則を仮定してしまうと、民間の投資行動について何も語れないのである。二つに、政府は完全雇用以外の諸目標を有しているのが一般的であるが、それら諸目標の間にトレード・オフが成立していると、完全雇用政策を実行しつづけるわけにはいかないのである。三つに、（これは前章でふれたことであるが）ソロー的モデルがうまく作動するためには、完全雇用が達成されたあかつきには市場機構が円滑に働くという新古典派総合の考えに立たなければならないが、この考え方は、たとえばK・J・アロー（5）がいうように、市場の価格機能の把握において必ずしも一貫した理論を持ち合せていない。セイの法則を批判することは本論の趣旨ではないので、これ以上深入りはすまい。ともかく、ケインズによって葬り去られたはずの、虚偽としか思いようのない法則が今なお生きつづけ、またわれわれもそのような教育を受けてきたという事実は、学問における半ば不可避的な惰性の強さを思わされて興味深い。

第二の欠陥は、「新古典派におけるミクロ理論の諸前提からは投資関数を導出できない」という点である。これこそ近年かなりの議論を呼んでいるもので、以下で論じてみたいのもこれに関してである。D・ジョルケンソン（76）（77）の投資理論に典型的にみられるように、新古典派においては「資本サーヴィスを生み出す資本ストック」への需要という捉え方がつらぬかれている。いま、ワルラスが想定したように資本サーヴィスにかんする賃貸市場が存在しているのならば、投資財の購入によって資本サーヴィスの供給を準備する必要はまったくなく、従って投資という行為そのものが生れない。このような賃貸市場が、（後であげる理由によって）特殊なものを除けば一般に成立しがたいことはいうまでもないことであり、新古典派の投資理論もこのことを確認するところからはじまる。しかし、以下でみるように、ワルラスの思想は修正された形で生き残ることになる。

資本ストックからのサーヴィス・フロー化率が一定だとすれば、資本サーヴィスに対する需要は資本ストックに対する需要と同義になる。ジョルゲンソン流の接近は、まず、「望ましい資本ストック（desired stock of capital）」という概念を重んじる。ただし、諸々の投資財からなる資本ストックを売買するような市場はサーヴィス賃貸市場よりも考えにくいわけであるから、「望ましい」という語の意味はあくまで技術的考慮に発するものである。この資本ストックに対する技術的需要からどのようにして投資というフロー次元での市場需要が誘導されるであろうか。ここで「望ましい資本ストックはタイム・ラグを伴って実現される」という媒介項が挿入される。すなわち、今期において実行される投資は、過去において望まれたさまざまな資本ストック需要の一部が、ラグを持って実現したものの合計値だとされる。

この種の投資モデルについてはおびただしい数の実証研究が発表されているが、その理論的斉合性はといえば、宇沢教授（206）が厳しく批判されているように、相当に疑わしいところがある。望ましい資本ストックが直ちに実現できないという情報は、当然いつかは計画当事者にフィードバックされるはずである。だとすると、資本ストック需要という概念そのものが根拠を失う。ジョルゲンソンの想定する計画決定者は、自分の保有している情報の一部をなぜか考慮の外において、自分の楽観的予想がたえず裏切られつづけることを厭わない人だ、ということになるだろう。次のような状況を設定してみれば、ラグ構造で投資を説明する仕方が一見もっともだと思われるかもしれない。それは、計画決定がいくつかのレベルから構成されていて、情報をあらゆるレベルにすみやかに伝達することができないために、トップ・レベルの計画者はストック次元で大枠の計画を立案し、それがより下位のレベルに指令されて、時間の経過の中で漸次に実現されていく、という状況である。しかし、このように想定してみても困難は解消されない。ジョルゲンソンのモデルでは、下位の計画実行者が、新しい情報からみれば陳腐化してしまった過去の計画を盲目的に遂行しているということになってしまうのである。いずれにせよ、いかなるラグ構造が適切かという問題は、とことん実証研究における統計的適合度によって判定されており、そこに確かな理論的根拠を見出すわけにはいかない。資本ストックはなぜ短期的にみて固定的なのだろうか。まず、このことが理論的に問われなければならない。ジョルゲンソンふうのやり方では、資本の固定性は、理論の中というよりも、統計技術とデータによって派手に織られた長く裾を引き摺るラグ構造の中にだけ現れるのである。

　ところで、念のため指摘しておくと、投資財の購入をストック次元で捉えるかフロー次元で捉えるかということについては、必ずしも一義的な回答があるわけではない。たとえばアロー（4）が分析したように、（連続的な時間を考えても）個別企業にとっては投資財の購入は購入した瞬間において常に資本ストックの不連続な変化をもたらすのであるから、投資をストック次元で表現することもできる。すなわち、時点tにおける資本ストックをK_tとして、不連続点を通常の記法にならってK_t^-とK_t^+とで示せば、投資財の購入は両者の差で規定される。しかし、この場合においても、資本ストックの固定性（アローの表現では不可逆性）を説明する必要は残る。いい換えると、時点tの生産において用いられる資本ストックはなぜK_t^-であってK_t^+ではありえないのか。そして、この固定性に十分な配慮をした場合、資本ストックを瞬間的に変更することができるというそもそもの前提が、果して妥当かどうかという疑念が生じる。次節でみるように答えは否定的である。

　ケインズの投資理論が「望ましい資本ストック」という概念とどんな関係にあるか、それを判定するのは容易でない。ケインズの叙述にはいろいろな理解を許すような曖昧なところがあるからである。そのことを端的に表わすのは、ケインズが「投資の」ではなく「資本の限界効率（marginal efficiency of capital）」という用語を用いているという点である。たとえばM・K・エヴァンス（44）はこの点をつかまえて、ケインズの投資理論の基礎に「望ましい資本ストック」という概念があると考える。すなわち、資本の限界効率と利子率との均等から望ましい資本ストックの量が決り、それと実際の資本ストックとの乖離分が（アローと同じくストック次元で規定された）望ましい投資財購入量を意味するというのである。だから、この乖離分を瞬時に埋め合せることができるような市場条件および企業の内部条件が備わっているならば、フロー次元での投資決定は生れないことになる。ここでエヴァンスは、ジョルケンソンにおけるラグ構造の挿入と同じく、望ましい資本ストックのすみやかな実現を妨げるいくつかの事情について追加的に考慮する。それを示すのが「限界効率逓減」にかんするケインズの叙述だという。投資の増大につれて「予想収益が低落し」そして「資本の供給価格が増大する」ために、利子率の減少関数としての投資需要表が生れるというわけである。エヴァンス流の理解は、望ましい資本ストックの計算とその実現との二段階に分け、おのおのにおいて異なった情報を関係させるという点で、ジョルケンソンと同工である。両者が異曲であるのは、第二段階において、ジョルゲンソンが機械的なラグ構造を用いるのに対し、エヴァンスの方はもっと実質的な説明を与えるという点である。

まず、資本ストックの調整途上における「予想収益の低落」は、企業の内部組織の再編成のための逓増的費用によるとみなされる。次に「供給価格の増大」は、投資財産業における生産能力の限界からくる価格上昇（表示価格の上昇にせよ、引渡しを迅速化するためのプレミアムにせよ）によるとされる。ただ、エヴァンスにあっては（ケインズ自身にもその傾向が多少みられるのであるが）、これらの実質的要因がミクロの経済計算において事前的に意識されるものなのか、それとも意図するものなのか、必ずしも明瞭ではない。もし前者だとすれば、企業の投資計画において「組織」と「不完全市場」という二つの要因があらかじめ考慮されなければならない、ということになる。これらの要因こそ、今までくり返し主張してきたように、組織としての企業の行動を説き明かすにあたって、相互補完的にして最も基礎的なものである。しかし、この基礎的視点から問題を眺めると、「望ましい資本ストック」という概念それ自体が不適当になる。ケインズの中にも混入していると思われる新古典派的思考は、組織の問題にたかだか第二次的な重要性しか認めないという点で、斥けられなければならない。

二　企業の再組織と調整費用

予想収益を低落させる第一の要因を、企業を再組織するための費用と解釈するとき、R・アイスナー＝R・ストロッツ（42）以来有名になった調整費用（adjustment cost）型の投資関数が考案される。その接近によれば、資本ストックは短期的に固定的だとみなされ、資本ストックの水準を変更するには時間と費用がかかるものと考えられる。従って、企業は望ましい資本ストックではなく「望ましい投資量」を決定することになる。調整費用の存在は、最適投資量の形式的導出についてだけいえば、必ずしも常に必要だというわけではない。その存在を仮定しなければ、企業の目的関数が資本ストックについて線型になってしまうような場合には[1]、調整費用の導入が形式的にも要請される。しかしいうまでもなく、調整費用はもっと実質的な根拠を有しているのであって、それは資本の固定性と密接に関連している。

一般に、資本ストックが固定的であるのは、資本が企業の組織的構造と不可分であり、企業組織は短期的に変化させることができないと考えられるからである。調整費用は組織的変化のための費用、すなわち組織化費用だとみなされる。この点を簡明な定式化によって明らかにしようとするのは、宇沢教授（206）のいわゆる「ペンローズ曲線」である。教授によると、企業の生産能力の指標としての「企業資本」は、物的資本と経営資源との混合物である。このうち、経営資源は個別の企業にとってそれぞれ特有のものであり、それについては市場から自由に購入して短期的に補充するようなことはできない。経営資源は、何がしかの調整費用を特別に支出して、時間の推移の中で漸次に形成されるものである。これの量的関係を表わすのがペンローズ曲線にほかならない。このモデルは投資理論の歴史の中で画期的な重要性を持つものとして評価できる。それは何よりも、フロー需要としての投資を企業組織との関連において導出できるという点で、新古典派投資理論を越え出ている。

しかし、企業組織の問題をもう少し仔細に考えると、宇沢教授のモデルにも二つのかなり重要な点で納得できないところ、あるいは不明瞭なところがある。一つは企業組織のいわば静的構造に関することである。経営資源の固定性はそれだけでは直ちに物的資本の固定性を意味しない。仮に経営資源と物的資本との「有機的結合」とよんだところで、その結合の実質的内容は何だろうか。それが説明されなければ、両者の混成としての企業資本が全体として固定的だとは断言できなくなる。物的資本の固定性を物的資本の持つ技術的特性（たとえば設備の空間的移動性の限界や設備の懐妊期間）で説明するのは、この場合は適当でない。なぜなら、他所での設備や懐妊期間を過ぎた設備のストックを売買する市場を想定することが常に可能であり、そして、そのような想定が現実的でないというのならば、なぜそうなるのかという理由をもう一つ説明しなければならないからである。あえて技術的側面での説明を求めるとすれば、むしろ、経営資源と物的資本との結合比率が短期的に固定しているとみなす方が妥当であろう。とはいえ、これら両者の結合比率の固定性は、純技術的な視点で説明し切れるものではない。通常の生産関数論における技術係数の話ならば、技術の工学的青写真というもっともらしい背景がある。しかし、こと経営資源にかんしては、われわれはそのような青写真を持たないのである。

著者の理解では、企業資本の固定性をもたらす真因は、企業が人的および物的要素によって構成される一つのコミュニケーション・ネットワークである、という事実にある。経営者の機能は、このネットワークにおける諸活動を調整することである。従って経営資源が固定的だということは、調整能力が固定的だということにほかならない。ところで、調整能力の問題については（第二および第三章でふれたように）経済学およびその周辺で相当に議論されてきたが、今までの議論では一つの重要な論点が抜け落ちているように思われる。それは、調整能力の大きさはそれ自体で規定しうるものではなく、他の要素（ここでの文脈では物的資本）との相対関係において規定されるものだ、という点である。もっといえば、調整能力はそれだけを取り出して性質や量を論じることのできないものであって、調整能力を一つの構造要素として含むコミュニケーション・システムが明示されてはじめて、量化できるものであろう。そうだとすると問題は、コミュニケーション・システムという一つの組織的構造の中で、調整能力という単一の構造要素だけが固定的だと考えるのは妥当かどうか、その固定性は同時に他の構造要素の固定性を意味せざるをえないのではないか、ということになる。

少し具体的にいってみよう。ある経営者は工場の立地、機械の配置、それらが生産しうる生産物の質と量、等々が与えられることによって、自らの調整活動のありうべき範囲と強度を知りうる。従って、経営能力が与えられているということは、それとの相対で、物的資本の能力についても少なくともその大要が与えられているということになるであろう。両者が相互規定的な構造要素である限り、このように想定するのが自然だと思われる。経営者の知識、役割あるいは態度などは、彼らを取り巻くシステムによって規定されるのである。企業組織を機械システムになぞらえていうと、経営資源だけが固定的な企業は、翼や胴体を与えられずにエンジンだけで（またはエンジンすら与えられずに操縦桿だけで）飛び立とうとする飛行機のようなものである。また、もっと経済学に親しみやすいパテ＝クレイ技術の例でいうと、抽象的にはパテのようにさまざまの比率で結合しうると考えられる経営資源と物的資本とは、具体化される側面においては、組織のコミュニケーション・ネットワークに媒介されて、クレイのように焼き固められた形で企業資本を構成しているのである。

このように、生産要素の固定性をコミュニケーション・システムにおける構造要素の固定性として捉えるという方法は、ひとり企業資本にのみ適用されるものではない。それは、主として経営者のオーソリティやインフルエンスの受容という径路をつうじて、労働ストックの固定性にまで及ぶ。これについては前章までにいくどか強調したところなので、これ以上言及する必要はないだろう。ともかく、われわれのイメージする企業組織は、とりあえず企業資本ストックと労働ストック双方の短期的固定性によって特徴づけられる。誤解のないようにいっておくと、このように諸要素の固定性を重要視するからといって、なにも企業活動に関係するあらゆる要因が固定的だといいたいわけではない。ちょうど飛行機が燃料を費消し、空中から酸素を補給するように、パート・タイムの雇用、労働時間

（および労働強度）、操業率あるいは在庫率などは短期的に可変的だとみなしてよい。

要点は、あるシステムはその「構造」と「過程」との二次元から把握されるべきであって、前者は種々の固定的要素の間において可能となる機能連関の枠組として、後者はそれらの固定的要素から（追加的な可変的要素の投入を加味した上で）生み出されるサーヴィス・フローの流れとして、それぞれ適切に表現できるということである。新古典派のように原子論的方法に立って組織の問題を軽視すると、諸要素の可変性が不適当に拡大され、そこから完全情報の世界でのみ妥当するような、いわば「構造なき機能主義」への傾斜が起る。このことが、結局は、まず個人主義的社会観の弁護論としての効率性概念を生み出し、次に構造変化を伴わない疑似静態論としての動態論につらなっていくのである。

宇沢モデルにみられる二つめの難点は、企業組織の動態面にかんすることである。E・ペンローズ（150）の主張する企業成長の制約要因は、宇沢教授におけるように生産要素としての経営資源よりも、むしろ、より直接的に「成長資源」としての経営資源の中に存するのではないか、という点である。いい換えると、当該企業にとって特有の非市場的な経営資源は、生産過程を操作・管理する面においてではなく、新しい製品、新しい技術、新しい立地、新しい市場といった、総じてイノベイティングな活動領域においてみられる、これがペンローズの著書の主眼だと思われる。ペンローズはこのような革新的なサーヴィスを企業家的（entrepreneurial）とよんで、比較的に日常的なサーヴィスに属する管理的（managerial）なものと区別したのである。そして、このような企業の革新的努力に対する関心は、いうまでもなくペンローズに限られるものではない。たとえば、経済学ではJ・シュムペーター（180）の innovation、R・H・コース（27）の initiative の概念などが有名であるし、経営学に目を転じれば（著者の限られた知見の中でも）、H・サイモン（183）の nonprogrammed decision、A・D・チャンドラー（25）の strategic decision などをあげることができ、おそらく枚挙していけばきりがないのであろう。

企業の本質を、成長資源に裏付けられた成長志向的な側面にみるか、それとも外的環境の変化に対する受動的反応の側面にみるか、この差異は重要である。ここで成長志向というのは別に最大限成長を目指すという意味ではない。企業目的が（第三章で述べたように）共同利益の最大化にあったとしても、その目的を達成するにあたって、市場と組織においてさまざまの変化を能動的に創造していく志向性を持っている、ということである。企業は自己の外的および内的条件を再組織するための原動力を自己のうちに保有しているのだとする理解は、企業を受動的反応機械とみなす新古典派と著しい対蹠をなしている。宇沢モデルは、せっかくペンローズの思想にもとづきながら、そのエッセンスを十分に汲みとっているとはいいがたいように思われる[2]。

成長資源に関連してもう一つ指摘しておきたいことがある。調整費用型の投資関数論においては、しばしば、経営資源の固定性という企業内部の制約に注意が集中して、企業の外部的条件については理想的状態が仮定される。つまり、完全競争的市場の下での投資が議論される。ペンローズにしても、「市場的制約がない場合でもなお残るような成長制約要因は何か」というところに議論の発端がある。しかし、企業の内部的条件と外部的条件とは、相互に独立のものとは考えられない。諸企業がそれに特有の経営資源を持つのは、外部的条件において打破しなければならない困難な事情があるからである。市場で与えられた価格で売りたいだけ売れる、借りたいだけ借りられる、等々の状態にあるならば、経営資源は成長の制約にならないだろう。なぜなら、その場合には、経営サーヴィスを売買するための市場が早晩つくられるだろうからである。そのような市場が広範囲に成立するわけにいかないのは、不完全な諸市場の中で諸企業が能動的に働きかけ、その結果、経営に必要な情報が不断に更新されて、経営資源の均質性が脅かされるからである。

従って、調整費用を企業の内部的条件（組織）の変化について考えるだけでなく、それに対応して、企業の外部的条件（市場）の変化（たとえば需要の創出）についても適用すべきであろう。市場と組織の二元的構成で経済行動を捉えるわれわれの図式は、投資に伴う調整費用にかんしても妥当するのである。このような方向での企業モデルは、R・マリス（113）などがようやく分析の糸口をみつけたばかりのところである。ともかく、資本主義経済の動態モデルを作成する際の困難と魅力は、まず、この点にあるといって間違いない。

三　組織の分化と計画の調整

生産要素が固定的ならば、いうまでもなくそれを変化させるにあたって将来を展望しなければならず、その際、さまざまな期待を形成しなければならない。成長資源は、期待を事前に形成し、それに応じて将来計画を作成する。従って、たとえばケインズが経済行動における期待の役割を重要視した場合、それは論理必然的に固定的要素と成長資源の存在を要請するはずだと思われる。しかし、企業組織における期待形成と計画作成については、まだ十分な吟味が行われたことがない。以下では、ごく限られた範囲で、企業が将来の不確実性を期待と計画によって効果的に処理するためには何が必要かを考えてみよう。

まず議論の手掛りとして、ケインズの指摘した「投資の利子非弾力性」という問題を取り上げよう。通常の解釈は、投資の限界効率曲線に垂直部分がある（すなわち僅かな投資増で限界効率が大幅に下落する）という想定に立つものである。しかし、最近になって宇沢教授（207）は注目すべき代替的解釈を発表された。それはケインズのオリジナルな理解に近いもので、最適投資量の計算においては実際の利子率ではなく「期待」利子率が用いられるという仮定である。あるいは期待利子率の代りに長期利子率を用いてもよいが、ここでの要点は、期待利子率にせよ長期利子率にせよ、短期的には所与であって、短期の市場利子率にはすぐさま反応しない、ということである。従って教授の場合には、投資の利子非弾力性は（短期の問題としては）仮定そのもののうちに直接的に表現されている。

宇沢教授の理解をもう少し押し進めて、利子率についてだけでなく、利潤予想、売上げ予想などについても期待形成の時間遅れという概念が適用できそうに思える。事実、たとえばアイスナー（41）による投資の実証研究はこの可能性を十分に示唆している。そうだとすると、諸々の期待にもとづく計画投資量は、今期の市場の状態に対しては（短期的には）非感応的だということになる。生産要素の固定性に伴って期待の役割を特殊に問題にしなければならないということは、実は、当該要素の計画された変化量が短期的には固定的になりやすいという結論につらなるのである。これは、期待や計画が事前に組み立てられるものだという点からしてほとんど当然のことでもある。

ここで問題が起る。抽象レベルのいかんによっては右にのべたことで十分かもしれない。また、連続の時間を想定した上で短期を無限小の時間で規定するのならば、必ずそうでなければならない。しかし、抽象レベルを現実に近づけて、短期を（三ヵ月とか半年といった）適当な有限期間で表現する場合には、投資の短期的固定性はあまりに強すぎて、現実にそぐわないものになる。実証的には、投資の短期的可変性をある程度認めざるをえない。

この矛盾は、投資決意と投資実現とを区別するという形で解決されてきた。すなわち、投資決意は事前的になされているとしても、投資実現においては短期的事情が影響を与えるとみなすのである。これはいわば「投資調整」の考え方である。この種の投資関数は、たとえばアイスナーによって主として実証分析の見地から取り上げられている。彼は「実現関数（realization function）」の概念を導入することによって、t期の期初に作成された$t+1$期に向けての投資計画が、t期における事態の進行につれてどのように修正されて実現されるかを、多分にアド・ホックなモデルを使って論じたのである。投資調整の実態についてこまかに検討するのはここでの課題ではないので、企業組織との関連に論点をしぼれば、次の点が重要であろう。

投資決意と投資実現が二段階的の時間的順序に区別されるということは、逆にいうと、投資実現のためにはそれに先行して投資計画がなければならない、ということである。すなわち、投資の基本的枠組が与えられた後で、それをいかに具体的に実現していくかということになる。投資過程がこのように二分されているからには、企業組織の形態においても、計画作成を中心的業務とする部局と計画実現を中心的業務とする部局とに分たれる、と考えるのが妥当であろう。少なくとも、機能分化のメリットはその方向に作用するだろう。そして、両部局の間で、時間の流れの中で情報を相互に交換するための回路が形成されるだろう。成長資源は、自己の体内に機能分化とそれらを結び合せる組織をつくり上げていくことによって、自らをより効率的にしていくにちがいない。

ここで示唆したいのは、企業組織の発達は不確実な将来に対する経済主体の能動的働きかけの手段だという点である。たとえていうと、成長資源とその内部分化は、企業が自分の好みに合せて時間を織ったり縫ったりするための織機であり、ミシンなのである。投資が市場の短期的変化にどれほど感応的であるかは、それ自体として論じても仕方のないことであって、企業がいかなる組織形態をつくり上げているかということに依存するのである。むろん、組織の形成について直接に論じるのは経済学の仕事でないにしても、経済行動の仮説がリアリティを失わないためには、そこまで視野を拡げておく必要があろう。

念のため指摘しておくと、アイスナー流の決意と実現との二重決定論は、R・W・クラウワー(26)の二重決定仮説とは一つの重要な点で異なっている。アイスナーが二つの決定の間に時間的間隔があるとしているのに対し、クラウワーが労働者家計の労働供給について適用した仮説においては、二つの決定が同時点で行われる。単位時間を適当に長くとってやればクラウワーのやり方も許されるであろう。しかし基本的には、情報の収集と処理には時間と資源が必要であり、その過程を効果的に処理すべく認識能力と組織的機構が発達する、という点を看過すべきでない――。

なお、投資の二重決定と組織の分化にみられると同様の関係が、企業のもっと一般的な行動においても存在する。通常の企業の動態論にあっては、短期の行動も長期の行動も単一の計画問題の中に包摂される。すなわち所与の単位期間、所与の計画期間とからなる単一の目的関数が、所与の制約条件の下で最大になるように、短期的変数も長期的変数も同じ計画問題の最適解として定まる。しかし実際には、企業の長期計画(たとえば投資計画)と短期計画(たとえば操業率計画)とは、単位期間、計画期間、制約条件について(おそらくは目的関数についても)、おのおの異なったものを用いているのである。むろん両者が無関係ということはありえない。たとえば、長期計画は年単位で大まかな枠組を与え、短期計画はその枠組を所与として月単位で微調整を行う。また逆に、短期的経験でえられた諸情報は長期計画の修正のためにフィードバックされる。

ともかく、この種の問題は理論と実際との乖離という一般的論点を越えた重要性を持っていると思われる。企業は、将来の不確実性に対処するための一つの方式として計画の分化を行っているのである。企業の中に異なった時間単位と異なったパースペクティブで異なった事柄を計画しているいくつかのグループが存在して、それらが企業の動態的行動の中で有機的に結合されているのである。「変えることのできない過去とまだ未知の将来との間に、たえず動きつつある瞬間において人間は生活しているのだ」（J・ロビンソン（168））ということを認識した企業は、自らをこのように分化させることによって、未来に挑戦しているわけである。

この計画の分化という事実の一つの応用例として、次のことがいえるかもしれない。企業の長期計画においては、需要成長率、評価率あるいは製品多様化率などといった、主として会計学的概念を用いた主観的予想が重きをなす。他方、短期計画においては、生産国数をはじめとする主として技術的概念を用いた客観的計算が支配的である。仮にそうだとすると、企業の長期的行動のモデルとしては、たとえばマリス的方向が適切だということになり、新古典派的モデルは短期の微調整にふさわしい、ということになろう。具体的なモデル・ビルディングの段階に入ればさらに検討すべきことは数多いであろうが、企業モデルが論者の恣意とテクニカルな分析の難易とに過度に左右されるのを避けるために、そしてモデルの解釈におけるイデオロギーの混入を防ぐために、企業組織の本質的特徴をあらかじめ剔出しておかなければならないのである。

（1）たとえば、企業の生産関数が一次同次で、あらゆる市場が完全競争的であり、かつ期待が定常的ならば、将来利潤の割引現在価値の総和としての企業目的は、資本ストックに比例的になる。

（2）西部邁（137）は、基本的には新古典派の域を出るものではないが、ペンローズ本来の方向で宇沢モデルの拡張を試みている。

第六章　企業組織と価格設定

企業は一方で、労働、物的資本および経営管理能力のストックを構造要素とする「生産する組織」である。各構造要素が生産過程で生み出すサーヴィスは製品となって結実する。また他方で、企業は成長資源によって自らを再組織しつづける「成長する組織」でもある。成長資源の活動によって新規労働需要と投資需要とが企業の外部に向って発せられ、同時に、企業の内部において管理と成長の能力が増殖される。製品の供給と生産要素の新規需要は市場的交換をつうじて社会的に調節される。

この調節をつかさどるものこそ価格シグナルだというのが伝統的理解である。しかし、組織の要因を明示する場合には、価格シグナルの社会的調節機能に限界があるということを認めなければならない。企業組織の存在理由がほかならぬ市場の不完全性にあるからである。ここで経済学は、不完全競争市場における価格決定という恐しく難解な問題に直面し、そして「寡占の不確定性」の前に一進一退をくり返すことになる。この状況を打開するにはとりわけて斬新な仮説によるしかないが、そのような能力はとうてい著者にはない。この章で試みるのは、不完全競争における価格設定と企業組織との関連について若干の概念整理を行うことだけである。これは一見迂遠にみえるかもしれないが、「単純化のため」と称する完全競争モデルへの退却を阻止し、さらに既存のいくつかの寡占モデルに対する解釈を確かなものにするために、欠かすことのできない作業だと思われる。

一　競売人の不在

完全競争的市場は競売人（auctioneer）の手になる摸索過程（tàtonnement process）として、すなわちワルラス的市場として描かれる。ほとんどの教科書においていまなお標準型とされているこのような市場モデルは、むろん現実の市場からはっきりと隔たるものである。このモデルと経験との間にある距離に対して否定的ないしは懐疑的評価を下すものは数多い。たとえばJ・ロビンソン（168）は、ワルラス的市場が適当するのは捕虜収容所にみられる慰問品の交換についてだと揶揄する。またK・J・アロー（3）は、もしあらゆる取引者がプライス・テーカーならば価格について決定を下す仕事をするものがいなくなる（競売人に対する報酬が決らなくなる）、という素朴な疑問から出発する。さらにE・フェルプス（151）は、賃金上昇とインフレーションという最新の問題を分析するには非ワルラス的市場を想定する必要があると主張する。A・レーヨンフーフド（94）も、ケインズ革命の核心をワルラス的市場観の拒否に求める、という具合である。

これら諸家の意見をことさらに収録するにはそれなりの理由がある。取引者の数が少なくて取引者相互の間にいわゆる「寡占的相互依存性（oligopolistic interdependence）」が生じるということについてならば、今さら言及するまでもないであろう。しかし、近年における非ワルラス的な潮流は、このような一九三〇年代に展開された不完全競争論と、無縁でないにしても質を異にするところがある。取引者の数について直接にこだわるという旧式の論法では、数の大小の判定はしょせん程度の問題にすぎないから、共謀（collusion）とか破滅的争い（cut-throat）といったゲーム論的状況が微弱な場合には、完全競争型モデルが妥当するという結論につらなる。他方、ワルラス的市場の想定を根本的に疑問視するものは、取引者の数の問題からさらに進んで、市場的交換に一般的につきまとう情報的不完全性（不確実性）を取り上げようとする。すなわち、ワルラス的市場過程を頓挫させるものは市場的交換における情報費用の存在だとされる。

いま、仮に競売人を志願するものがいたとしよう。しかし、彼のとりしきる模索過程にあらゆる取引者が身を委ねるという事態が起るためには、競売に参加するための費用が無視できるほど小さく、当該財の品質およびあらゆる代替財（とりわけ将来財）の品質と価格について十分な情報が与えられている（しかも各取引者に平等に与えられている）、という条件がなければならない。完全情報を享受しうる定常状態を仮想するのならばともかく、不断の成長とイノベーションを随伴する動態的過程の一コマとしての短期市場においてこのような条件を仮定するのは馬鹿げたことである。取引者は自分で情報を収集し分析し評価しなければならない。そして、不完全情報の市場に能動的に対処して情報費用を節約すべく組織が形成される。この事実は、寡占的相互依存性という特殊にゲーム論的な状況がなくても、市場的交換に普遍的なことである。取引者の数が目立って少ないという意味での寡占性がこの事実の持つ重みを増大させることは確かであるが、取引者の数が多くて「原子論的（atomistic）」と表現するのが適切な市場状態であったとしても、市場の調整がワルラス的であることとは例外的なこととしなければならない。

レーヨンフーフドが考証を加えたように、ケインズの重大な貢献の一つは「価格の情報機能」に限界をみてとったところにある。ここで「機能」というのは、資源配分の社会的調整の見地から評価してのことである。第三節でのべるような価格調整から数量調整への転換こそ、非ワルラス的市場観を定式化するものである。ケインズにはたとえばM・カレッキー（79）にみられるような寡占論への明示的志向がない、としばしば指摘される。このことは現代資本主義論としての欠陥ではありえても、価格の情報機能に限界があるということを一般的に明らかにするという点ではかえって有益だともいえる。（現代の大企業体制を主たる分析対象とする狭い意味での）寡占論によって完全競争モデルを批判する仕方は、前世紀においては不完全競争の要因も組織の要因も無視してよいのだという結論と両立しやすい。たとえていえば、八割の競争性を十割だと単純化するとき、残り二割に含まれていた組織の要因が切り落されるのである。それに比べ、市場理論一般として不完全情報を問題にする場合には、不完全競争と組織とが、（量的な変遷はむろんあったけれども）資本主義の一貫した質的構造だという点が強調される。このような広い意味において、資本主義経済はつねに寡占的なのである。

さて、ワルラス的オークション（競売）の市場にあっては、各人の個別的決定が短期間のうちに社会的に調整されるであろうという期待を、誰しもが持つことができる。そこでは、社会の均衡を十全に保証する制度が存在していて、各人はそれに全幅の信頼をよせて、受動的に反応していればよい。完全競争市場の非人格性というのは、実は、社会的調整の過程において、各人の能動的努力というものが必要ないのだということを意味している。このようなフィクションは、完全情報という空想的世界にのみふさわしいものである。現実は不完全情報の世界であり、各人は組織を媒介にして市場の不完全性に対して能動的に働きかけ、従って、市場の中に各人の〝人格性〟が現れてくる。だから、市場的交換には一般に諸人格の対立・葛藤が内包されていると考えなければならない。

しかし逆に、諸人格が赤裸な対立を演じるだけの場として市場を捉えるならば、そこからは「ゲーム論的不安定性」あるいは「寡占の不確定性」といった類いの結論が予想される、少なくともその可能性は高い。しかし、市場的交換の制度が、資源配分の調整手段として正当性を付与されて存続しうるためには、その制度にある程度の安定性が備わっているという前提がなければならない。制度は、それのもたらす帰結が多少とも安定しているということによって制度でありうるからである。ワルラス的なオークションを認めないとすると、何が市場の安定性を保証するのであろうか。市場的交換が対立・葛藤をはらむとしても、同時に、交換過程が規則的に反復化されることを可能にするような安定化要因が存在するに違いない。むろん、そのような要因は市場的過程の外部に（たとえば政治の領域に）あるのであって市場的過程そのものは一般に不安定なのだ、という見方もありうる。しかし、市場がかくも長期にわたって社会の中枢的制度として続いているからには、まず市場的過程の内部に安定化要因を探ってみる（あるいは市場的過程に混入する非経済的要素を摘出してみる）のが自然な推理であろう。

交換における安定性とはつまるところ交換に際して用いられる記号体系が構造的に安定しているということである。ワルラス的オークションの場合に、競売人の点滅させる価格シグナルが唯一の記号でありうるのは、そのシグナルだけによって均衡が瞬時に（といわないまでも速やかに）達成されることが予定されているからである。不完全競争の場合には、個別の取引者が自ら価格シグナルを発信するわけであるが、それが不完全情報にもとづいて行われる以上、均衡の達成は期待できない。価格シグナルは、主体的均衡と社会的均衡をともに満しえないのだから、十分な信頼にもとづいて受信されるようなシグナルとはなりえない。この困難を緩和するために、次にのべる二つの（相互に関連した）手続きが準備される。

一つは、価格とは別の記号を追加する方法で、E・H・チェンバレン(22)のいう製品差別化の記号がそれである。ここで製品差別化というのは、通常理解されているように製品のデザインやスタイルという物的特徴だけを指すのではなく、交換において付与される取引サーヴィスの特徴（たとえば品質表示の公正さ、アフター・サーヴィスなど）をも含んでいる。この追加的記号は、顧客との間に製品・サーヴィスに対する愛着や信頼を形成することによって、交換過程を安定化させる役割を果す。市場的交換は、（第二章でのべたように）交換それ自体が公正であり安全であるという一定の信頼関係の上に成り立つものである。製品差別化は、全き信頼を託すことのできるようなオークションの場などは存在しないという制約の下で、各人が自分の周囲に信頼関係を作り出すための手段である。そして製品差別化の試みは、チェンバレン自身がのべているように、特殊現代的な寡占状態にのみ特有のことなのではなく、むしろ自由企業体制の本質的部分を構成している。

二つは、価格シグナルの在り方そのものに修正を加える方法である。価格シグナルが十分な信頼をかちえていないという状況に加えて、さらに価格体系が人々の期待を越えて変動するというのが常態であるならば、価格シグナルに対する受信者の信頼はいっそう損われるであろう。そして、その信頼の低下がシグナル発信者にとって損失となってはね返ってくるであろう。必ずそうだとはいえないまでも、その可能性が大きい。当該財の顧客は、思わざる価格変化のために、他財の価格や品質について新たな探索をする必要に迫られる。そして、ひとたび当該財を離れた顧客は、差別化された製品への愛着という固定的要因があるために、容易には戻ってこない。また当該財の競争的供給者相互の間では、「シュタッケルベルグの不均衡」にみられるような価格戦争への誘いが強まる。さらに、J・K・ガルブレイス（53）が強調するように、思わざる価格変化は長期計画の経済計算を狂わせることによって、資源配分の長期的効率を悪化させる。これらの事態を回避するためには、価格シグナルの安定性を何ほどか確保しなければならないだろう。いずれの要因が主であり従であるか、また価格がどの程度に安定化されるか、その答えは技術、組織および期待の状態に依存してさまざまでありうる。ともかくここで指摘しておきたいのは、価格シグナルの発信者は、価格の情報機能に限界があることを知るならば、価格の変動可能性を狭めることによって周囲とコミュニケイトしようとするだろう、という点である。――それはちょうど、不確実なこの世にあらゆる可能性を持って生れる人間が、成長の過程で特定の安定したパーソナリティを身につけ、それによってはじめて他者から認知される、というのと似ている――。不完全競争における取引者相互の直接的相互依存性は、まず、安定的なコミュニケーション・システムを形成するという方向で構造化される。価格設定もこの文脈の中に位置づけられねばならない。

製品差別化にせよ価格安定化にせよ、単に経済主体の反応を機械的に触発するためのシグナルであるだけでなく、市場的交換を制度として固着させるに必要な、一種の規約だと解釈できる。そこには、交換過程に参与する人々が共通に分ち持つイメージおよび言語が込められている。R・バルト(8)が衣服のファッションにふれてのべているように、商品の意味は、製品の技術的構造のほかにイメージと言語の構造によって支えられているものである。いま誰かがジーンズを着るのは、一般的にいえば、〝汗を吸いとりやすい、汚れが目立たない〟という技術的便宜に加えて、〝カジュアル・ルック〟を〝アト・イーズ〟に楽しむという振舞いがある種の文化の表出だという執着があるからである。高価なタバコを高価なパイプをつかって独得のポーズでくゆらせる場合についても、そうである。これと同じように企業の周囲には、さまざまなシンボリック・ネットワークが張りめぐらされている。意識的もしくは無意識的につくられているこの種のシンボリカルな規約を、企業は無視することができない。

われわれが不確実な世界の真只中にいるということは、必ずしも、われわれが不安気に浮遊する原子になるということではない。逆に、われわれはその不確実性を処理するために種々の制度、組織、規則をつくり出し、そして短期的にはそれらの構造に拘束されながら、長期的には構造変化を創出することによって、新たな拘束へと自らを駆りたてていく。企業は、新古典派におけるように拡がりを持たない質点なのではなく、あくまで社会的・歴史的（あるいは空間的・時間的）な場の中に位置づけられるべきものである。組織は企業活動の社会的場を画定し、計画はそれを時間軸の上で再編成する。この構造化作業において、価格は単に量的な指標としてだけではなく、企業を取り巻くコミュニケーション・システムの、質的構造を表わす指標ともなりうる。価格体系の硬直性は、交換過程の構造を安定化させようとする要請に根をもつと考えることができるのである。(1)

二　価格の硬直性

企業の価格設定方式については、ごく少数の仮説が市民権をえていて、他のものはほとんどそれらのヴァリエーションにすぎない。ただ、それらの仮説にかんする解釈はまだ十分に確定されているとはいえず、むしろ仮説の形式的側面だけが形骸化された形で使用される、という傾向すらみられる。ひどい場合には、何の論理的説明もなしに諸仮説が混ぜ合され、統計的実証の成果が誇られるという有様である。以下では、諸仮説の要点を簡単に振り返り、企業の組織構造と価格設定の関係について考えてみたい。著者の結論をあらかじめ示しておくと、価格の短期的水準は、労働や資本のストックが短期的に固定的なのと並行して固定されているということ、そして、価格水準の変化は企業の成長政策の一環として定められる、ということである。

第一の、最もポピュラーな仮説は、企業が価格弾力性が1より大きいような需要関数を想定しているという仮定に立って、限界収入と限界費用の均等から価格水準を求めるものである。これは、考え方としては、利潤（われわれの場合には共同利益）の最大化という企業の行動目的とよく適合しうるという点で、また、価格弾力性と限界費用がともに不変ならば価格の硬直性をうまく説明できるという点で、すぐれた性質をもっている。私見では、この仮説を安直に放棄するならば、技術、需要そして行動目的にかんする企業の合理的評価の側面を軽んじてしまうことになり、犠牲が大きいと思われる。

この仮説の難点は、いうまでもなく、価格弾力性が1以下ならば（限界収入が負ならば）有意な解がみつからないところにある。この可能性を否定できない論者は、しばしば、「利潤が最大化できないものならば他の行動目的を採用するはずである」という論拠から、他の価格設定方式（たとえばフル・コスト方式）に移行しようとする。しかし、これは道理に合わない理屈というものであろう。企業は、利潤最大化のために生産を中止したり、他産業への転換を追求すればよいのである。サイモン流の満足原理ならば、極大原理を否定する根拠を、合理的認識に限界があって制約条件を明確に定式化できないという点に求めるのだから、まだ論旨は一貫している。しかし、明確な制約条件の下でゼロの極大生産量が導かれたからといって、他の行動目的に移るのは本末転倒であろう。その前に、制約条件の定式化において欠陥があるのではないかと考えてみるのが自然である。

この仮説の真の難点は、価格設定が短期的に自由に行いうるとするところにある。（後で説明する理由によって）価格の新たな設定が長期的・動態的にしか行いえないものだとすると、短期需要曲線の価格弾力性が1より小さいということは、さしあたり問題にしなくてもよい。価格の長期決定については種々のモデル化が可能であろうが、その一例として、価格設定は、ある比較的に長い期間を単位として、いわば長期平均価格の決定という形をとるとしよう。その際に考慮される需要曲線は長期のものである。長期需要曲線においては、既存の他企業および新規の参入者との価格競争の可能性が高まるので、価格弾力性は一般に高まると予想される。このように、視野を長期化したときにもなお弾力性が1を下回る場合こそ、当該産業の公営化が論題になる。

このことに関連して、屈折需要曲線という第二の仮説をとりあげてみよう。P・M・スウィージィ（195）およびR・L・ホール＝C・J・ヒッチ（63）によって提起されたこの仮説は、あまりに有名なので詳述する必要はないであろう。

重要なのは、屈折需要曲線の理論は価格の（現行水準からの）変化を問題にするということである。さらに、K・J・コーヘン＝R・M・サイアート（28）が論評したように、需要曲線の屈折性は、当該企業が競争相手の反応について少ない情報しか持っていない場合に起りやすいといえる。ここで普段あまり論議されていないと思われる一つの論点が浮び上る。この仮説は不確実性の高い状況における価格の変化を取り扱うのであり、そのことは企業が多少とも長期的観点に立っているということを意味する。たとえば、屈折需要曲線が有意な解をもたらすためには、最低限、価格の上方変化にかんする弾力性が1を越えていなければならないが、それも長期的視点に立つことによってよく説明しうると考えられる。

もちろん、屈折需要曲線の理論において時間の概念が明示されているというのではない。価格決定が時間的変化の問題として分析されているわけではないし、現行価格が固定的だということに論及されているわけでもない。しかし、他企業の反応は時間の推移の中で行われるとするのが妥当であり、従って、それに対応する価格設定も時間の経過を前提しているとみることができる。「現行価格からの変化」を扱うという表現の中に、次にのべるフル・コスト方式において闡明にされる「長期的視野にもとづく価格設定」という考え方が萌芽として含まれている。

第三の仮説は、フル・コストおよびその修正としてのターゲット・リターンの方式による価格設定である。この系列の仮説は、費用に一定比率の利潤をマーク・アップして価格が決るということを骨子とするものである。ただし、マーク・アップ率の解釈については一様ではない。著者の理解では、アンケートあるいはインタビューの形の調査によって、「企業は利潤最大化を目的としない」「企業は限界収入や限界費用を知らない」「企業は慣習的に一定のマーク・アップ率を採用している」という種類の回答が集められても、大して有益な情報にはならないと思う。この種のデータは、たかだか、組織の場における期待や価値の形成という主観的要素を無視しがちな、過激な新古典派に反省を促す材料にすぎない。従って、R・A・レスター（96）とF・マハルップ（105）の間における過激な論争から学ぶべきものも少ないと思う。とくに、一定のマーク・アップ率は需要の価格弾力性が一定であるという仮定から導かれうるということが判明している以上、直接の経験データによって「限界理論」に反対するのは不毛であろう。

この仮説のメリットは、価格設定が長期的考慮にもとづいて行われるということを意味する諸要因を陽表的に示しているところにある。まず、費用項目は（実際の産出に応じたものではなく）標準的操業に応じたいわゆる正常単位費用として計上される。また、ターゲット・リターン方式における収益も、標準的操業率を想定した上でのことである。標準的操業率は長期的平均（もしくは計画される）操業率としてのみ意味をもつものであろうから、そこには長期的考慮が払われている。さらに、A・シルバーストン（182）が言及しているように、目標収益率の大きさは将来投資に対する割引率（あるいは機会費用）によって説明することもできる。フル・コスト方式におけるマーク・アップ率も主観的な長期需要曲線の価格弾力性によって説明されうる。このように、関連するあらゆる要因が長期的パースペクティブの下に構成されるものなのである。

確かに、この仮説は企業の長期的利潤最大化行動から形式的厳密性を持って導かれたわけではなく、ホール＝ヒッチやA・D・H・カプラン＝J・B・ダーラム＝R・F・ランジロッティ（80）による実態調査によって示唆されたものである。しかし、経営者の回答の表面的言辞から当該仮説を利潤最大化に代るものとして位置づけるのは誤りであろう。あえて極論すれば、それは未開の民に〝なぜ近親相姦をタブーとするのか〟と尋ね、〝神の祟りがあるから〟という回答をうのみにしてこと足れりとする仕方である。少なくとも社会科学の第一義的任務は、社会の表層に一見脈絡なく浮ぶ諸現象を、深層において統辞する構造を探すことである。企業の長期的視野における共同利益最大化行動から価格設定の方式を導くこと、そのことによって経験則として出されているフル・コストあるいはターゲット・リターン方式にしっかりとした基礎を与えること、これは興味ある課題だと思われる。

価格設定については参入阻止価格、リーダーとフォロアーの問題など論じるべきことがたくさん残っているが、著者の準備不足から単なる祖述の域にとどまりそうなので、少し論点を変えることにしよう。

ケインズが価格設定について何を考えていたか、定かではない。一つの解釈によれば、ケインズは限界収入と限界費用の均等という伝統的理解を踏襲していたとされる。そして、多くの数学的に表現された「ケインズ・モデル」にみられるように、ケインズは（労働市場を別とすれば）完全競争を仮定していた（従って限界収入は価格にひとしい）ともみなされる。いずれにせよこの種の解釈においては、ケインズは限界主要費用と価格との均等（需要の価格弾力性による独占度を加味した上で）を想定していたという点で、マーシャルを受け継いだのだと考えられている。しかしここで見過しにしてならないのは、ケインズが主要費用という場合、D・G・チャンパーナウン（24）が指摘するように、それには労働費用と原材料費用（ともに可変的費用だとみなされる）のほかに、いわゆる使用者費用が含まれているということである。使用者費用は企業の固定的設備に関係するものである（投資財の短期的追加購入にかんする企業間取引を無視するとすれば、それは減価償却費のことである）。使用者費用は、企業の長期的利益の観点からすると、過去へ遡及するのではなく、将来を予期して計算される。すなわちそれは、既存設備の歴史的費用としてではなく、将来投資財の価格および収益性との関連で評価される。ここで、ケインズの価格設定の理論にあっては、使用者費用を媒介として企業の長期的期待の要因が入っていることが判る。教科書ばかりでなく、多くの専門論文において、半ば常套手段として、主要費用と（可変費用としての）労働費用とが等置されているが、この単純化がケインズのエッセンスを切り捨てることになる。

価格設定における長期的期待の役割は、固定的要素の存在につれて発生するものであるから、（第四章でのべたように）労働を固定的要素とみなすわれわれの場合には、その役割がもっと重大になる。企業は労働費用にかんしても長期的期待を形成し、それにもとづいて主要費用を算定しなければならない。それはおそらくフル・コスト方式における「正常単位労働費用（normal unit labor cost）」に近いものになるだろう。ここまでくれば、伝統的理論との懸隔は明らかである。一つに、期待要因が介在することによって、現在の価格水準が現在の短期的事情だけによって左右されるということにはならない。二つに、期待を形成するのに何がしかの時間がかかるという点を考慮すれば、今期の価格の価格水準は前期までにあらかじめ決定されているとみなさなければならない。

このようにケインズの思想を発展させることによって、ケインズに対する二つめの解釈とも矛盾なく接合しうることになる。その解釈とは、ケインズは短期市場の調整が価格ではなく数量によって行われると仮定していたのだ、というものである。このことは価格の短期的固定性をいうにひとしいから、現在の価格水準はあらかじめ決められているというわれわれの理解と一致する。思うに、価格設定の理論において、「ケインズはマーシャルの使徒だ」という解釈と「ケインズは価格の調整機能を否定したのだ」という解釈とが、長いあいだ並存してきたのは奇妙なことである。多くの人々はこの矛盾を解決するために、労働市場でだけ価格（貨幣賃金率）が硬直的で、他の市場では価格は伸縮的である、という二分法を採用してきた。しかし、ケインズの伝統的市場理論に対する批判は、少なくともその方向としては、労働市場にのみ封じこめられるべきではなく、市場の全域におよぶ潜勢力をもっている。不完全情報、労働の特殊性、組織、期待そして長期計画、これらの諸要因をばらばらに切り離す作業は、新古典派の延命のためには必要かもしれないが、ケインズ革命の意義をくみとるにあたっては有害である。それらの要因は相互に関連したものとして配置されなければならず、その配置の秩序の中心にあるものこそ、「自己組織系としての企業組織」なのである。

総じて両大戦間の二十年は、あらゆる諸科学が原子論的思考から脱け出て組織もしくは構造という概念に引き寄せられた時代だったといえよう。自然科学について語るのは口幅が広すぎるので社会科学に限定してみても、心理学におけるゲシュタルト学派、経営学におけるバーナード、社会学におけるパーソンズ、文化人類学におけるレヴィ＝ストロース、システム論におけるフォン・ベルタランフィ、彼らが自らを開化させ、あるいは自らの礎石を築いたのはこの時代である。ケインズの中にほのめいている組織に対する並々ならぬ関心は、彼をやはり時代の子として理解することを可能にする。またそう理解しなければ「革命」の意味も把みきれないように思われる。つまり、原子秘教（**Atomystik**）から離れる契機をケインズの中に見出すことができる。しかし四十年を経過したいま、ひとり正統派の経済学だけがこの秘教へ舞戻り、市場機構の効率性という個人主義の神話を語りつづけているのである。

三　数量調整と価格調整

企業は、長期的期待を勘案した上で価格の標準的趨勢にかんする長期的スケジュールを設定している。このように捉えるならば、価格設定が投資需要や新規労働需要と同じ次元にあることになる。現在の時点において固定されている資本ストックと労働ストック（および経営管理能力のストック）は、企業の内部的構造における構造要素である。それらが短期的に固定的であるということは、相互の間に安定したコミュニケーション・システムが形づくられているということを意味している。同じように、現在の市場であらかじめ与えられたものとしての価格は、企業の外部的関係における（製品差別化とならぶ）構造要素であって、それは、企業が自分の周囲の環境をいかに自分の都合に合せて構造化しているかということを表わす。そして、資本と労働の新規フロー需要が組織の変化を示す指標であるように、価格変化の長期的計画は、企業の外面的構造化の進展を示す指標である——。なお、このように企業を中心として形成される市場関係は、われわれの定義では、企業組織の一部ではない。顧客は、その短期的固定性という点では企業組織の構成メンバーの資格を持っているが、企業の共通目的（共同利益最大化）には関与していないからである。従って、企業と顧客との安定的関係はあえて組織化とよばずに「構造化」とよぶことにする——。

ところで、短期価格はなぜ固定的なのであろうか、長期的期待の形成に時間がかかるから、というのはそのままでは満足できる答えではない。人間のあらゆる行動に時間がかかる以上、所要時間の長短は相対的にしか規定できないだろう。価格の変更に長い時間が必要だという場合、ほかの何と比較しているのだろうか。ここで、価格調整と数量調整の関係が問題になる。『一般理論』のエッセンスは数量調整を重んじた点にあるという主張は、近年ふたたび息を吹き返しつつある。レーヨンフーフド、ヒックス(69)そして森嶋通夫教授(125)などがその代表者といえよう。経験的にいっても、市場に需給ギャップがあった場合、価格の調整速度の方が在庫調整や操業率調整の速度より小さいことは明らかである。この調整速度の大小を表わす一つの簡明な方法は、ヒックスのように固定価格（fixprice）の考え方を採用することであろう。これによって、市場を短期的に清算するのが価格ではなく、数量であるとする市場観がはっきりと示される。

ところで、なぜ価格の調整速度は数量のそれよりも小さいのか。もちろん通常の説明は、市場における不完全情報の要因を取り上げ、たとえば屈折需要曲線の理論のように、他者の反応を考慮に入れた上で価格の硬直性を説明するものである。しかし、この種の説明は十分に納得のいくものではありえない。なぜなら、他者との価格競争によって見込まれる犠牲が数量調整を行うことによる犠牲よりも大きい、ということの根拠が示されていないからである。仮に、新古典派におけるように労働サーヴィス（さらには資本サーヴィスまでも）を市場で毎期購入してきて生産を行っているとすれば、数量調整自体が市場を経由しなければならないということになる。たとえば、ある企業が労働サーヴィスの追加的購入のためにより高い賃金を払うと発表したとすれば、他企業もそれに追随することが予想される。このようなエスカレーションが短期のうちに進行するならば、数量調整は（製品の）価格調整より費用が少なくてすむとは断言できなくなる。いわば、市場の不完全性が短期的生産の場に直ちに関係してくるのである。

数量調整の費用が相対的に少なくてすむということの根拠は、著者の結論をいえば、組織の存在にある。企業は市場の不確実性、不完全性を短期的に遮断するためにこそ組織をつくる。組織は、内部における階層的秩序のもつ構造的安定性によって、安定した経済活動を可能にする。複雑に分岐していく市場的交換がエントロピーを増大させるのに対し、組織はそれを減少させるわけである。この意味で、企業組織は自然界における有機体に似ている。短期の数量調整が容易になるのは、それが外部環境からある程度独立した安定的構造の中で行われるからである。具体的にいえば、労働、資本および経営管理能力の所与のストックによって構成される組織の中で、操業率や労働時間を適宜に操作することによって数量が調整される。生産的サーヴィスのフローを企業内で自由に調節しうるということが、数量調整を可能にするのである。

ここで〝自由に〟という言葉を使ったのには二つの理由がある。一つは、組織内における人々の役割とサンクションが規則として確定されているために、サーヴィス・フローの決定はその規則にもとづいて円滑に行うことができるということである。少し逆説的に聞えるかもしれないが、構造として固定した枠組があるときに、その枠組の内部における調整がより可変的になるのである。二つは、企業がいわゆるスラックを保有しているために、数量調整の幅が拡げられるということである。組織スラックを広く解釈すると、経営資源のスラックばかりでなく、労働者の可能な超過労働、設備の余剰稼働力および在庫などが含まれる。これらのスラックが存在するおかげで組織の短期的運営がより伸縮的になり、その結果、短期的数量調整にかんする限界費用は生産量のかなりの幅にわたって一定か、もしくは顕著な増大を示さないということになる。数量調整の費用が低廉化されるのである。

かくして価格調整に対する数量調整の優位は、第一節でのべたような企業の対外部的制約によって必要になるばかりでなく、企業の内部的条件によって可能にもなる。そして、短期の市場調整を数量に委ねる反面で、長期的には企業は投資（および新規労働雇用）によって自己の内部体制を拡張し、同時に価格と製品差別化の新たな記号を外部に発信することによって自己の版図を拡げようとする。この動態的活動をつかさどるのは、むろん（前章にのべた）企業の成長資源である。

最後に、誤解をさけるために一言つけ加えておくと、短期（たとえば三ヵ月）の価格が市場の需給状態に全く無反応だというわけではない。（前章でふれたように）企業の計画が重層構造になっていて、上位の部局が長期的な基本計画を策定するのに対し、下位の部局がそれを短期的に修正しうる。しかし、短期的修正がしょせん長期的計画の微調整にすぎないこと、さらにその微調整すらワルラス的オークションによるものではないということは確認しておいた方がよい。不完全情報→不完全競争→組織→長期的期待→長期的計画という一連の推論は、オークションを否定するところから始まったのであるから。

　ここ四章分にわたった議論は、企業組織の要因を取り入れたときに企業の経済行動論がいかに変容するかについて、そのほんの一端にふれたにすぎない。ただ、それが次に掲げるロビンソン(168)の問題意識を多少とも裏付けることができ、またそれにもとづく論理展開の素地を与えることができたとすれば、さしあたり目的は達したことになる。

「ケインズがやり残したところからふたたびやり直すということについては合意を得ることは確実であろう。将来が不確実であるということを否定するような人がいるだろうか。私企業経済で、投資の決定は企業によってなされ、家計ではないということも否定する人はいないであろう。賃金率は貨幣単位で提示されるということ、あるいは製造品の価格は完全競争市場でのかけひきにもとづいて形成されるものではないということも、否定する人はまずいないであろう」

(1)　価格の短期的固定性を強調するからといって、別にインフレーションが起らないというふうなことを意味するのではない。一つに、(たとえば貨幣賃金の変化に合せて)価格の動態的変化は当然ありうる。二つに、価格の短期的固定性はあくまで寡占市場の正常状態についていえることであり、(たとえば資源の突発的枯渇による)市場の病理状態においては、あらかじめ計画されていた価格水準から大きく乖離するということが起りうる。

第七章　消費欲望の個人心理 ――効用理論の系譜――

新古典派経済学の出生は、一つの学派の成立という次元でみるならば、古典派の混乱した価値理論を限界効用理論で代置しようとする試みに発するものである。その意味で、新古典派の基礎はその独特の消費理論にあるといってよく、しかもそれは、単にポジティブな理論ばかりでなく、効率性概念に要約されるノーマティブな理論をも支えてきている。新古典派の個人主義的社会観は、消費者個人というまことに可視的な実体を取り出すことによって、市場における個別的交換がすべて純個人的起源を持つものであり、また、諸個人にとって好ましい結果をもたらすものであるという予定調和の経済世界を描くことに成功した。個人と個人間交換とが存在しつづけているのが事実である以上、その存在を秩序づけるべく精妙な機構が働いているにちがいないと予想するのは、科学的推論の然らしむところである。しかし、今問われているのは、新古典派のように個人主義の極点において推論を組み立てるのが妥当かどうか、ということである。これから三章分にわたって、新古典派の消費理論の欠陥を探ることを通じて、消費者個人を社会心理学的に規定する必要があることを明らかにし、前章まで検討してきた組織論的方向での企業理論との接合をはかってみたい。

消費理論は何らかの人間観に否応なく関与せざるをえず、そのために、人間の抱く価値の問題と密接な関わりを持って発展してきた。たとえば新古典派の内部においても、始祖たちの快楽主義的な心理学から脱却するための努力が続けられてきた。また新古典派の外部でも、さまざまに異なった人間観を背景にして、対抗的な諸仮説がいくつか提出されてきた。あたかも群盲が象を評する式に、それぞれの主張は消費者の経験世界の一部を照し出し、それぞれに部分的な説得力を持っている。そして具合の悪いことに、それらの間の優劣は、よく知られているように、統計的実証によっては決着がつかないままでいる。ある消費仮説の寿命は、それ自身の説明力の強さによって決っているのではない。現状では、新古典派の理論体系が全体として最も高い形式的斉合性を示しているという傍証にもとづいて、新古典派の消費理論が生き残っている。

われわれは多分に奇妙な光景に出会っているようだ。新古典派の理論体系は理性的個人の原子論的秩序として描かれており、その理性的個人の実像こそ消費者個人にほかならない。ところが、体系全体の基礎となるべき消費仮説の妥当性が、体系自身によって裏付けられるという仕組になっている。新古典派を砂上の楼閣だとみなす人々が、その主たる関心を消費理論に向けてきたのも肯けるところである。ヴェブレン、ガルブレイス、ラディカルズ、その他の異端に属する人々は、新古典派との相対でいうと、消費者個人を多少とも社会心理の平面に位置づけようとする点に特色がある。真空の中で理想的に仮想された消費者個人が社会を作るのではなく、消費者個人は最初から社会の刻印を押されたものとして取り扱われる。個人は種々の集団的標識をまとってしか消費の場面に登場できない。この意味で、消費の問題も「ソシオ・エコノミックス」の一部として分析することができる。そして個人の社会心理を表現する場合、それを個人の側からみるか社会の側からみるかによって、心理学的方向と社会学的方向のいずれかにバイアスがかかる。この章の論述は、新古典派の効用関数論をめぐって心理学的反省を行い、次章で著者なりの積極的主張を示し、さらにその次の章では、パーソンズの所論をめぐって消費の社会学的説明をすることになろう。

一　効用関数から選択関数へ

ゴッセンに端を発し、ジェヴォンズ、メンガーにおいて一応の完成をみる新古典派の効用理論は、あらゆる経済活動を人間活動のレベルにまで下降して捉え、その説明原理を人間の快楽‐苦痛にかんする個人心理学の中に見出そうとした。この効用理論の経緯についてはG・ミュルダール（131）がつとに解説を与えているので、また、市場における価格形成に注意を注いだワルラスとマーシャルがおのおの快楽主義から一定の距離を保っていたことについては、たとえばE・ジャム（74）が考証しているのでくり返さないことにしよう。ここでは、新古典派経済学の確立と踵を接して、消費者の心理的動機の研究を経済学の外に追いやる試みが始められていたことだけを指摘しよう。すなわち、エッジワースからパレートを経てヒックスに至る、心理学的に中立的な消費理論の構築である。この間、ロビンスが主観的価値から独立な経済学のための方法的準備を与えたことはいうまでもない。形式的には、基数的効用関数に代って無差別曲線群からなる序数的効用関数が現れたのである。

しかし、パレートの造語「オフェリミテ」（これはギリシャ語で〝有用な〟という意味を持つ）に示されているように、無差別曲線の議論にはまだ「効用」という主観的価値の概念の残滓がある。P・A・サムエルソン（173）は「効用概念の痕跡をとどめるような需要理論を追放」すべく、顕示選好の理論を発表した。消費者選好の合理性にかんする公準から出発するこの理論は、後に宇沢弘文教授（205）が彫琢されたように、効用を媒介にしないでも需要の一般法則を導くことができる。さらにH・S・ハウタッカー（64）が示したように、われわれはさまざまの顕示された選好を観察することから、（選択の合理性を仮定すれば）逆に選好の無差別曲線群を予測することすらできる。ただし、この関数は効用という実体とは無縁のものであり、あくまで選択の合理的形式にのみ関係するものである。このようにして、経済学は七十年余の年月を使って消費理論からその心理学的実質を抜き取ることに成功した。

しかし、顕示選好の選択理論に到達したこのような形式化の進展は、「消費理論を効用に関する単なる哲学化から経験的研究の必要不可欠な成分へと次第に変えてゆく」（ハウタッカー）といえるであろうか。消費者選好の形成について（従って消費の心理的動機について）いっさいの発言を差し控える理論が、観察されたデータにいかなる経験的な意味内容を与えることができるだろうか。この理論は「意志決定者は彼の選好するものを選ぶという言明に還元される」（J・コルナイ（87））ほかないのである。このトートロジーは、消費者の需要が所得と価格とのいかなる関数であるかということについて、確かにこの上なく明確な公準を教える。しかし、それらの公準は、消費者の選択が自発的なものか操作されたものか、習慣によるものか理性的考慮によるものか、等々については何も語っていない。最大化されているとみなされるものは観察データから合理的に逆算された「仮設的選択関数」の値であって、そこには消費者行動の経験的内容が含まれていないからである。著者は、本節の最後でのべるように、仮設的選択関数にもっと実質的内容を盛り込むことができるのではないかと考えており、その意味では、効用関数から選択関数への移行に対して必ずしも否定的なわけではない。しかし今までの消費理論を振り返ってみて、とりあえず次のような三つの疑念を提出したい。

第一は、新古典派は本当に効用概念を捨て切ったのか、という疑問である。すなわち、単に選択関数の議論に則っていては、新古典派の市場理論を統轄する役割を果している効率性概念が出てこないのではないか、という点である。パレート最適性の概念は、効用の個人間比較の可能性についてはそれを否定するが、諸個人が自らの「満足」を最大にするように行動するということを認め、そして、各人の満足の程度に応じて各人の状態の改善あるいは悪化を論じるものである。つまりそこには、個人の状態の「望ましさ」にかんする基準が存在するのである。効用概念を捨てることと効率性概念を維持することとを両立させる唯一の道は、合理的選択それ自体に望ましさを見出すことだけであろう。しかもその合理性というのも、たとえば選好関係が推移的であり反対称的であるというふうに、あくまで形式合理性のことであって、実質合理性ではないのである。しかしこの種の説明は、「形式合理的に選択された結果はすべて望ましい」という経験的にみてほとんど無意味な、時として現状弁護に堕する価値観にすぎないといえよう。

選択結果に「望ましさ」の意味を与えようとすれば、やはり効用という主観的価値から離れるわけにはいかないのである。事実、新古典派の教育的書物では、いまなお効用最大化の仮説が使用されている。効率性という社会的評価が問題となるとき、前世紀の功利主義あるいは快楽主義が、そっと裏口から入り込んでくるわけである。現代の新古典派は、かつての効用理論に含まれていた主観的価値をめぐる混乱を脱け出すために、理論の形式的整備の方向に活路を求めながら、最後に至って効用理論に依拠して、市場を評価したり市場志向的な政策提案を行ったりするのである。

清水幾太郎氏（179）は「効用、満足、個人の幸福などは必ずしも存在する必要はない」というJ・de V・グラーフ（59）の言にふれて、「効用が人間から離れて、形式の世界に消えて行くのが辛い」と慨歎され、功利主義の復活に賛意を表されたことがある。消費理論の展開を追う場合には氏の言が適切なのであるが、新古典派の全体系としては、理論的精緻化の裏面でより安直な功利主義へ退歩しているということもできるのである。J・ベンサム(9)のように「快楽と苦痛の目録」や「諸動機の目録」を人間の行為や意識の分析を通じて明らかにするという努力を放棄したままで用いられる効用概念は、当然のように、消費の質的内容を離れて貨幣所得一般に形骸化される。このような新古典派の難点は、後でみるように、(最終的には収斂すると思われる)二つの方向で解決されよう。一つは、選択関数の考え方を貫徹して効率性という規範概念を捨てること、すなわち実証的な理論に徹することであり、もう一つは、快楽‐苦痛の個人心理学からさらに進んで、消費における社会心理学的構造を明らかにすることである。おそらく、消費者の仮設的選択関数はより包括的な消費者心理の一環に位置を占めることによって、経験的意味を託された仮説になりうるであろう。

第二の疑問は、合理性の解釈についてである。人間の行為を合理性という単一の概念で説明する仕方では、その行為が(ウェーバーの動機の四元図式でいえば)目的合理的なものか、価値合理的なものか、情動的なものか、それとも伝統的なものか、を区別できない。あらゆる行為は、行為として識別されるからには、そこに何らかまとまりのあるパターンを示している。従って、そのパターンの中に論理的首尾一貫性をみつけることが可能であり、その意味で、あらゆる行為を合理的とよぶことができないわけではない。行為を始動させる動機あるいは動因がいかなる意識のレベルにあるかを区別しなければ、〝存在するものはすべて合理的である〟という、間違ってはいないが無意味な結論につらなりやすい。先にのべたように、仮に新古典派における「望ましさ」の基準を合理的に選択することに求めたとしても、合理性がこのように広く解釈されてしまえば、それは顕示された選好はすべて望ましいというのと同義である。この世の出来事はなべて「制限付きの最大化(あるいは最小化)

問題」として組み立てられているとする見方が妥当だとしても、最大化にもさまざまなレベルがありうるのだ。問題の解決は目的 - 手段関係を明確に意識して行われるのか、習慣によって行われるのか、将来の不確実性はリスク計算によって処理されているのか、硬直した慣行によって処理されているのか。たとえば、これらの類別化がほどこされなければ、消費行動に経験的意味づけを与えることはできないであろう。

人間の意識を多層的に捉えること、従って行為の動機を多元的に捉えること、心理学においては自明なこの前提を極度に軽視する新古典派の姿勢は、消費理論から心理学的内容を捨象するという一貫した努力のもたらす当然の帰結であろう。しかも、多くの場合に、新古典派における合理性はいわゆる全知的（omniscient）合理性のことである。すなわち、将来は確実にであれ蓋然的にであれ、知られたものとして扱われ、それ故、慎重な計画の対象となる。このような一元的動機の消費理論が経験との照応を保ちうる状況があるとすれば、それは完全情報を享受しうる静態的社会においてであろう。逆にいえば、たえまない変化の過程にある動態的社会については、その理論は僅かな光しか当てられない。不確実性を伴う動態的社会にあっては、人々は一方で理性的心理を必要とするが、他方ではやはり文化、伝統そして慣習による拘束を受けなければならない。――ちなみに、完全情報の下における全知的合理性（または理性）というのは、ほとんど形容矛盾だといってよい。理性は手段と結果との間が不確実である場合にのみ意味を持つ。何もかもが分っているならば、最適解が習慣的心理にもとづいて機械的に選ばれると考えた方がよいのである――。

さてここまで話がくると、前世紀の主観的価値論に対する批判には、仮設的選択関数に行きつくのとは別の、もう一つの系譜があることに注意しなければならない。G・ミュルダール（131）は、ロビンスと並んで経済学から主観的価値を放逐するための方法を提供したものとして評価されているが、しかし彼の場合には当初から超学的接近への志向がみられるのであり、その点でロビンスとは一線を画している。ミュルダールにとっては、快楽‐苦痛の心理学が社会的な利害調和の説明に用いられているということが批判の眼目であった。彼はいう。「経済技術学は、経済的利益の上にではなく、社会的態度の上に築かれるべきものである。『態度』というのは、現実的または可能的な情況に特定の仕方で応ずる一個人または一集団の情緒的な素質である」。また次のようにもいう。「合理化だけでは人間の行動や態度は決らない、道徳的評価を、あたかも論理的に一貫性をもつもののように考えようとする欲求は形而上学的体系の時代の遺産である」、「結局、社会心理学的分析が必要」だというのが彼の結論である。

社会心理学的分析が必要になるのは現代においてなのだ（または、かつては快楽‐苦痛の個人心理学でよかったのだ）、という意見も考えられないわけではないが、それはおそらく否定されるだろう。人間の欲望の基礎は物欲にあるという仮説（そして物欲についてならば純個人的パースペクティブで把握できるという仮説）に対しては、社会の基礎に経済過程があるというマルクスの仮説と同じく、多くの反証があげられている。詳しくは次節にまわすことにして、ここで一つだけ例を示せば、B・K・マリノフスキー（106）による「クラ組織」の分析がある。それによると、貧しい社会にあっては物欲が支配するという、いわゆる「未開の経済人」の想定は、「ベンサム氏……のぬぎすてた衣装に身をかためたおそるべき幽霊」[1]を登場させるにひとしいということが明らかにされている。

ともかく、主観的価値論から逃れるためのもう一つの道は、人々の主観的価値を社会心理の平面で客観的に考察する方法である。すなわち、新古典派のように心理学を追放するのではなく、それを修正し拡張する仕方である。著者の知見によれば、消費者についてのいわば経済心理学を論じた第一人者はG・カトーナ（81）であろう。彼は「効用の最大化はトートロジーである」とみなし、消費行動における動機の多様性およびその変化を研究した。これは、パーソンズらによる経済社会学やポラニーによる経済人類学とともに、経済学をめぐる学的総合の数少ない例の一つといえよう。たしかにカトーナの研究は実証的関心に偏しており、経済心理を一般的に解明するための概念構成が与えられているわけではない。しかし少なくとも、「新しい変数の導入が経済行動のよりよい理解にとって必要である」という論旨は十分に説得的である。「実りのある理論の本質はその理論の単純さにある」という、それ自体としては否定すべくもない言明、ただし、「仮定の現実性を問う必要はない」という予測主義的方法と結びつけば簡単にイデオロギーに転化してしまう言明にいつまでも固執すべきではないだろう[2]。

消費者心理の多面的構造が明らかにされたものと、とりあえず想定しよう。その構造はやはり、意識的および無意識的な選択の形式として表現されるだろう。しかし、そこでえられるであろう選択関数には、もはや新古典派におけるような理性的個人の含意はない。〝望ましさ〟の含意もない。選択関数は消費に対する個人の社会的態度を形式的に表現するものにすぎないからである。端的にいえば、新古典派における形式化の追求はその限りで正当なものとして受け入れなければならず、しかも効率性概念と袂を分つほどにはっきりと受け入れなければならないが、その形式化は理性一元論にも要素還元論にも依るべきではない。ミュルダールからカトーナに至る消費理論の流れは、消費者の社会心理を構造として描き出すことの必要と困難をともに教えているように思われる。

議論の本筋とは直接関係ないことだが、T・パーソンズ（146）が人間の快楽も構造主義的に捉えることができるといっているのは興味深い。彼は、人間の快感が市場における貨幣に類似している、と考える。貨幣が市場の需給を調節するように、快感はパーソナリティ構造（これは社会の中で創られる）がうまく機能したかどうかを示す標識である。また、貨幣が人間社会と物理的環境との適応を媒介するのと同じく、快感はあるパーソナリティに特有の行動パターンがうまく機能するように有機体のエネルギーを動員する。つまるところ、人間の快感は、新古典派の始祖たちが考えた如く実体として存在するものなのではなく、一つのシンボルなのである。短絡をおそれずにいえば、快楽（あるいは効用）の最大化に「望ましさ」を見出すならば、快楽の前提となるパーソナリティ構造を、次にはパーソナリティ構造の前提となる社会構造を「望ましい」としなければならない。このようなイデオロギーに取り込まれないためには、自分の快楽は社会的影響の中で形成されてきた心理的構造における一つの構造要素なのだというふうに、自分自身を無限に対象化する勇気が必要なのであろう——。

第三の疑問は、（合理性の解釈とも関係するのであるが、）消費財の選択範囲にかんすることである。いま仮に人々が理性的に自らの嗜好を形成したとしても、その自覚的嗜好をそのままの形で選好として顕示できるわけではない。よく指摘されるように、消費者は市場で与えられるメニューの範囲の中でしか選択できない。メニューに示されていない消費に対する嗜好は顕示されずに、セコンド・ベスト、サード・ベスト等々に対する選好が顕示される。従って、ハウタッカーのように顕示された選好から無差別曲線図を構成したところで、それは消費者の自覚的嗜好からみれば、いわば虚偽の選好階梯表なのである。このような可能性があるときに、選択の合理性とは、要するに、社会的に強制された（あるいはメニューへの同調を強いられた）選択のことなのであり、それに「望ましさ」を見出す新古典派の立場は随分奇妙に思える。

しかし、新古典派の「消費者主権」の市場観は次のように反論するかもしれない。生産者は消費者の自覚的嗜好を無視していては自分の利潤最大化行動にさしつかえるので、いずれは消費者の嗜好を察知して消費財メニューを改変するであろう、と。あらゆる消費者の嗜好が自覚的であると仮定する場合には（この仮定がおかしいことについては後節でふれる）、そしてあらゆる人々の所得や環境条件が公正である場合には、確かにその通りであろう。市場制度以上に人々の選好の自由を保障するような制度は見つかりそうにもない。しかし、一部少数者だけが自覚的選好に到達しており、しかも彼らの所得や環境が恵まれない状態にある場合には、市場制度は多数者に自由を保障し少数者に不自由を強制する制度になりうる。つまり、「政治における多数決制が経済においても現れる」のである。この経済的多数決の場は、所得や環境条件の分配いかんによって、「選択の合理性」を「生産者の目的に適う合理性」に転化させてしまうかもしれない。しかし、「消費者主権の神話性」については、ガルブレイスやミシャンが論じたところであり、著者も付録にあげた小論で言及したことがあるので、これ以上に深入りすることはしないでおこう。

二　絶対的欲望から相対的欲望へ

新古典派の正統が、始祖たちの不確かな効用概念をいわば回避すべく、形式的な選択理論の方向に進んだのに対し、いく人かの異端的な学者は、人間の欲望そのものを問題とするという、より困難な方向を選んだ。経済学にとって欲望を与件として取り扱うのではなく、内生的なるものとしてみる立場である。彼らがそうしなければならなかった理由は、多分、彼らの基本的関心が経済の動態に向けられていたという点にあるだろう。動態論が欲望の変化を含まざるをえない以上、欲望の決定について多少とも論じる必要が生れる。そしてひとたび欲望の決定に議論が及べば、新古典派の個人主義的欲望観から離れる契機が与えられる。なぜなら、そこには欲望の社会学が待ちかまえているからである。むろん、欲望の変化を厳密な形式の上で論じるのはほとんど不可能であり、多くは文明論的な叙述という体裁をとっている。また、欲望の問題に対する関心の度合も論者によってさまざまである。しかし、このような多分に錯綜した流れの中にも学ぶべき重要なことがあるにちがいない。この節で簡単に振り返ってみたいのは、次のような欲望観に立つ人々である。それは、欲望を二通りに類別化して、前世紀では肉体的（または自然的、あるいは絶対的）欲望が支配的であったが、今世紀では精神的（または相対的）欲望へ重点が移ったとみる説である。――これは、A・H・マズロー（118）の有名な価値の五段階説をもっと単純化したものといえるだろう。

J・M・ケインズ（83）は、「他人がどうであろうと自分はそれがほしいという絶対的な必要」と「それを満足させれば他人より偉くなった気がするという意味で相対的な必要」との二種類の欲望を取り上げ、絶対的欲望にまつわるものを経済問題とよんだ。そして「経済問題は百年もすれば解決されてしまうか、あるいは少なくとも解決の見通しが立つかもしれない」と予言した。これを受けてガルブレイス（52）は、現代において、一方では絶対的欲望における飽和が実現しつつあるとみなし、他方では生産者の操作によって相対的欲望が膨脹させられている、と論じた。生産者主権論がそれであって、ガルブレイスにおいては、消滅すべきはずの「経済問題」が権力的に延命させられていると捉えられているのである。

ケインズは自らの欲望観を消費関数の定式化にまで持ち込もうとはせず（それにはおそらく『一

般理論』が静態モデルの域を出ていないということも関係しているだろう)、例の「心理法則」を提示するにとどまった。「われわれが、人間性にかんする知識と、詳細な経験上の事実との両方から、先験的に大きな確信をもって依拠しうる、基本的な心理法則」としての消費性向の導入である。消費性向というアド・ホックな仮定は、多くの論議をよんだように、経験的事実と必ずしも適合しない。しかし、消費理論に経験則を導入しようとしたケインズの姿勢自体は、消費行動が合理的将来計画の解としてのみ定まるのでないことを強調する点では、肯けるところである。ケインズは、人間欲望の実態に強い関心があるからこそ選択形式の議論に逃避することをせず、また人間欲望の複雑さを知るからこそ心理法則をいうことで妥協したのであろう。ただし、この妥協が功を奏したかどうかは、これからの章でのべるように、疑問である。

F・H・ナイト(86)は、ケインズとほぼ同じく、人間の第一次的な自然的欲望がより高次の精神的欲望へと成長しているものと捉えた。清水氏(179)は、正当にも、この「成長」という言葉の中により「高級」なものへの向上という倫理的意味が暗黙のうちに含まれているとみなした。そして、この意味での成長はナイトたちが考えたように決して自然に達成されるものではなく、道徳的意志の力による自己抑制、すなわち、「敢えて自分に高い要求を課し、それへ向って生きる」貴族的努力が必要なのだと結論された。つまり、ガルブレイスが個人に外在する権力へ向けて批判の矢を放ったのとは反対に、清水氏はそれを個人の内面へ向けたのである。

著者にはいま倫理の具体的内容について語る能力もないし、またその気持もない。ただ、消費理論の問題として、絶対的欲望から相対的欲望へ(あるいは肉体的欲望から精神的欲望へ)という欲望の段階発展説につきまとう、個人主義の残滓が気になってならない。ガルブレイスと清水氏はともに同種の欲望観から出発しながら、大量消費文明の評価と責任の所在について正反対の立場に行きつくのだが、それは単に両者の倫理の違いに帰せられるものだろうか。欲望観そのものの中に何か脆弱なところ、あるいは曖昧なところがあるのではないか。相対的欲望といい精神的欲望といい、それは欲望の具体的内容を指すのであって、欲望の形成される形式については種々の解釈が可能である。たとえばデモンストレーション効果ひとつとってみても、二様に解釈できる。一つは個人主義的なもので、まず個人がいて、その個人が他人に誇示したり嫉妬したりするというふうに捉えられる。もう一つは社会心理学的なもので、個人を社会に同調させていくメカニズムの中でしか個人を捉えることができないというふうに考えられる。

第二次的とよばれている欲望こそ、個人と社会の関係が露わになる領域である。いま新古典派的な要素還元的思考を排するとすると、社会と個人の相互関係を第一義に問題としなければならないことになるが、その場合、相対的欲望あるいは精神的欲望は果して第二次的なものにとどまりうるだろうか。欲望の段階発展説に固執する前に、欲望の構造をもっと包括的に、そしてもっと一般的に、考察してみる必要があるように思われる。

章を変えてこのことに言及するための呼び水として、まずT・ヴェブレン（208）にふれておこう。彼は（少なくとも経済学者の中では）、人間活動のシンボリックな側面に重きをおいた点で際立っている。彼にとっては、見栄あるいは衒示的比較の精神こそ、歴史上のあらゆる消費、閑暇、学問そして私有財産等々を説明する原理なのであり、それは究極的には男性の能動性（すなわち「製作者本能」）に淵源を発するというのである。今ではこの種の単純な説明でこと足れりとするわけにはいかないが（彼自身（209）も後に本能論の拡張を行わなければならなかった）、しかしそれが、肉体的欲望から精神的欲望へという段階発展説に対する強烈なアンチ・テーゼであることだけは確かであろう。また経済学の外に眼を転じてみれば、たとえばM・モース（119）からレヴィ＝ストロース（97）に至る構造人類学は、未開の文化が自然的あるいは肉体的欲望に左右されているという現代人の誤った（というよりは思い上った）観念を完膚ないまでに破砕し尽している。しかもそこにおいては、科学的論証に堪えうるとはとても思えないような本能論に依拠するのではなく、演繹可能な言語学的モデルの中に（従って高度にシンボリックな構造として）、未開人の無意識的思考が写しとられているのである。このような研究は、経済学が長い間慣れ親しんできた欲望観を反省させる上で、最良の教訓を与えてくれる。

（1）　これはマリノフスキー（106）に寄せたJ・G・フレーザーの序文の中の文句である。
（2）　このような予測主義とでもよぶべき方法については、M・フリードマン（48）を参照のこと。

第八章　消費欲望の社会心理

——選好形成と公共イメージ——

快楽‐苦痛の心理学にもとづく効用理論は、理性的個人の仮定と結びつくことによって消費者選好の自立性を主張し、さらには市場の競争的均衡が効率的であるという命題を導くことに成功した。これは、経済政策に対して唯一無二といってよいほどの規範を与える命題である。しかしガルブレイスは、二十年も前に、「ゆたかな社会」における消費者と生産者の間の依存効果を重視して、生産者の広告・宣伝が消費者の選好を「操作」しているのだと診断した。また最近になって、H・ギンタス（57）をはじめとするラディカルズが、新古典派とガルブレイスをともに超克するための試みを提示している。ひるがえって実証の分野をみると、ケインズの流れをくむJ・S・デューゼンベリー（36）やT・M・ブラウン（19）らの研究は、新たな視点から再構成されて、新古典派の理論体系に対する全般的批判の一角に位置づけられようとしている。たとえばS・マーグリン（112）の研究がそれである。教科書の多くは、いぜんとして新古典派の消費理論を中心に編纂されているが、それもかつての生彩を放ってはいないようである。

このような動向は、経済学のアカデミズムにとってだけ重要なのではなく、大衆消費文明の総体をいかに評価するかという点で、現代文明論にもかかわってくる。ここでも意見の対立は顕著である。たとえばH・マルクーゼ（111）は「欲望の開発」というガルブレイスと同様の概念を用いて、現代を根底から批判しようとする。彼ほど強烈ではないにしても、この方向に与するものは数知れない。他方、D・リースマン(162)やA・トフラー(199)などは、消費文明の行方に多大の懸念を抱きはするが、大量消費が消費者自身の自発的選好によるものだということについては、それを認めなければならないという。そして、消費者教育をはじめとする社会計画の積重ねに期待をかけようとする。もちろん、この種の考え方に賛同するものもたくさんいる。

事実としての消費者主権が成立しているかどうかは、市場経済の評価にとって決定的である。外部性や独占による市場の失敗が補正され、(仮に)勤労活動における労働者主権と政治活動における市民主権が確立されたとしても、消費者主権がみたされない限りは、市場の中心部において個人主義的規範(すなわち効率性)からの背馳が生じているということになる。しかし残念ながら、消費者主権の問題はちょっとしたレトリックの対象にされたり、あるいは分析を単純化するための便宜として簡単に片づけられたりする傾向にある。事実、新古典派とガルブレイス派との間で闘わされてきた散発的な論争の模様を調べるのは、著者の経験によると、実に退屈な作業である。

とはいえ、いかなる消費者観に立つかによって、市場経済と技術文明に対する評価が大きく異なり、ひいてはそれが消費者としての自分の生活設計をも左右するのであるから、自分なりの消費者観を固める必要があるように思える。

一　消費財のイメージ特性――新古典派とガルブレイス――

多くの場合、消費財は、その財に固有の物理的(もしくは技術的)特性によって規定され、消費者の享受する効用は、物理的特性にもとづくものとみなされている。これは、人間の最も基礎的な欲望が物欲であるという、ホモ・エコノミクスの人間観に由来するものであろう。しかし、一般的には、消費財は物理的以外の特性も併有している。たとえば衣服は、耐寒や作業に資するという物理的特性のほかに、習俗や流行への同調という、文化的意味を担っている。自動車は、空間的移動の便宜に加えて、現代的生活スタイルの表出という、シンボリカルな要素を持っている。酒や煙草は麻薬的効能だけでなく、くつろいだ気分を誘発する効能を含んでいる。季節おりおりの野菜はヴィタミンといっしょに季節感を運んでくる、等々である。

人間の知覚、感情および思考において形成される何らかのまとまりのあるパターンを、K・E・ボールディング（13）にならって「イメージ」と呼ぶことにすると、消費財は、とりあえず物理的特性とイメージ特性との二元的構成によって捉えられる。むろん、両者はいわばコインの両面であって、相互規定的な関係にあるが、消費生活の中では、それぞれ別の機能を果している。

このことをいうからといって、純粋な物理的特性あるいは純粋なイメージ特性の一方のみによって規定される消費財を極限的ケースとして想定することに、分析的意義がまったくないというのではない。また、歴史の発展段階によってどれか一方の特性にバイアスがかかりうるということを否定するのでもない。しかし逆に、「ゆたかな社会」に到達してはじめて非必需品を中心にイメージ特性が重要になるというガルブレイスの見方は、単線的にすぎる。ヴェブレンを引合いに出すまでもなく、（衒示的であるかどうかはともかくとして）人間が自らの消費する財にさまざまなイメージを託するというのは、未開から現代にいたるまで一貫した事実なのである。それは、人間がシンボルを操作するという点で、特殊な発達を遂げた動物であるということに起因するものであろう。

ともかく、前章でのべたように、いわゆる肉体的欲望と精神的欲望との二分法、そしてそれにもとづく必需品と非必需品との二分法は、無益とはいわないまでも、誤解を招きやすい。それらは、物理的特性とイメージ特性とのいずれが第一義的であるかという点に着目した、便宜的類別化にすぎないのであって、消費財の一般的構造としては、あくまで右にのべたような二元的構成になっているのである。

イメージ特性を一般的に取り出すことによって、消費理論に新たな視点をつけ加えることができそうに思える。重要なのは、イメージが本質的に公共的なものだという点である。イメージは、諸個人に共同的なるものとして共有されることによって、イメージでありうる。たとえば、自動車が現代的技術のシンボルであり、運転者がそのシンボルの意味を楽しめるのは、そのシンボルが社会的に共有されているからである。むろん、あるシンボルが社会の全成員にとって共通だというのは稀であり、当該シンボルの世界から逸脱する者がいるのが普通である。しかし、逸脱者といえども、対抗文化といわれるものが如実に示しているように、同調者たちのシンボルが持つ社会的意味を知っている。ともかく諸個人の消費欲求は、イメージ特性をも対象としていることによって、純粋に個人的起源を持つようなものではなくなり、イメージを共有し合う場、すなわち文化の場によって拘束されていることになる。

ここで文化というのは、道徳、価値あるいは法律のように公けに明文化され体系化されうるものに限らず、それらの基底にある諸個人の感情、知覚、そして思考にみられる共通のパターンにまで及ぶものとみなすことにしよう。いうまでもなく、イメージの取入れは諸個人に同一ではなく、個性に応じてそれぞれに偏倚している。しかし、具体的イメージの段階における個人間の差異を、差異として弁別するためには、どこかに共通のイメージの構造が前提されていなければならない。それはちょうど、社会的に共通なラングにもとづいて諸個人に個別のパロールが組み立てられるという、言語活動の構造に似ている。そうだとすると、諸個人の効用関数の中には、公共イメージという共通因子が、あたかも公共財のように入っているということになる。

イメージの公共性は、デューゼンベリーの誇示効果、あるいはヴェブレンの衒示的消費とは必ずしも同列に位置しない。これらの考え方には、まず個人がいて、その個人が自らの好みによって他者に何かを誇示したり、衒示したり、また他者の何かに嫉妬するというふうに、効用関数にかんする個人主義的理解と簡単に接合するところがある。イメージの公共性をいう場合には、個人が自己の意識および無意識の基礎的次元における他者とのイメージの共有を通じて社会に登場する、というところに力点がある。個人的なものとして表現される消費選好も、その根拠を探ると、イメージの公共性を経由することによって社会の場に繋留されている、ということである。確かに、新古典派の効用関数にもイメージ特性が入っているのだという解釈が、形式的には可能かもしれない。公共イメージは短期間には所与とみなせるから、陽表的に示さなくてもよい、という解釈がそれである。しかしこれは、護教論というものであろう。諸個人に共通の要素を背後に押しやることによって、効率性概念に代表されるような市場経済にかんする個人主義的意味づけをその極端まで押し進めることが可能になり、また、諸個人の選好形成を拘束する文化の性質およびその変化について考慮しないですますことができたのである。

消費財を物理的特性の側面で捉える場合には、物理的特性の評価は技術的・客観的に確定しやすいと考えられるので、孤立した個人が理性的能力を駆使して自分の効用関数を形成するという想定が妥当になる。ガルブレイスのいう「欲望の創出」も、物理的特性については無理な推論だということになろう。物理的特性へ一元化するならば、快楽 - 苦痛の個人心理学が大きな説明力を持つであろう。その意味で、原子論的個人が自立的に選好を形成するという新古典派的思想は、やはり物欲を基礎的欲望とみなすホモ・エコノミクスの伝統を引き継いでいるのである。しかし、イメージ特性を明示的に考慮するときには、個人心理から社会心理へと視野を拡大してみなければならない。欲望が自立的かそれとも操作されているかという問題も、この社会心理の平面において考察する必要がある。

公共イメージは人々の消費活動における感情、知覚および思考の根本を律するフレーム・オブ・レファレンスであり、短期間のうちに簡単に他のイメージに取り替えられるようなものではない。それは過去から累積されてきたストックであり、ある時点をとってみれば、多くの人々にとって共通の歴史的所与である。その所与性は、基本的には、消費者にとっても生産者にとっても同じであろう。消費者と生産者とは、G・フリードマン（47）のいう「技術的環境」にかんして、根本的には共通の環境世界に属している。J・フォン・エクスキュール（202）の用語を用いれば、環境世界（ウンベルト Umwelt）が同じなのである。あるいは両者は共同世界（ミットベルト Mitwelt）に住んでいる、というべきかもしれない。いずれにせよ、消費者と生産者が共通のイメージの場に包みこまれているということを認めるならば、イメージの変化についても、両者の間に共通の領域が開かれると考えるのが自然であろう。消費者は過去の経験にもとづいてしか新たな欲求を形成できない。生産者の側もそれと同じ経験に依拠して、売れる製品を予測する。変化の方向について、両者の見込みが大まかなところで一致したとしても、むしろ当然のことであろう。

確かに、消費者が自分の新しい欲求を最終的に確認するのは新製品が市場に現れてからのことであろうが、消費者の裡にはやはり当該新製品に対する潜在的志向、あるいはそれを受け入れる構えがあったとみるべきである。その意味では消費者主権が貫徹しているといってよいし、広告にかんするH・デムゼッツ(34)らの研究もそのことを裏付けている。しかし、われわれは選好形成の基礎を、個人ではなく公共イメージに求めるところから出発したのであるから、このような「主権」が効率性という個人主義的規範に則るかどうか、後でみるように大いに疑問である。

　イメージ特性の変化については、特に不断の変化の過程にある成長経済を念頭におく場合、次の点が重要だと思われる。それは、物理的特性が変化することとそれ自体を一つのイメージとする、さらには、古いイメージを変化させることとそれ自体をもう一つ高次のイメージとする、という状態がありうるということである。とりわけ社会の支配的価値が〝進歩のイデオロギー〟であるとき、科学と技術はそれ自身の内的論理に従って、イメージ世界を肥大化させていく。われわれの生活の細部にまでしのびこんでいるファッションやガジェットは、それらの新奇さがイメージ特性を発揮しているところにこそ、存在理由がある。この点では、現代の技術文明は、物質的体系とイメージ体系の両者における不安定性を宗としているといえよう。

　このような「変化」をイメージとする過程は、しばしば「浪費の制度化」と呼ばれているが、それは必ずしもガルブレイスのいうごとく生産者によって「計画された」ものでもない。それはまず、生産者ばかりでなく消費者の方も、変化のイメージを公共イメージとするような文化の拘束から逃れていない、それどころか進んで受け入れている、という事実にもとづくものであろう。とはいえ、変化することを公共イメージとする段階においては、ガルブレイスの生産者主権という状況把握が、一応の説得力を持つことも確かである。消費者が変化を受け入れる構えを持っているということは、逆にいうと、過去からの物質的・文化的遺産を捨てる構えをも持っているということでもある。しかし、消費者は変化を具体的に作り出していくための資源も組織も持ち合せていない。

ここで、消費者は過去との実質的繋がりを断ち切られて、未来へ投げ出されたまま生産者の供給してくれる変化を待つ、という弱い存在になる。変化を具体的に創造することのできる生産者グループと、変化を受容する構えだけを持っている消費者グループとへの両極分解が起る。両グループとも変化という公共イメージの場の上にいるとはいえ、従って、その限りでは生産者が消費者を操作しているとはいいにくいとはいえ、変化の具体的あり方を決める際の役割における顕著な差異を考えると、現状を生産者主権と呼ぶのがふさわしいのかもしれない。

いずれにせよ、安定した消費生活の中では消費財の物理的特性とイメージ特性との間にしっかりとした結合がみられるであろうが、加速的変化の過程ではその結合が弛み、イメージ特性が自己運動を開始する。消費者選好は、消費の実質的内容から次第に遊離して、変化の形式的側面へと引き寄せられていく。このような現代社会の様相は、トフラーによってリアルに描写されたところであるが、自然と人間の適応能力に限界があることを認めるならば、このようなとめどない変化の過程に、(まだ確証があがっているわけではないが)何らかの抑制をほどこさなければならなくなる段階がくると予想される。

他方、新古典派の人々は、どんな消費選好もそれが強制されたものでない以上は本質的に自立的なのだ、とみなそうとする。しかし個人の消費選好は、消費財に付与されるイメージ特性を媒介にして、文化の場による拘束を受けているのだから、選好の自立性はそう安直に主張できることではない。もちろん、新古典派といえども、文化による拘束を認めないわけではない。むしろ、それをあっさりと認めた上で、「しかし自由な選択は自立的である」というふうに理路をたどる。だが新古典派の弱点は、実は、文化の拘束を当り前のこととして前提してしまい、その実質的意味について深くは考えない、という姿勢の中にこそ隠されている。この姿勢によって、文化の問題は新古典派に特徴的な個人と社会にかんする個人主義的解釈を覆すほどの重要性を持っているのではないか、という方向での推理が封じこめられてしまう。消費選好の問題に限定していえば、文化による拘束の問題は、次の二点で新古典派の個人観と社会観とに抵触するはずだと思われる。

一つは、無意識の問題である。文化は、法律や道徳のように諸個人にとって外在的な規範システムとしてあるばかりでなく、諸個人の知覚、感情および思考の共有パターンとして、（諸個人のパーソナリティを構成する最も基底的な層として）諸個人に内在するものである。そして当然のことであるが、諸個人は自らに内在する文化を、完全に理性的に認識することは不可能であり、文化の一部はつねに、無意識の形で保有される。たとえば、習慣的あるいは情動的といわれる行為を分析することによって、われわれは無意識の世界の構造を窺うことができる。

現代の技術的環境が、このようにして諸個人の行動をその深層においてパターン化していると考えるならば、表層においてみられる自由選択の個人性をもって〝自立的〟と呼び、さらにはその延長線上に「効率的」という「望ましさ」にかんする形容詞をもってくるのは、一種の誤魔化しのレトリックだといわれても仕方がない。レトリックの話ならば、自動車を乗り回す快楽に浸っている人々を自立的な人々だと呼ぶのがおかしいのは、ちょうどトーテム崇拝を守りつづけている未開人を指して自立的だと呼ぶのがおかしいのと同じである、ということもできる。社会科学としては、あらゆる選好を社会心理の現れとして客観的に分析することができるだけであり、あれこれの規範概念を探すのは実践倫理に属することなのである。

もう一つは、すでにふれた、変化を公共イメージとする文化の問題である。物理的特性とイメージ特性がともに安定している静態的文化の下でならば、文化の実質的内容は時間を通じて不変であるから、自由選択にみられる個人差に関心が集中するのもうなずけるところである。そこでは、文化の内容はあらゆる人々にとって（分析者にとっても）、特別に考慮する必要のない自明のこととしてあり、むしろすべての思考の前提をなすようになる。未開の占い師や中世の神学者は、ほぼそのような前提の下で思考してきた。しかし、変化することそれ自体を新たなイメージとして取り入れた現代文明の下では、文化についても明示的に考慮することが要求される。変化のイメージにおいては、変化の実質的内容についてまで諸個人が共通の理解を持つわけではない。変化の実質的内容は生産者によって一方的に決められる。したがって、われわれが消費の実質的変化の自立性を問うときには、否応なく変化の形式に吸い寄せられている消費者と経済計算にもとづいて変化の実質を誘導している生産者との間の、互いに異化された関係を分析しなければならない。そして、変化のイメージがその他慣習的イメージなどといかに衝突し、さらには、自然の秩序をいかに破壊するかを調べなければならない。

ともかく、二つの論点が示しているのは、文化に拘束された消費者の自由選択が自立的だといえるためには、消費者が文化の総体を反省的に認識するというもう一つの意識過程がなければならない、ということである。しかし、変化のイメージの真の恐しさは、無限に複雑化・細分化していく変化の予感の中に人々を投げ入れ、このようなトータルな反省的認識を阻害するところにある。だから、現状の選択が自立的だという結論は受け入れられない。観察される消費は、ガルブレイスのいうように

「虚偽の欲望」でもなく、新古典派のいうように「自立的欲望」でもない。それは、技術的環境の中で技術的イメージによってパターン化された人々が、変化のイメージにつき動かされながら、マージナルなところで個別性を競い合っていることの結果である。このようにいう著者自身もその一人なのである。

二　活動と活動場――ラディカルズ――

ギンタスは、新古典派とガルブレイス派をともに批判の射程に収める意図を持って、ラディカル派の福祉モデルを次のように定式化した。個人の福祉は個人の活動の全体に依存するものとして捉えられ、そして活動は、一つに個人の能力、二つに活動の行われる社会的文脈、三つに活動のための手段としての商品によって規定される。活動を規定する三つの要因は後に青木氏によって別様の表現を与えられ、それぞれ「パーソナリティ」、「活動場」および「用具」と名づけられた。このようないくつかの概念の上に、ラディカルズは資本主義批判の視角を定めようとするわけであるが、以下で論じてみたいのは、そのうち消費選好にかんする部分についてである。著者は既発表のラディカルズの営為に関心を寄せているものであるが、まだ納得のいかないところも多い。この機会に自分の疑念を整理してみたい。

ラディカルズの目立った特徴は、活動場（または社会的文脈）を明示的に考慮して、個人のパーソナリティ（または能力）が活動場の影響を受けるという関係について、はっきりと言及する点である。ギンタスによれば、個人の能力は無意識的な連続的パターン化と意識的なサイバネティック・パターン化との二つの通路を経て社会的文脈の性質に合致するようになる、という。これは、個人を社会的環境から独立のものとみなし、さらには、環境を単なる技術的操作の対象として位置づけようとする新古典派的思考と、鋭く対立するものである。諸個人の選好は、環境に依存する限りにおいて、新古典派のいうように自立的なものではありえないのである。しかしその反面では、選好の基盤となる能力は、環境に適応しようとする諸個人の合理性の結果なのであり、ガルブレイスのいうように生産者によって操作されたものではない、ということにもなる。

社会的文脈のエッセンスは、ギンタスの場合には、資本主義的生産関係に求められ、その基本的社会関係を（社会科学をその一部として含む社会運動を通じて）揚棄することなしには「より良き社会の建設」がありえないと主張される。ただし変革への展望は、古典的マルクス主義におけるよりもはるかに困難であろう。なぜなら、資本主義的秩序に対する大衆の批判精神は、窮乏化によって促進されるのではなく、逆に環境への適応的パターン化によって曇らされるからである。すなわち、マルクスではなくマルクーゼの展望である。

著者はギンタスの「能力の適応的パターン化」を認めはするが、そこから必ずしもマルクーゼ的見通しは出てこないと思う。要点は、ギンタスが諸個人の環境への適応を「合理的」とみなすところにある。合理性という用語の定義いかんにかかわることであるが、もし（村上泰亮氏ら（129）が定義されたように）合理性を「認識機能と評価機能を経由した意志決定」とするならば、そこからイメージされるのは「所与の条件の下で理性的に行動する人間」である。すなわち、不確実性を加味した上で目的‐手段関係を慎重に考慮して行動する人間である。たとえば、「資本主義社会で観察される消費者行動は、社会的活動についての個人に対して開かれた利用可能な代替案の構造にたいする合理的な反応だ」とギンタスがいうとき、意識性の高い個人が経済の体制に自らを適応させていくという行動が考えられている。このように、諸個人が自らのパーソナリティを環境に適応させすべく合理的に振舞うのならば、「より良き社会」への希望はどこから生れるのであろうか。

ギンタス＝S・ボールズ（18）によれば、それは資本主義のつくり出す文化的、イデオロギー的および政治的な、総じて非経済的な「矛盾」の中に見出されるのである。しかし、経済の場で合理的に適応する個人ならば、非経済的な場でも体制に合理的に適応するはずだ、とはなぜ考えられないのか。逆にいうと、非経済的な場で矛盾を矛盾として感得できるのなら、経済の場においても合理的に適応し切れない要因が少なくとも可能性として存在する、としなければならないのではないか。

諸個人の環境への反応を「合理的」という一語でくくる仕方は、合理性の定義を拡張すれば必ずしも間違いではないが、重要な問題を看過するおそれがある。プロローグで使った表現を再び用いることを許してもらえば、「無意識から反省的思考に至る意識の各階層には、無意識的順応から防衛的反応そして定位的反応に至る種々の型の行為が対応する、すなわち決定論的な様相を帯びる動因や目的論的な動機が種々含まれている」のである。前節の論旨とのつながりでいうと、ここで指摘しておきたいのは、われわれの知覚、感情そして思考の基本的パターンを律する公共イメージが、必ずしも明確に意識されない形で、われわれの内部に埋めこまれているということである。われわれは、根本的には共有のイメージを媒介とすることによってしか社会的活動を営むことができないのであるから、公共イメージに強く拘束された反応を合理的と呼ぶのは、ほとんど無意味である。習慣や情動を主因とする行動を合理的反応と呼ぶのは、慎重に計画された行動との差異を明らかにできないという点で、適当とは思われない。特に、I・フィッシャー（46）やM・フリードマン（49）の新古典派的消費仮説とデューゼンベリーやブラウンのケインズ的消費仮説の対比を問題にして、それらの消費者観の淵源を問うときには、合理性の拡張解釈については慎重でなければならない。

確かに、目的合理性は、目的‐手段関係の秤量を必要とする不確実な状況において意味を持つものであるから、不断の変化を創造する資本主義社会においては、目的合理性の契機だけを取り出すことに十分な理由があると思われるかもしれない。しかし状況はそう単純ではない。不断の変化それ自身が、前節でのべたように変化を公共イメージとする文化の上に成立し、そしてそのイメージがわれわれの無意識の領域にも関与しているのだとすれば、やはり、行為の動機を多元的に捉えるべきなのである。さらに、明確に意識されないイメージの存在を認めるということは、逆にいえば、それをより明確に意識過程にのぼらせることによって、イメージ世界の変革の足がかりをうることができるかもしれないということでもある。正直にいって、著者は著者なりにギンタスのいう「絶望の一般的予言」をほとんど信じているが、その中にみる「一条の期待」は、ギンタスのように「矛盾」においてではなく、われわれを拘束し方向づけている文化の構造を見抜く理性的イメージの力に、そして豊富な想像力を生み出す感性的イメージの力に、さらには、その種のイメージを共有できるような新しい文化を創造する共同の営みにこそあると思う。

しかし、あるいはギンタスは連結的（associative）のパターン化という概念の中に、（狭い意味での）合理性で説明しきれない動機を含ませているのかもしれない。ちなみに、彼のいう連結的パターン化とは、「個人が慣習的に接触をもつようになった（社会的な活動文脈をも含めた意味での）経済的組合せから、福祉を引き出す能力を自然に開発すること」である。他方、サイバネティック・パターン化の概念は、「将来の経済的組合せの利用可能性を予想して、それに適合するよう意識的に自己開発を行うこと」である。結局、両概念の差は、パーソナリティの適応化における短期と長期の問題だとみなせよう。そして、短期の適応化においては意識性の働く余地が少なく、習慣的作用の比重が大きいという通常の理解に立てば、連結的パターン化を無意識的順応と解釈することもできる。しかし、ひとたび無意識の領域に議論を進めると、もう一つ複雑な問題が発生する。それは、無意識の領域においてパーソナリティと活動場とがどんな関係にあるのか、という点である。このことを少し仔細に考えると、活動と活動場というラディカルズの基礎概念についても修正が必要であり、それはまた、公共イメージの問題とも関係してくると思われる。

まず、活動場を狭く定義して、物理的環境（自然的空間や建築空間）のことだとみなすのならば、(1) パーソナリティと活動場とを最初から別のものとして規定することもできよう。しかしその場合には、活動場は個人に外在するものとなってしまい、それならば新古典派も十分に認めるところである。従って、活動場という概念を新たに提出することの意義も薄れる。活動場には人間の社会的関係（経営者と労働者、夫と妻、教師と学生、商人と顧客など）が含まれているとしなければならず、ラディカルズの主眼もそこにあろう。

しかしこの場合には、パーソナリティと活動場の関係は、ラディカルズが分析しているのよりも、もっと複雑になる。すなわち、個人のパーソナリティの少なくとも一部（おそらくは最も基底的な部分）は、彼をとりまく人間関係を彼がどのように捉えているかということについての、パターン化された知覚、感情および思考から成り立っている。また活動場の方も、このようにして構造化された諸個人のパーソナリティの間における、役割のシステム（公式のものであれ非公式のものであれ）として存在する。つまり、パーソナリティと活動場とは相互に相手を規定するのであり、いわば同一の人間関係を個人の側からみるか社会の側からみるかということの違いである。少なくとも、両者の間には重なり合う部分があるといえるだろう。この部分では、パーソナリティは個人に内面化された活動場であり、活動場は、諸々のパーソナリティを外面的に結合しているシステムなのである。たとえていえば、経営者は企業内の役割システムを内面化せずには労働者をうまくコントロールできず、労働者もそれと同じシステムを内面化しなければ経営者のコントロールにうまく従えない、ということである。適切な表現かどうかはわからないが、パーソナリティと活動場とは、互いに相手の中に自分の姿を投影しているようなものである。

このように考えることの第一の系は、諸個人が活動場を共有することによってそれぞれのパーソナリティを同質化させているという局面を探れるということである。むろん、各人のパーソナリティが全く同一になるなどということをいいたいのではない。人間の個別性はあらゆる次元で拭い去れるものではない。しかし同時に、人間の個別性は、人間のあいだの共同性を前提としていえることではないだろうか。活動場を内面化する仕方は、個人が異なれば異なるにしても、やはり同一の活動場を内面化しているからには、そこに構造的類似性を見出せるにちがいない。またそう考えなければ、社会の統合の環をどこに求めたらよいのか。著者には、新古典派の予定調和説もマルクス派の階級抑圧説も、歴史によって否定されているとしか思えない。むろん、同質性をどの水準にみるかは、問題関心のいかんによって異なるであろう。前節の議論を受けていえば、技術文明という活動場の上で、諸個人は、(生産者も含めて) 変化を求めるという公共イメージによって同質化されているのである。

第二の系は、ラディカルズの「活動」という概念をもっと明確にできるということである。活動を「食べる、働く、学ぶ、遊ぶ、愛する、眠る、創る」というふうに包括的に捉える青木氏の見方は、それ自体としては無意味なまでに包括的であり過ぎるが、消費財を消費することだけが快楽で労働は苦痛だとみなしがちな新古典派に対する批判としては、うなずけないわけではない。特に、個人福祉の増大と大量消費の進展とを同一視するイデオロギーが流布されていることを思えば、活動一般を問題にして、コミュニティや家族や仕事場における活動文脈（すなわち生活の質）の修正を迫るこの主張は、対抗イデオロギーとしての訴求力を持っている。しかし、新古典派の効用関数は、個人主義的人間観と抵触しない範囲のことならば、いかなる活動も効用の構成要因として飲みこむ貪欲さを持っているのではないだろうか。それらの諸活動が個人の自立的選好に発するものだといい切れる限り、市場の効率性は（適当な補正を加えられれば）つねに保証されるのである。活動という概念を導入することのより積極的な意味は、そこに新古典派の個人主義を脱け出る契機が秘められているところにある、と思われる。

ところで、活動（activity）という概念を重要視したのは、いうまでもなくシカゴ哲学に属する人々である。その代表者というべきG・H・ミード（120）によれば、自我はIとmeとの二側面に分けられる。後者は「他者の態度（と生物体自身が想定しているもの）の組織化されたセット」であり、いわば「個人のなかでリハーサルされた」社会的過程である。前者は、「他者の態度にたいする生物体の反応」であり、その反応は「彼自身の行為に含まれている社会的状況を越えていく彼のアクション」であり、「多少とも不確定」なものなのである。このmeに対する反応としてIという図式で考えるならば、パーソナリティという形で個人の中に写しとられた活動場がちょうどmeに該当し、活動はIに該当するとしてさしつかえないだろう。すなわち、新古典派の効用理論に対して活動概念を対置することの意味は、単にその包括的内容にあるだけでなく、個人の活動が、個人に内面化された社会的なものとしての活動場によって拘束されているところもあるのである。また同時に、拘束されているとはいえ、活動があくまで個人的なものであり不確定なものである以上、それはギンタスのパターン化におけるように、完全に環境によって決定し尽されるものではない。そして、活動の個別性については、新古典派的説明がそれなりの効力を発揮できるのである。

ギンタスのモデルは、個人の合理的適応化という媒介項を含んでいるとはいえ、やはり一種の環境決定論である。人間の存在拘束性と自由意志との間の葛藤が簡単に解消されるなどとは考えられないが、両者の緊張に痺れを切らしてあれかこれかの二者択一をとるのは誤りだと思う。実践者あるいは生活者としてならば（否応なく責任が発生するから）ともかくとして、人間の経験科学にたずさわる者にとっては、それは不毛な選択だと思う。ギンタスは、新古典派とガルブレイスのそれぞれ不毛な両極端を克服する意図をもって出発したのであるが、まだわれわれを十分に納得させるに至っていないようである。

青木氏は、おそらくこの点に留意して、パーソナリティ形成の余剰概念として「個人の先天的構造」を仮定した。しかし、これとギンタス流のパターン化仮説との二元論がどこまで成功を収めうるだろうか。とりあえず次のような疑問が払拭されないことだけをのべておこう。「各個人は生れつきに固有の潜在的なパーソナリティの集合をもっている」という氏の説明は妥当であろうか。パーソナリティの意味が〝自動車が好きだ、権力も好きだ、しかし学問は嫌いだ〟というふうに具体的内容を含まざるをえない限り、それらの先天的集合は考えにくいと思う。たとえば、氏の全体の論述において重要な役割を果す「集団性への一般的指向」が先天的構造の中に入れられるとき、それは動物と人間の共通性を過度に強調する群れ本能論に道をひらく危険すらある。具体的内容を伴うパーソナリティは、あくまで活動場によって規定されると考えるべきなのである。
しかし、氏がほかの箇所で「先天的構造は、パーソナリティに先行するところの〈未分化な〉すべての変化の底にあって常に変らぬ〈統一性〉である」とのべているのをみると、氏のいいたいことは別のことかもしれない。氏のこの表現はそのままでは思弁にすぎないが、それを次のように解釈してはじめて、先天的構造の意味も明瞭になり、ギンタスの環境一元論から脱け出る糸口がみつかると思う。

諸個人に先天的なのは、青木氏のいうようなパーソナリティの集合ではなく、パーソナリティを形成する際のイメージ構成の能力である。人間は知覚、感情および思考においてさまざまのイメージを構成し、自らの環境世界を形づくる。イメージの具体的内容は活動場（財の物理的特性と人間関係）によって定まるにしても、その内容に形式を与えるもの、すなわちイメージをイメージたらしめる力が、諸個人に本源的に備わっている。そして各人の能力は、たとえば感性的イメージに、理性的イメージに、総合的イメージに、分析的イメージに、そして、形に色にリズムに、というふうに微妙なバイアスを示すであろう。特に、人間は高度なシンボル操作（すなわち言語イメージ）の能力を身につけて、自分のイメージ世界を更新することのできる特殊な動物である。

つまり、人間の環境世界は時間意識の軸の上に開かれている。このような能力が先天的にあり、しかもそれが各人において異なっている以上は、各人のイメージ世界は（前節でのべたように）公共イメージによって拘束されているとしても、まったく同一だということはありえない。イメージにおけるいわば共同性と個別性の二項関係は、諸個人の活動を通じて安定化されたり動揺させられたりして、場合によっては公共イメージからの逃避や、それへの反抗を招来する。青木氏のいう「常に変らぬ統一性」という表現に意味があるとすれば、それは、このようなイメージ形成の能力、とりわけ言語イメージを形成し発展させる能力のことではないのか。だとすれば、それは理性の力がわれわれに備わっているということにほかならないのである。[2]

以上で試みてみたのは、イメージ論を中心に据えることによって、消費選好にかんする新古典派、ガルブレイスおよびラディカルズの諸々の主張を再編成し、相互に関連づけることであった。イメージ論を持ち込むことのメリットは、あらためて指摘するまでもなく、共同性と個別性、無意識性と意識性、さらには静態と動態といった、さまざまな二元的構成の中に消費者をおくことができ、安易な単純化に歯止めをかけることができるという点である。議論してきたのはあくまで選好形成についてであって、選好顕示の問題はもう一つ別のことである。[3]

最後に、「現実の選好形成に明白な歪みがある」という判断が次第に高まってきていると思われるが（著者もそのように実感する）、その歪みは何を基準にして判定されるか、ということについて言及しておこう。ガルブレイスのような「操作」の概念を用いる場合には、どこかに「真の欲求」を措定するわけだから、「選好の歪み」をみることは論理的にはやさしい。しかし、われわれの場合にはその概念を基本的に否定したのであり、したがって、歪みについてのいかなる判断も差し控えなければならないと思われるかもしれない。また新古典派の場合ならば、消費財についての的確な技術的情報の不足をもって、個人の「真の自立性」からの歪みを検出できるだろうが、われわれの公共イメージという考え方は、そのような個人主義的解釈を許さないのである。とはいえ、現在の都会を不潔だと思い、田園が荒れはてたと感じ、自動車が不気味なものに映じ、あれこれのファッションをつまらぬと考える私自身の意識は、たしかに現状を歪んでいるとみているのである。そして、どうやら著者は「いつの世にもいる一握りの不満分子」の一人というのでもなさそうである。

選好の歪みは客観的に判定されるはずのものでなければならない。イメージ論からはじまったわれわれの場合には、選好の歪みは、われわれ自身のイメージ世界の不安定性によって測られると思う。当り前のことだが、整然とした都会、美しい田園、自動車に脅かされない安全な散策をイメージする力がわれわれの裡にあるからこそ、現実の技術的環境は歪んだものにみえてくる。現実性のレベルで実を結ばないわれわれのイメージは、多くの場合、明確に考え抜かれないままに放置されて現状への不満になり、それが生み出す抽象的変化への欲求は、生産者に具体的変化を計画させるための土壌となる。この間断なき変化のつくり出す不安定性が望ましいものか否か、それを厳密な意味で判定できるものなどいるわけがない。いえることがあるとすれば、自然の環境にも秩序があるように、人間が自らの環境世界の変化に適応する能力にも限界があるだろう、ということである。ではどうすればよいのか。

「文化に還れ」というゲーレン(55)の言に同意するのはやさしいが、具体的にどうすればよいのか。このような恐しい問題に答えうる能力は著者にない。ただ唯一の救いは、あれこれの間に合せの政策提案を根拠づけるために消費者主権や生産者主権といった「虚偽の意識」を持ち込むより、現実がどうであるかということにかんするイメージを確かなものにする方が優先する、ということである。ここでハバーマス(62)のいう「公共性の構造転換」の思想は示唆的である。それは、政府の政策へと収斂するような政治的公共性を非とし、現実世界にかんする諸個人の理性的イメージを相互にコミュニケイトし合って、より安定した共有イメージへと結晶させていく公共的過程を是とする思想だと思

われる。この意味で、そうしようと思えば、経済学は文化運動の一翼を担うことができるかもしれないのである。(4)

(1) このように活動場を外在的に規定する仕方は、青木昌彦氏(1)においてみられる。しかし、たとえば現代の都市文明の恐しさは、その物理的条件にしてすらが、単に諸個人の意図的操作対象として問題性(自然の喪失)を持つだけでなく、都市文明がそれに特有の記号的秩序を潜伏させており、それがわれわれの思考や感覚に拘束衣を着せるという点にある。つまり、都市はわれわれの内部にもあるのだ。

(2) ここで理性というのは、ホモ・サピエンスというよりも、むしろE・カッシーラー(21)からS・K・ランガー(91)に至るホモ・シンボリクスの考えに近い。あえて理性というのは、すでに理性に目覚めた現代においては、感性的シンボルの意味を確かめるのにも理性が必要だと思うからである——人間を「シンボルを操る動物」と定義すること自体が理性的営みなのだ。なお原理的な人間理解についていうと、青木氏が雑誌『現代経済』第十号の村上泰亮氏との対談で、「群れ本能(**gregariousness**)」に自らの立脚点を求めているのをみると、氏の基本的な視点がどこにあるのか、いささかの疑懼を覚えざるをえない。今世紀初に捨てられたはずの群れ本能論を復活させる必要がなぜあるのか、著者にはいまもって理解できない。さらにいえば、著者は青木論文(1)の全体的構成についても不可解さを感じる。消費論についてはH・ギンタス、企業論についてはJ・ロビンソン、そしてコミュニティ論についてはJ・ロールズという、容易に調和するはずのない三者を張り合せたモザイクは、異形のもののように見えてならない。

(3) 選好顕示の問題については付録第三論文をみられたい。

(4) 社会科学者の文化運動にかんする詳しい展開は後日を期したいが、その準備的考察としてはエピローグ第二論文および付録第四論文をみられたい。

第九章　家族と消費

消費者の欲望および動機づけの根源をイメージ（あるいはシンボリックな相互作用）に求めることによって、新古典派とガルブレイス派との、それぞれに一面的な消費者観から脱け出ることができた。しかし、人々のイメージ世界を心理的に考察するだけでは不十分である。多種多様なイメージが基本的に共同的なるものとして、いわば制度化されるためには、それらを学習する過程がなければならず、従って学習のための社会的場がなければならない。消費をめぐるイメージ形成にとって最も重要な社会的場は、いうまでもなく家族という集団である。そこでこそ過去のイメージが新しい世代へ伝達され、また新しいイメージが効果的に取り入れられて、具体的な消費行動へ結実する。この章では、家族の社会学的側面を検討することによって、消費イメージの社会性を前章より少し詳しくみることにしよう。

経済学における家計（household）の概念は、その実際の用いられ方からすると、家族（family）の概念とはほとんど無縁である。家計を消費者個人と同一視するという経済学に伝統的なやり方は、やはり、正統派経済学における自立した市民（実は成年男子）、すなわち合理的個人の前提に由来することなのである。文化人類学がくり返し明らかにしているように、未開から現代に至るまで、家族制度を持たないような社会が存在したためしがない。その制度が、レヴィ＝ストロースがいうように女性を交換するためのシステムであるかどうかについてまで（多分そうなのであろうが）、いま問う必要はない。経済学にとっては家族という社会の単位集団が消費の行動主体なのだということを確認すれば、さしあたり十分であろう。家族の概念を明示することだけで、既存の消費理論が重大な修正を受けなければならなくなるからである。

家族はいくつかの社会的役割を担って、全体社会の中に嵌め込まれている。それらの複合的役割期待に、(意図的にせよ習慣的にせよ)応えることができなければ、家族は安定的に存続することができない。そして、社会的役割を遂行しようとする場合、経済的資源の費消が何ほどか必要になる。つまり、所得と消費の必要額のうち少なくとも一部は、家族に対して期待される社会的役割によって説明される。また、家族は長期にわたって存続するのであるから、家族の社会的役割も異時点に及ぶ形で編成されざるをえず、ここから、貯蓄の少なくとも一部について社会学的考察が必要だということになる。消費需要が新古典派的枠組で説明しきれないような特殊なパターンを示すという点は、ケインズが直観的に洞察したところであるが、この橋頭堡からさらに進んで、われわれは家族の経済行動を分析する包括的枠組を組み立ててみなければならない。

一　家族の社会的役割

家族制度は、時代と文化が異なるにつれてさまざまに変異するとしても、そしていま〝核家族化〟の進展が老人問題などの特殊な問題を惹起しているにしても、家族が果す一般的機能は次の四つにまとめることができよう。たとえばT・リッズ(100)の表現を用いると、(i)親としての子供の養育(parental nurture)、(ii)子供のパーソナリティの統合(integration of personality)、(iii)社会生活において直面する諸々の役割を子供に習得させること（family as a socialsystem）、（iv）一般的言語能力を子供に教授すること（enculturation）の四つである。これらの諸機能について、後であげるパーソンズ・モデルの解釈にも関連するので、著者なりの簡単な論評を加えておこう。

第一に、子供の養育は必ずしも生物学的必要に限定されるべきではなく、むしろ、文化的に規定される社会的標準が問題である。しかし、長期間の養育の必要および文化的要求の必然そのものは、人間（特にその子供）が生物学的に不完全であるという事実に根差すものであり、また従って、養育の必需性はことさら慎重な選択を要しないほどに強く、ほとんど強制的なものである。この意味で、養育機能は、家族の遂行する諸機能の中で最も「潜在的（latent）」な水準に属するといえよう。

第二に、子供の人格的統合という機能は、家族が小さいながらも一つの集団であるということに関係している。そこで、家族の構成メンバーの間における種々の葛藤が、コミュニカティブな相互作用を通じて処理されている。家族は、常に葛藤をはらむ漸次的均衡化の過程にあるのである。子供の人格的統合とは、子供がこの葛藤処理のシステムに参加することによって、社会的活動の基本的ルールを学ぶことである。特に、T・パーソンズ＝R・ベイルズ（144）が指摘したように、両親のリーダーシップ機能の違いは、相互活動の形式が二元的に構成されているのだということを明らかにする。父親は「手段的・適応的（instrumental-adaptive）」な役割を発揮するリーダーであり、母親は「表出的・感情的（expressive-affectional）」なリーダーである。子供は、両親を経由して、相互活動における いわば分化と総合の相互補完的な両面を習得する。

第三に、社会的活動における役割の習得は、もっと実質的内容を伴った次元における相互活動の学習である。つまり、道徳、価値、規則などが日々の生活の中で教えこまれる。当該家族がいかなる社会階層に位置しているか、また他のいかなる階層への上昇を望んでいるかによって、学習される役割内容はいろいろに異なるであろう。ともかくこの機能は、全体社会への、あるいは特定階層への文化的同調を促進させるものである。たとえば、自発性や創造性を強調した結果、文化からの逸脱を招いたとしても、そのような強調にはある種の個人主義的価値への同調を志向する面があるのである。なお、この機能は役割の具体的内容に深くかかわるわけであるが、その場合、社会的役割が複雑に分岐していることを考え合せれば、役割の具体的内容の理解について個人差が目立ちやすいといってよいだろう。特に、役割体系に不断の変化を惹き起しているような現代社会においては、同調が意図的に行われるという意味で、同調機能における個別性の比重が強まる。少なくとも、前二者の機能と比べれば、そうであろう。

第四に、一般的言語能力を習得する機能において、個別性はいっそう顕著になろう。言語はシンボル操作の手段にほかならないから、言語能力の発達は人間の状況把握、動機そして志向を感性的なものから理性的なものに傾斜させる。すなわち、具体的経験を言語によって捉えようとすることから普遍的認識が強まり、その認識を用いて将来を予測することが可能になる。従って、人々の活動の視野が長期化するとともに、将来の不確実性を考慮せざるをえなくさせる。このような理性の展開は、ほとんど不可避的に、個人意識（特にその時間意識）を発達させよう。家族が子供に言語能力を付与するための基幹的組織であるということは、家族は自らの体内に構成員の間における連帯を弱化させうる要因を培養しているということでもある。すなわち、先鋭な（あるいは狭隘な）個人意識は、社会的・文化的拘束に対する配慮を欠如させて、集団をアノミーの状態へ近づける。

このような説明は経済学と無関係だと思われるかもしれないが、あえてそうしたのは、消費理論におけるパーソンズ（145）の社会学的モデルと、新古典派の個人主義的モデルとの間を架橋したいからである。

パーソンズは、消費単位としての家族の機能を論じて、四種類の役割関与を区別した。第一に、家族は「文化的生存」を維持する役割を担っており、それは消費財の「標準パッケージ」に対する要求となってあらわれる。第二に、家族は「パーソナリティの緊張と小集団の管理」を処理する役割を担っており、それは主として、一定水準の「娯楽、余暇、休養」への要求となってあらわれる。第三に、家族は「階級的威信というシンボル」に同調する役割を担っており、それは消費財の「個々の項目」が示す階級シンボルへの要求となってあらわれる。第四に、家族は「将来の偶発的な事態」に適応する役割を担っており、それは「流動資金の準備」への要求となってあらわれる。以上が、パーソンズのいう「消費パターンの背後にある……役割関与」である。これら四つの役割が先にみた家族の果している四つの一般的機能とほぼ対応することは容易にみてとれる。このように、家族の多面的役割を社会学的に構造化してみせることによって、パーソンズは、一つに、消費が所得にかんするごく安定した関数になること、二つに、所得階層が異なれば消費率も異なること、を主張するのである。

パーソンズの消費理論は、経済学における消費の諸仮説を検討する上で、決定的に重要である。経済学においては多数の異質な消費仮説が併存しているが、それらはみな、消費動機の一元性を仮定する点で共通している。かつての生存水準説、フィッシャー流の時間選好説、ケインズの心理法則説、デューゼンベリーの誇示効果（および消費の不可逆性）仮説、ブラウンの習慣形成仮説、トービンの流動資産仮説、フリードマンの恒常所得仮説、どれをとっても、論者たちが第一義的に重要とみなす単一の動機に一元化されている。しかも、諸仮説のほとんどすべてが統計的に棄却しがたいということになるのだから、経済学がイメージする消費者像は、あれでもあり、これでもあり、それでもあり、結局どれでもないのだ。動機の多元性を認め、そしてそれらの間の構造的関連を明らかにすることによって、はじめて、経験の全体をすくいとることができる。パーソンズのモデルは、この方向におけるきわめてすぐれた成果だと思われる。

経済学の諸仮説のうち、どれがパーソンズのものに近接しているかといえば、もちろん、ケインズ、デューゼンベリー、ブラウンらの総じてケインズ型消費関数とよぶことのできるタイプの方である。家族の消費決定は、フィッシャー流に個人の理性的選択によって行われるのではないとする点で、パーソンズに通じるところがある。家族に期待される役割の体系は、いわば家族を拘束して、消費パターンを社会的に安定化させるのである。たしかに、ケインズの消費「性向（propensity）」という概念にみられるように、ケインズ型のモデルには未だ個人心理の色彩が濃厚であり、従って、「社会構造にレファレンスをおかない単なる〝人間の性向〟あるいは〝心理的公準〟という考え方は……不十分なものである」というパーソンズの批判が当てはまる。しかし、新古典派との対比でいえば、ケインズ的流れは、われわれの関心を社会心理および社会集団の側面へ向わせるといえよう。

パーソンズは、新古典派の論理で説明できない消費パターンを、心理法則という概括的用語でくくるのではなく、家族を構成する文化、パーソナリティおよび行為のシステムの中に基礎づけようとした。たとえば、文化的生存と緊張処理の役割にとって必要な消費支出はほとんど機械的・慣習的な性質を持つといってよく、それがケインズがいったように所得の一次関数で示されたとしても、そこに個人主義的選択の含意を見出すわけにはいかないだろう。階級シンボルへの同調という役割については、ちょっと微妙である。これは、基本的には、家族の所属階級の社会的性格が消費パターンを制度的に規定することをいうものであり、たとえば、所得水準が高まれば地位のシンボライゼーションに必要な消費支出は累増するということになるかもしれない。しかし、私見では、階級シンボルを表現する消費財バスケットは、文化的生存や緊張処理にかんするものと比べれば、より伸縮的ではないだろうか。つまり、階級をシンボライズする個々の品目を具体的に決定するに当っては、個人主義的選択の余地が比較的大きいであろう。

消費パターンの決定における社会的拘束と自由選択の関係というところに論点が及べば、パーソンズ・モデルが新古典派批判とケインズ再解釈とにとって多大な効力を発揮することを認めた上で、パーソンズ・モデルの限界についても考えてみなければならない。パーソンズは、消費関数の社会学的説明に偏するあまり、消費における個別性（あるいは個人主義的選択）の契機を軽視するきらいがあるように思える。右にみたように、階級シンボルへの同調のための支出は、文化的生存や緊張処理のためのものと比べて、個別性の比重が高いと思われる。だから、そこにヴェブレンの「衒示」やデューゼンベリーの「誇示」という概念にみられる個人主義的含意を部分的に観察することもできると思う。しかしパーソンズにあっては、階級シンボルへの同調は、あくまで社会の価値パターンの維持という、制度化された動機づけの面でだけ取り上げられている。つまり、階級シンボルへの同調が家族と家族の間をシンボリックに統合するものだと解釈される。基本的にはパーソンズのいう通りだとしても、シンボルへの同調において作用する個人主義的な契機が、家族間の統合を不安定にする可能性もあるのではないだろうか。たとえば、貧乏人は金持に嫉妬して金持のシンボルを模倣し、金持は貧乏人にみせびらかすために新たなシンボルを創造するというふうに。

しかし、パーソンズの役割論においてとりわけ領きにくいのは、第四の、貯蓄にかんする役割期待についてであろう。パーソンズはいう。「大多数の支出単位にとっては、貯蓄といえば、他の役割遂行のために必要額を割りあてたあとの残額を意味する。しかるに他の一部の人々、とくに社会体系の目標達成の責任を最も重く負担しているコミュニティの『指導者』たちの場合には、貯蓄という規範は、『公共の責任』『共同精神』『コミュニティのリーダーシップ』といったような積極的な意味をもったものとなる」。これは新古典派の時間選好説を真向から否定する考えだといってよい。パーソンズの貯蓄論には家族の個別的動機が含まれていない(1)。過去、現在そして未来をつなぐ個人の主観的期待の要因は、家族に対して社会的に期待される役割の要因にとって代られている。消費と貯蓄の間における所得の配分は、当該家族が所属する階級の社会的性格によって、ほぼ完全に説明されてしまうのである。

このようなパーソンズの考え方は、マルクスさらにはケンブリッジアンの貯蓄関数に基礎を与えるという点では、興味深いものがある。しかし、家族の異時的選択は、その社会的役割によってがんじがらめに拘束されているといえるだろうか。仮に、状況が静態的であって、貯蓄が資本の減耗分を補填するだけならば、社会の役割構造は日々不変だと想定してよく、従って貯蓄という異時点にわたる行為も、社会の役割によって機械的に定まるとしてよいだろう。しかし、動態的に変化する社会にあっては、このような想定は無理であろう。人々は役割構造の変化をあらかじめ予期し、その予期が人々の意図的選択を促す契機となるからである。——前章でのべたように、変化の予期自体が基本的には公共のイメージによって拘束されているのであるが、それがすべてなのではない。われわれはイメージ世界を、共同性と個別性の二元的構成によって捉えたのである。公共イメージは、それが具体的に表現される段階では、必ずや個別性を伴うものである。

しばしば指摘されるところであるが、パーソンズの構造‐機能主義の静態的限界がここに現れているといえるのではないだろうか。消費支出の中に役割構造の短期的固定性によって説明される部分があり、しかもそれが大多数の家族にとって重要な部分であるということならば、確かにパーソンズは消費理論の土台を構築した。しかし、それが家族の長期的行動についてまで直線的に適用されるとき、家族の動態の重要な側面が切り落される。一般庶民の貯蓄は単なる残差だろうか。金持の貯蓄は〝公共の精神〟にもとづくものだろうか。違う事例が頻繁に起ることは誰の目にも明らかであろう。

貯蓄行動の中に、新古典派がまさに問題にするような慎重な意図的選択の要因があることを認めると、パーソンズ・モデルにもう一つの波及効果が生じる。所得は必ず消費と貯蓄とに支出されるのだから、所与の所得の下では、貯蓄と消費との間における配分比が決定される。従って、貯蓄の方に意図的選択の要因があるとするなら、それに応じて、消費の側にもその要因を認めなければならない。つまり、階級シンボルへの同調、緊張の処理および文化的生存という三つの役割のいずれかに、あるいはすべてに、社会的拘束の要因だけでなく意図的選択の要因も働くとしなければならない。ここでいいたいのは、消費行動の動態に迫るためには、家族の持つ複数の機能（あるいは役割）の構造的連関を示すだけでは不十分であって、とりわけ役割遂行における社会性と個人性（または拘束と自由）の関係をみる必要があるだろうということである。端的にいえば、パーソンズは前者だけを取り上げ、新古典派は後者だけに注目しているのである。パーソンズがいわば消費行動の深層を、新古典派がいわばその表層を取り扱っているといえよう。おそらく、これら二つの層が必ずしも斉合的に編成されないというところにこそ、つまり社会と個人の矛盾の中にこそ、組織とシンボルをとめどなく変化させていくエネルギーの源泉があるのだ。

暫定的な見解ではあるが、四つの役割を遂行する場合に作用する個人性の強さの程度は、貯蓄、階級シンボルへの同調、緊張の処理そして文化的生存の順になろう。また、それぞれの機能的要件を解決する際に要する時間的視野の長さについても、その順になろう。社会と個人の両方を射程に収める消費理論は、これらの役割の違い、それらの意識のされ方の違い、そして解決のされ方の違いを、うまく組み込む形で表現するものでなければならない。その場合、消費経験の全体像を捉えた上で、しかも、ある程度の論理操作性と反証可能性を備えた仮説を出すためには、消費をいくつかの項目に類別化せざるをえないであろう。たとえば、非耐久財を中心とする日常的消費は、主として文化的生存と緊張処理の役割に根拠を持つものとして、習慣的動機で説明されるだろう。他方、耐久財を中心とする新奇な財に対する消費は、主として階級シンボルへの同調に根拠を持つものとして、個別的で合理的な動機を含む形で説明されよう。貯蓄は、主としてこのような革新的な消費との相関関係で捉えられ、それゆえ、そこには社会的役割と個別的動機が両方ながら含まれているということになろう。もちろん、どのような類別化が最も適切であるかを見究めるためには、多くの経験的情報が必要に違いない。しかし、ともかくここで強調しておきたいのは、家族の多元的役割と多元的動機を斟酌する消費理論ならば、パーソンズの社会学主義と新古典派の心理学主義の両者を、新たな視角からともに包摂するものになるはずだ、ということである。

二　貯蓄形成における個別的契機

パーソンズと新古典派とを連結しうる可能性を持った消費モデルが、最近、S・マーグリン（112）によって提出されている。マーグリンがその可能性を明確に意識しているわけではないし、マーグリン・モデルをそのように位置づけることが適当かどうかも明白ではない。しかし、少なくとも、マーグリン・モデルはパーソンズと新古典派の関係を考えるための導入部になりうる。

マーグリンによると、「家計はその全所得を支出しがちであるが、少なくとも所得の変化に対する消費の変化の反応のあるものは、学習プロセスによって遅れるであろう」とみなされる。家族をいわば消費機械とみなす仮説の前半部分は、そのままでは、ほとんど経験的意味を持ちえない。消費者心理の問題がブラック・ボックスにされたままだからである。すべての所得を消費しようとする傾向は家族の〝消費衝動〟とでもよぶべき心理的傾性にもとづくのか、家族の社会的役割がそれを強要するのか。資本主義的蓄積の主因を法人貯蓄に求めようとするマーグリン論文の本来の意図からすれば、この仮説の意味を尋ねることは不要かもしれない。しかし、消費理論の問題としては何らかの説明が必要であろう。著者の推測では、とくに選好形成を社会的文脈において捉えるのがラディカルズに共通する姿勢だという点を考慮すると、マーグリンの所説の前提にパーソンズ的な社会的役割論があると思う。もちろん、所得の〝すべて〟を消費しがちかどうかはともかくとして、大多数の家族にとって貯蓄は単なる残差にすぎないとみる点で、パーソンズと並行するところがある。

他方、仮説の後半部分でマーグリンは、消費活動に何がしかの固定性を認め、それを変化させるに当って学習が必要だという。ここで消費者選好の変化という問題に一つの新しい視点が与えられているのである。具体的な定式化としては、当期に顕現する学習効果の程度は、前期の貯蓄額によって定まるとされる。これについても詳しい説明が与えられていないので推測するほかはないのであるが、貯蓄額は「もともと消費されるはずの、しかし消費経験の不足のために消費できなかった分」を表わし、従って「学習の必要度」を意味するのではないだろうか。このように理解すれば、マーグリンと他のラディカルズの類似性も明らかになる。たとえばギンタスによれば、前章でみたように、消費者選好の変化は将来において期待される社会的環境に対する諸個人の合理的反応（いわゆるサイバネティック・パターン化）の結果である。マーグリンの場合には、全所得の消費という長期的目標へ向って消費活動の学習が合理的に営まれる、ということになろう。

個人の合理的反応の面だけで選好変化を捉える仕方に欠陥があること、選好変化の基底には「変化のイメージ」を共有する公共イメージの場があること、このことは前章でふれたのでくり返さない。ともかく、マーグリン・モデルの中には、社会的役割というパーソンズ的側面と個人の合理的反応という新古典派的側面とがある、少なくともそのように解釈することもできる。しかし、このようにマーグリンを解釈したとしても、次のような疑問がわいてくる。

著者は、パーソンズあるいはマーグリンとは反対に、（消費の変化においてではなく）貯蓄の形成における個人の合理性を等閑視すべきでないと思う。結論的にいえば、個人は、将来において予想されるさまざまな変化に効果的に対処すべく貯蓄を行うということである。社会的環境と個人的生活における物的およびイメージ的な変化が一般に予想されるときには、将来それらの変化に対して敏速に反応するために一定の貯蓄がなければならない。貯蓄は将来の不確実性に対応すべく蓄積された「一般化された資源」であり、「フィナンシャル・パワー」だといえよう。むろん、このような蓄積が個人の合理的動機だけによってなされるとは限らない。たとえばパーソンズによれば、貯蓄は、大多数の家族では（マーグリンの仮説と同様に）残差として生じ、少数の指導的家族では「共同精神」にもとづくのであり、それで説明されないものはたかだか「構造づけられた役割期待からの逸脱」だというのである。しかし、将来の変化およびそれに伴う不確実性が、単なる逸脱的現象ではなく、むしろ社会の発展における本質的な構成要素となっている現代社会において、パーソンズの社会的役割論はどこまで説明力を持つだろうか。

役割という用語を用いていうならば、将来の変化と不確実性について、各人および各家族は、自分の責任でそれに対処するという役割を担わされているのではないか。ことの良し悪しは別として、自主自責の原則こそわれわれの現在と将来をつなぐ第一義的なイデオロギーなのであり、個人生活や社会的環境における著しい不安定性の根源もそこにあるのではないか。もしそうだとすると、家族の貯蓄形成はパーソンズのような静態的役割論の上にのみ成立するものではないだろう。同じ理由で、マーグリンの残差説も受け入れられないだろう。

このように、貯蓄は不確実な将来に対する能動的働きかけの一般的手段だと考えられるが、この見方は、消費活動の変化に学習が必要だという見方と矛盾するものではない。むしろ、貯蓄の存在によって学習費用が説明されることになろう。さらに、「長期均衡状態」においてはすべての所得が消費されがちだという結論とも両立可能である。なぜなら、長期均衡状態では、その定義からして、技術や所得に変化が生じないのであり、従って貯蓄することの必要性も減じるからである。いい換えれば、マーグリンのように長期均衡において消費性向が1に近いことを実証的に明らかにしても、消費者の一般的傾向としてそのことがいえるとは限らないであろう。長期的均衡状態（そのようなものが仮にあるとして）に至る過程で各人および各家族が意図的に貯蓄を形成する点にこそ、資本主義社会をその動態像において捉える鍵があると思われる。いうまでもないことだが、この主張は、新古典派の標準型モデルのように完全情報的世界で貯蓄の意図的形成を論じる仕方とは別である。また、貯蓄額の大小についてまで何かをいおうとするものでもない。——そのためには、社会の全般的価値観、予想されるイノベーションの質、将来の雇用機会など多くのことが明らかにされなければならない。

貯蓄形成における社会性と個人性の関係を判定するにはもっと多くの論究が、とくに、家族にかんする経験的情報の積み重ねが、必要であろう。ここではまだその準備がないので、家族の機能と貯蓄との一般的関係について重要と思われる一つの論点を指摘するに止めざるをえない。それは、少し唐突に聞えるかもしれないが、知識と貯蓄との類似性についてである。言語と貨幣の類似性についてはしばしば言及されている。すなわち、一方が情報の交換に、他方が物財の交換にという形で異なった対象あるいは財の異なった側面に関与するとはいえ、両者ともコミュニケーションの媒介手段だという点では同等なのである。いま問題にしたいのは、それからさらに進んで、言語的能力のストックとしての知識と貨幣的能力の蓄積としての貯蓄との類似性であり、とりわけ、両者に共通する個人性の要因についてである。

前節の冒頭において、家族の四番目の機能は一般的言語能力の習得にあるとのべた。そしてそれは、大きな蓋然性を持って、人々に理性的能力を（従って将来に対する予測能力を）付与するとのべた。知識は人々を不確実な未来へ向けて、しかしある程度の安定性を持つ形で、押し出すのである。しかも知識は、それが操作的認識の段階にまで達した場合には、広範囲の新たな経験に適宜に応用されうるという意味で、適応の一般的枠組として機能する。具体的経験から解放されたところで成立するいわゆる抽象的認識は、「理性的」とよばれる精神状態にとって必須であろう。貯蓄もこれと類似の性質を持っているのではないか。貯蓄は「一般化された購買力」のストックであり、将来のさまざまな変化に適応するためのエネルギーの貯蓄庫である。知識が将来のシンボリックな変化に関与するための権力だとすれば、貯蓄もまた将来の物的な変化に関与するための権力である。——両者の境界は、情報それ自体が貨幣的取引の対象となるにつれて、薄らいできているのであるが。

パーソンズが消費にまつわる四番目の役割期待として貯蓄を取り上げたとき、その淵源を、言語能力を付与するという家族の機能にまで遡るべきではなかったろうか。ちょうど企業が成長資源を駆使して組織を拡大していくのと同じように、そしてそれが不確実な未来に対する能動的対応策であるのと同じように、家族は知識を駆使して貯蓄を形成し、自らの未来を構造化しようとする。そこに各家族の、また各人の個別的動機が働く、この試みがうまくいくかどうか、知識の発達が企業組織を肥大化させるのと逆比例的に、家族組織を解体させつつある現状を思えば、答えは悲観的にならざるをえないのであるが、しかしそれは別次元のことである。

最後に、念のためつけ添えれば、貯蓄における個別性の契機を強調するからといって、社会的役割をはじめとする共同性の契機を無視してよいということではない。たとえ、家族の貯蓄形成が利己的に合理的に行われたとしても、知識（あるいはイメージの総体）は、深層レベルでは共同的なものなのである。この章でいいたかったことは、結局、われわれを取り巻く役割の体系やシンボルの体系が時間の上に可変的なものとして開かれているのであり、体系の裂け目からふき出し、そして新たに体系化されざるをえないものこそわれわれの個人的意識にほかならず、貯蓄形成はこの文脈の中におかれる必要がある、ということである。

（1）　僅かにパーソンズ（145）の注の箇所でふれられてはいるが。

第十章　経済政策と社会的統合

いよいよ政府という集団の経済行動を取り上げる段になった。パーソンズの用語でいえば、企業の第一義的な社会的機能が「適応」であり、家族のそれが「価値パターンの維持と緊張の処理」であるのに対し、政府の主要機能は「統合」および「目標達成」にあると考えられる。政府のほかにも、統合あるいは目標達成の機能を第一義的とする集団がたくさんある。たとえば、さまざまの政治団体、労働組合、生活協同組合などである。しかし、それらの多くは非経済的行動を主眼にしていたり、企業、家族および政府の付属集団であったりする。全体社会にとって重要な経済行動を営み、そして企業や家族と同レベルに位置する集団としては、今のところ、政府を対象にするだけでよいだろう。E・デュルケーム(38)が指摘したように、前世紀末までの資本主義の発達は、機械的連帯に対する有機的連帯の優位を促進させることによって、媒介的小集団を衰退させてきた。また今世紀においても、(特に経済活動に関与する)媒介的小集団は、彼が期待したようには成長していない。結局、経済におけるアノミーを統御する仕事は次第に政府に集中してきているといえよう。

政府の経済行動といっても、それを全面的に扱うのは著者の手にあまる。以下では、公共経済学といわれるものの内容を少し社会学的な視点から整理し直すことにしよう。つまり、経済政策に含まれる統合機能を明るみに出すことにより、就中、その共同的側面に注目することにより、新古典派の個人主義的政策を修正し補完すること、これが論述の焦点になる。

最初に、これから言及する統合の問題が、（第一章で論じた）参加の問題とどのような関係にあるか、このことにかんする見解をのべておこう。共同性と個別性の二項対立がもたらす第一次の概念分化において、「参加」は共同的なもの、「活動」は個別的なものとして捉えられ、両者は対比的な位置関係におかれた。しかし、概念分化を第二次の段階まで進めれば、参加と活動の双方において、共同性と個別性とへの分枝が生れる。統合の概念は、参加の個別的側面と活動の共同的側面との結合関係を示すものとして捉えられる。参加の個別的側面とは、社会に共通の潜在的価値から異化したもので、たとえば、諸個人の異質性を考慮した上で作られる諸規範がそれである。他方、活動の共同的側面とは、諸個人の異質的活動をある基準の下に同定したもので、たとえば、集団の場における協働がそれである。ちなみに、参加の共同的側面は、社会にとって最も潜在的で同定された価値として析出され、活動の個別的側面は、諸個人にとって最も顕在的で異化された個別的行動として析立される。このような見方はあくまで暫定的なものにすぎないが、ともかく、ここで統合というのは参加と活動を媒介するものであるから、前に「参加原理」とよんだ潜在的な共有価値よりももっと具体的なレベルに位置することが了解されよう。

《経済政策の統合機能》

社会システムの内部には常に攪乱的要因が胚胎している。社会的に同定された潜在的価値がいくつかの異化された顕在的な諸目標に具体化されていく過程と、目標をさらに特定化した上でそれに適応すべく構造諸要素を動員していく過程とにおいて、種々の不調和および不確定性が発生する。政府による経済政策の実行それ自体が、課税、財政支出、金融操作、経済制度の変更、技術開発の誘導などあらゆる形で、経済活動の環境に変化をもたらす。それは、新たな利害対立を惹起し、そして新たな情報収集を必要にさせる。このように、民間と政府はともども攪乱的影響を作り出すわけだが、それを調整する機能が社会システムに備わっていなければ、社会の構造的安定性が損われる。経済政策のもう一つの役割は、このような攪乱を調整し、構造諸要素の関係を結合しつつ、社会の潜在的な共有価値に（または新たな価値の形成に）諸要素を導くところにある。(1)

経済政策の持つ統合機能が背景に退くのは、まず、完全情報的市場という空想の世界においてである。そこでは価値→目標→適応の過程が一義的に確定されており、一般均衡という適応結果が直ちに完璧な統合を意味している。統合を担うのは、オークショニアという仮想の主体だけである。次に、市場が理想的に機能しない場合でも、民主主義的手続きが理想的に行われれば、各人が多数決制を進んで認めるとしてのことだが、経済政策は多数決という統合結果の単なる反映にすぎなくなる。新古典派にあっては、市場的均衡と多数決という個人主義的な調整方法に、社会の統合のすべてが託されている。少なくとも新古典派におけるパラダイム化した見解はそのようなものである。

多数決を含めた広い意味でのパレート最適性または効率性は、確かに、統合の規準として効果的でありうる。諸個人の間で異化された個別的諸動機を調整することが統合にとって不可欠だからである。――ただしここでは、統合に寄与するという点で効率性を評価するのであって、それに「望ましさ」の含意を与えるつもりはない――。しかし効率性がすべてなのではない。情報格差、組織そして権力が無視しえない要因として存在している以上、効率性という個人主義的規準のみによって統合を保証するわけにはいかない。格差、役割、そして支配によって支えられた社会的秩序の中に個人がいるということは、個人はこのような秩序の刻印を受けたものとしてしか存在しえないということである。そのとき、社会的秩序それ自身の中にも、社会を統合させる契機を探ってみなければならない。

表面的にみれば、あらゆる社会的秩序は抑圧の場であったり自由を触発する場であったりするが、深層にまで降りれば、それは諸個人の同質性を保つ場でもある。秩序の持つ安定的性質の中に潜在している共同性の要因は、社会を統合していく上で、効率性と並ぶもう一つの契機になろう。そして、政府の経済政策はこの統合における共同性の契機と無関係ではありえないだろう。このような見地からみることによって、後で検討するように、能力説を復権させたり、価値欲求や必需性といった概念をもっと明確にしたりすることができる。

《有効性と効率性》

社会の統合における共同性と個別性の関係は、ちょっと異なった文脈においてではあるが、C・I・バーナード（7）が提出した組織にかんする二元論的モデルと類似している。彼は、フォーマルな協働システムのパーフォマンスを評価する場合、「有効性」と「効率性」とを区別しなければならない、と考えた。有効性というのは、協働システムにおける共通目的の達成度のことであり、効率性というのは、協働システムに参加する諸個人の個別的動機の達成度のことである。これら両者が相当の水準に達していれば、協働システムは安定的に存続しうる。すなわち、バーナードのみるところ、協働システムは組織と個人の両面における統合によって維持されているのであって、この点では、われわれのみる社会の統合と同じである。

ただ、バーナードは主としてフォーマルな組織を問題にしているので、組織の共通目的を（たとえば第三章にのべた企業の共同利益のように）顕在的に示すことができる。それに比べ、全体社会における共通の価値や規範は、多くの場合、潜在的なものである。そしてそれが顕在化される段階において多くの確執が生じ、だからこそ多数決と抑圧が必要になる。しかし、どれほど潜在的であろうとも、社会は根本的にはやはり「共同の企て」として存在する――この共同の企てという表現は、T・パーソンズ（146）が医療社会学にふれて用いたものである――。「共同の企て」の連帯性は、どのレベルで社会を捉えるかに依存してさまざまに変異する。コミュニティにおける参加原理はそれを最も抽象的なレベルで、すなわち一般的コミュニケーションの構造として、取り出そうとする試みであった。企業組織や家族における連帯性は、目的や役割の体系が定型化されていることから判るように、もっと具体的なレベルにある。社会の統合は社会全体と個別諸集団をつなぐ企てであるから、その連帯性も両者の中間にあるとみることができる。

共同の企てはあくまで潜在的なものであるから、それが実際の活動として顕現するときには、多数決や市場的交換を経由しなければならない。しかし、表面に観察された現象だけをみて、世界をホッブス的なものとして描くわけにはいかない。多数決や市場的交換を成り立たせる同意や契約のシステムそのものが、諸個人の葛藤から派生した第二次的な産物なのではなく、彼らのコミュニカティブな相互作用を可能にする最も基礎的な枠組なのだ。そしてこの枠組を安定的に保つためには、参加と統合の保証が何がしか必要になる。ルソーのいう一般意思、すなわち、常に不平等を志向する諸個人の特殊意思に枠をはめて全員一致の平等を志向する一般意思とは、歴史の始源における合意なのではなく、コミュニケーション・システムにおいて保証せざるをえないこのような条件のことであろう。だから、少し広く解釈してみれば、バーナードが「有効性」というのは一般意思の発揚を意味し、

「効率性」の方は特殊意思を一般意思へと連結させることだといえよう。政府の経済政策は、一面においてこのような文脈と関係している。

《価値欲求について》

社会システムにおける統合機能を明示することによって、経済学における公的供給の理論を再編成するための足掛りをうることができそうに思える。まずR・A・マスグレイブ（130）の社会的欲求と価値欲求という二分法について考えてみよう。社会的欲求というのは、（マスグレイブは「等量消費」にこだわりすぎているので、現在一般に理解されているように表現し直せば）元来は私的欲求であり、従って消費者主権の原則にもとづいて処理されるべきものであるが、外部性その他の要因による「市場の失敗」のために、効率性の回復に当って政府の介入を必要とするものである。他方、価値欲求というのは、市場によって効率的に処理することが可能ではあるが、ある社会的価値の要請から、社会の一部の人々の私的な欲求に対する政府の干渉を必要とするものである。

マスグレイブ流の考え方の難点は、価値欲求の成立を自らの個人主義的方法と斉合的な形で説明できないというところにある。「極端な個人主義の立場はすべての価値欲求を否認することを要求しうるが、しかしそれは常識ある考え方ではない」と彼はいう。そして彼の依拠する常識は、民主主義的社会においては「知識あるグループがその決定を他の人々に強いても、それが是認される場合が生じるであろう」ということである——彼はもう一つの論拠をあげているが、それは「価値欲求をふくむようにみえるが詳しく調べてみると社会的欲求をふくむ状態が生じる」ということであり、結局、社会的欲求から区別されたものとしての価値欲求ではないから、ここでは取り上げない——。この学識とリーダーシップにかんする常識は、「市場にかんする完全な知識と合理的な評価」という仮定が満たされない場合に正当化されるというのである。しかし、価値欲求を民主主義社会のリーダーシップの問題に帰着させる仕方によれば、マスグレイブ自身が認めるように「価値欲求の充足はこころもとない仕事として残る」ということにもなる。リーダーシップの行動と、権威主義あるいは官僚主義等々の、一般に負価値とみなされている行動とを隔てる規準をみつけるのが難しいからである[2]。

民主主義社会において義務教育や最低医療保障などの価値欲求が現にあるという事実については、誰しもが認めよう。しかし、なぜそのような価値欲求があるのか、という設問に対する答えをリーダーシップに求めるのは、個人主義的な誤謬であろう。そこからは、結局のところ、リーダーの権威を認めるか、あるいはリーダーの善意に期待するような立場しか生れないだろう。それではしょせんテクノクラシーを、あるいは逆にヒューマニズムを唱導するにすぎなくなってしまう。価値欲求はもっと客観的な基礎の上におかれるべきである。すなわち、社会に潜在する統合機能の必要こそ価値欲求の根源であると思われる。むろん、統合の必要が欲求という形で顕在化される過程ではさまざまの撹乱を受けるであろう。つまり、民主主義的過程における個別利害の対立・妥協として、あるいはファッシズムやスターリニズムにおけるような、（J・J・ルソー（171）にいわせれば）個別意思の特殊形態としての全体意思として現れるだろう。それらのいずれがよいかは全く別のことである。いずれの社会であっても、社会の統合を保証する体系として国家は存在し、従って価値欲求は政府の行動を基礎づけるものだといえる。

ところで、社会の統合については、共同的な側面（あるいは有効性）と個別的な側面（あるいは効率性）とがあると先にのべた。著者は、価値欲求を共同の企ての有効性に対する共同の（潜在的）

関心のことだと理解したい。従ってそれは、当該財について共同消費が、そして費用を負担しない者の排除が、可能かどうかということと直接の関係はない。つまり排除不可能な財についても、それが有効性に関与する限りで、価値欲求を検出することができる。たとえば、自然環境や都市環境の整備は、それらが市場で解決できない社会的欲求に該当するからではなく、社会の統合にとって必須の共同の価値に関係するからこそ公的に処理されるのだと考えることができる。価値欲求というのは、市場化の可能性を基準にした財の種類を指すとみなすべきではなくて、むしろ、社会の統合における共同的側面との関連を示すという意味で財の一つの特性なのだと解釈すべきであろう。

他方・統合における効率性の側面については、近年ありあまるほどの議論が行われているので、つけ加えるべきことはほとんどない。ここでは、効率性が統合の反面にすぎないということを確認しておけば足りる。

《能力説について》

社会の統合に、とりわけその共同的側面に注目すると、財政理論における能力説についても、通常とは少し異なった理解が可能になる。能力説に対する肯定的な評価がしばしば見受けられるが、今のところ、それは費用負担の問題をめぐってである。すなわち、多数決制において個人の応益度がうまく捉えられないという実際上の反省から、各人の効用の比較可能性を前提して費用負担を決める仕方にも、政策遂行の見地からみて現実性があるとみなされているのである。そこには、「新しい厚生経済学は個人間の効用比較に関する絶対的な拒否をあまりにも誇張しすぎたかもしれない」（マスグレイブ）という不安が込められている。効用の個人間比較を認めてしまえば、公共サーヴィスの需要における所得弾力性のいかんによって、所得に対して累進的、比例的あるいは逆進的な費用負担が行われる。このように功利主義的に解釈すれば、費用負担における能力説とは、結局、ある単純化された仮定の下における利益説にほかならない。だから、利益説に与する人々が能力説を受け入れても、不思議はないわけである。

ところが、費用負担において能力説を認める人々（従って多数決制による各人の応益度の把握について悲観的な人々）も、公共支出の決定を論じる場合には、能力説に対する反撥を隠さない。能力説にあっては、公共支出は「偉大な善」（ミル）によって、あるいは「有機体としての国家」（ワグナー）の必要によって、またあるいは社会の「最大幸福」（ピグー）によって、定まるとされる。利益説に立つ人々はこれら三通りの考え方に対して反対するわけであるが、著者のみるところ、その反対の論拠は首尾一貫しないか、または皮相の感を免れないように思う。

まず、ピグーの功利主義に反対するのならば、論理的には、費用負担における（功利主義的に解釈された）能力説にも反対せざるをえないはずである。そして、多数決制に専一せざるをえないはずである。しかし、費用負担における能力説をある程度受け入れようとする構えそれ自身が、多数決制による個人の応益度の評価が困難だという理解に根差すのだから、多数決制へ退却するのもおかしなことである。ここで利益説と能力説との対立および調整は、論理の次元にあるというよりは、むしろ政策実践のためのプラクティカルな判断だということになる。それならそれでよいのだが、そのときには、実践にまつわる複雑な問題がたくさん介在するのであり、経済学という個別科学でそれらを説明しきることはできないだろう。

ミルおよびワグナー流の考え方に対する反対の理由は、すぐ予想できるところである。それらは安易なヒューマニズムか、危険なホーリズムにつながるというものである。このような批判にはたしかに妥当な面がある。共同善や国家善の美名の下にありとあらゆる不徳が行われてきたからでもあるし、またむしろ、多くの不徳の結果として共同善や国家善の具体的内容が希薄化してしまい、今では安易な自己慰安か危険な政治的詐術の具に堕しやすい観念だからである。

正義を個人的良心の中に位置づけようとするミル的な思想に対しては冷笑をもってし、他方、個人に外在する国家の「社会政策的原則」に対しては「個人の尊厳」の主張をもってするのが、一つの思想集団としての新古典派の特徴のようである。たとえば、すでに旧聞に属する経済学者の公害論議を通じてみられたのは、パターナリズム（権威にもとづく温情主義）に対する拒否の姿勢である。しかし、新古典派がパターナリズムに代って採用しようとするのは、投票による多数決である。このような社会観に対する批判をくり返す気はないが、次のような疑問は抑えきれない。事実として見た場合、事実としてパターナリスティックな動向が看取されるのに――ほとんどあらゆる平等主義的な要求は何がしかパターナリスティックである――、新古典派はいかなる理由でその要因を切りすてることができるのだろうか。合理的諸個人の多数決によって事を決せよという価値にかんする議論ならともかく、パターナリズムの事実は無視してよい（または追加的に考慮しておけばよい）という論拠はどこにあるのか。以下にのべる理由から、パターナリズムの問題にもっと多くの注意を払うべきだと考えられる。

それは、パターナリズムとして顕在化する諸現象の底に、社会の統合にかんする共同の企てが潜在しているという点である。この面に限っていえば、金持が貧乏人に施しを与えていると感じていようが、為政者が庶民を救っていると考えようが、そのような主観はどうでもよいことである。パターナリズムは、社会の統合を維持しようとする潜在的でかつ共同的な企てのイデオロギー的表現である。卑近な例でいえば、子供（あるいは生徒や患者）が親（あるいは教師や医師）を信頼し、親が子供の信頼に応えようとするのは、そうするのが好きだからではなく、そこに社会があるからであり、社会の存続のために両者の関係の統合が必要だからである。さまざまなシビル・ミニマムの保証の中にも、この種の共同の企て（すなわち有効性の保証）をみることができる。それは潜在的ではあるが、しかし客観的なものなのである。このように解釈したとき、費用負担における能力説に新しい光を当てることができる。共同の企ての前において、諸個人はその企てに貢献しうる能力（たとえば貨幣所得）によって評価される。その他のさまざまな能力や特性は、共同の企てにとっては無意味である。能力説は、このように共通の尺度で同質化されたものとしての、あるいは非個性化されたものとしての諸個人の費用負担にかかわるものであろう。

ワグナー流の能力説に対して「パターナリズムだ、権威主義だ、全体主義だ」といって批判するのは、しょせんワグナーの裏返しにすぎない。同じようにして、「基本的人権を、ヒューマニズムを」と叫ぶのも、ワグナーを裏返して染め直したものにすぎない。それらの主張に含まれる善意に共感できても、それらはあまりにも脆く、技術主義と政治主義に取り込まれてしまう。パターナリズムに反撥するのではなく、パターナリズムの客観的根拠を探ることが重要なのではないだろうか——逆に、そうすることによって、いわば真正のパターナリズムに近づきうるのだ。著者は、少なくとも今までのところ、パターナリズムを完全に放棄しえた人間に出会ったことはない。パターナリズムを感性と理性の両面から追求していけば、その果てには、おそらくルソーのいう「ピチェ」が待ちかまえているのだろう。つまり、憐れみの情、というよりもむしろ、そのような情感を生み出さずにはおかない

「一般意思」に対する洞察へと至るだろう。

もちろん、このようにいうからといって、パターナリズムを称揚したいのではない。とくに、パターナリズムを逆手にとって、無際限の平等を権利として要求し、企業や政党や政府に無前提の保護を求めるやり方、このような現代的風潮は（ことの良し悪しは別にしても）社会の統合と必ずしも両立的ではない。社会の統合とは、何よりも、諸個人および諸集団の異化・区別を前提としている。そして、統合の共同的側面にみられる平等性の傾向も、個人の権利というよりも、諸個人の区別を区別として成り立たせるのに必要な社会システムの機能的要件なのである。現下の「福祉」運動の中には、統合の共同的側面を整備しようとするものと、統合の個別的側面を効率的に処理するにあたって（おそらくは）不可欠な区別性の要因を解消させようとするものとが、混在しているようである。しかし、この混淆をほぐすためにも、市場と多数決にだけ活路を求めるべきではなく、社会に潜在する共同の企てにまで降りてみなければなるまい。

《必需性の概念について》

統合における共同の企て（あるいは有効性の達成）は、実は、「生活必需品にかんしてシビル・ミニマムを維持せよ」という通俗の要求にほぼ対応する。医療、教育、運輸・通信、環境そして食料や住宅などの基礎的部分が必需的だとされている――貨幣所得については後段にまわす――。

ところで、必需性とはいったい何だろうか。あらゆる必需品を公的供給の対象とせよという提案が散見されることを思えば、必需性の概念規定は重要である。新古典派の経済学では必需性の定義は見当らないようである。しかしそれにもかかわらず、必需品という言葉がしばしば使用される。常套的な見方によれば、「需要の価格弾力性が小さい」ということ――むろん、市場が成立していないものについては潜在的需要を推定した上でのことだが――をもって必需的だとみなしていると思われる。つまり、価格が変化しても他の財・サーヴィスとの間に代替が起りにくいものが必需品だという。このような財は、とくに供給が容易に増減しえない場合には、市場機構にまかせていたのではそれを入手できない者が生れやすい。従って、料金統制や現物支給といった公的介入によって平等主義的配分が望まれるというのである。

しかし、このような必需品の規定およびその公的供給の見通しについては、基本的な点で納得できないところがある。需要の価格弾力性や供給の伸縮性は、一つに程度の問題であり、二つに他の経済的・社会的事情に依存する。従って場合によっては、靴、下着、トイレット・ペーパーにはじまり、さまざまなレジャーに至るまで、公的供給の必要な必需品になりかねない。需要関数や供給関数の形式的特徴に判断の基準を求めようとするのは、まず諸個人の個別的動機から論を起し、それに平等というヒューマニスティックな価値判断を接ぎ木するものである。必需性の概念をもっと社会的文脈の中に位置づけてみなければ、経済政策の客観的基礎として役立たないと思われる。

財・サーヴィスの必需性は、社会の統合と関係づけられるべきではないだろうか。すなわち、統合における有効性（または価値欲求）との関連が強いか弱いかということを基準にして、必需的か否かを判断するのである。ここにおける必需性とは、いわば社会的必需性を意味することになる。社会の有効な統合にとっては、第一章でふれたように、各人が健康に生存し、基礎的教育を受けて文化的に生存し、道路や環境などのコミュニーケーション・チャンネルを与えられて、他者と物的および精神的にコミュニケイトしうる主体になることが必要である。このための条件整備にとって重要な役割を果す財・サーヴィスが、必需品である。市場にまかせたのでは必需品が不十分にしか（または過度に不均等にしか）供給されないとすれば、その場合には公的介入が要請される。

需要の価格弾力性が小さいということは、当該財が必需品であり公的供給の対象となりうるということにとって、十分な条件ではない。統合の有効性に寄与する価値欲求特性が問題なのであり、それが弱いにもかかわらず需要の価格弾力性が小さいものが——たとえばある種のファッションやガジェットの中に——存在するだろう。それを必需品と定義してみても、公的供給の経済政策論のためには不毛である。個人や集団の私的欲求（マスグレイブのいう社会的欲求を含めて）にもとづく行動の背後に潜在していて、彼らを社会的に拘束するもの、それが価値欲求であり、それが強いものが必需品なのである。

同時に、需要の価格弾力性が小さいということは、必需性にとって必要な条件でないかもしれない。たとえば、ある種の宗教的および道徳的書物は、価値欲求が強いにもかかわらず、娯楽的書物で簡単に代替されるかもしれない。また、バスや路面電車は、都会の統合に大きく寄与しうるにもかかわらず、自動車に代替されるかもしれない。つまり、個人の選好の自立性を疑うならば、社会の統合にとって必需的なものが、個人の主観においては非必需的なものとして扱われているかもしれないのである。何が価値欲求であるかは、それがまさに潜在的であるがために、社会の表層で観察される個人選好だけによって決めるわけにはいかない。むろん、誰か特定の者の判断によって決まるのでもない。経済学を含めた社会科学は、社会の深層に半ば不可視の形で存在する構造を、そして機能を明示してみせることによって、辛うじて社会に貢献する。必需性の問題を議論することもこのような作業の一環にあると思われる(3)。

《平等主義について》

必需品の種類とその保証さるべき水準が定まったとしても、それを実行する手段の問題が残されている。——問題を単純に示すために、独占は存在せず、また外部効果の内部化も可能だとしよう——。必需品の保証を考える場合、原則的な点で互いに異なる二つの立場がある。一つは新古典派経済学に伝統的な効率と公平の二分法に立脚するもので、（負の所得税を含めた）累進課税によって貨幣所得を移転させれば、後は市場あるいはそれに類似した機構によって解決すべきだ、という考えである。これはいわば「貨幣所得にかんする平等主義」とよぶことができよう。もう一つは、現物給付や価格統制の形をとるもので、J・トービン（197）によって「特定財にかんする平等主義」とよばれた考え方である。多くの経済学者は、程度の差こそあれ、前者に賛同するようである。「特定財にかんする平等主義」を採用すると、闇市場、縁故主義、官僚主義そして当該産業の成長や技術革新の停滞など、マイナス効果が大きいと予測されるからである。

要するに、資源配分が個人選好を反映するようにさせるための機構としては、市場よりすぐれたものを見出し難いだろう、ということである。当然のことだが、顕在化されたレベルでは、必需品も個人選好の対象であり、多くの場合、私利私欲の対象である。従って、効率性に対する配慮、いい換えれば統合の個別的側面に対する配慮がなければならない。「特定財にかんする平等主義」に対する懐疑は、価格統制や配給制が失敗に帰した例が多々あることを思えば、十分に根拠のあることである。「必需品を私利私欲の対象とするな」という主張は、そのままでは、温情主義にすぎないと批判されてもやむをえないだろう。

しかし、われわれの必需品は、社会に潜在する価値欲求の強さ（すなわち有効性への貢献度）によって特徴づけられたのだから、それを通常のように効率性という観点で評価するわけにはいかない。もともと市場は有効性を達成するための機構ではないから、市場がいかに円滑に機能しても、有効性にとっては直接の助けにはならない。問題は、貨幣所得を適宜に再分配することによって、市場の結末が有効性に背反しないようにもっていくことができるかどうか、ということだけである。必需品の供給にまつわる真の難問は、顕在的には私的欲求であるものが潜在的に価値欲求でもあるという必需品の二面性に由来するものである。「貨幣所得における平等主義」も「特定財にかんする平等主義」も、いずれか一方の面だけで必需品を捉える傾きがある。この二面性を制度的にうまく処理するには、必需品一般を論じるだけでは駄目であり、必需品をもっと緻密に類別化して、それに対応した複合的な制度を構想しなければならないだろう。しかし、今はまだそれを具体的に検討する能力がない。以下では、ふだん無視されている一般的な論点について言及するにとどめざるをえない。

「貨幣所得における平等主義」は、次のような有効性に対する障害を看過していると思われる。各人に、医療、教育、住宅、食料などの生活必需品を市場で購入することのできる所得を保証したとしよう。しかし、たとえば最低所得階層の人々がその所得を消費する場合、（有効性の規準からみて）非必需的な財に傾斜しすぎるかもしれない。われわれの定義する必需品は、個人選好において「どうしても欲しい」というものではないので、彼らは所得の一部を、自分たちが「どうしても欲しい」と考える自動車の月賦代金に、酒代に、賭博の賭金に、あるいはファッショナブルな衣服の代金に当てるかもしれない。そのことが倫理的に悪いとか、彼らが愚かだとか、いいたいのではない。それによって個人生活が不安定化し、社会の統合が乱されることがここでの問題なのである。必需品を潜在的な価値欲求に結びつけた以上、個人に貨幣を手渡すだけでは不十分なのである。

しかも、最低所得階層の多くは、自分の職業その他の社会的環境に誇りや喜びを見出せないでいる。彼らの個人選好において価値欲求をないがしろにするようなバイアスが生じたとしても、別に不思議ではない。そして保証された所得はといえば、〝ぎりぎりの金額〟であるはかりでなく、〝富者からの施し〟なのである。そのことが、〝貶められている〟という気分を貧者に植えつけるかもしれない。人間の選好形成が社会的環境から独立であって各人が等しなみに理性的だというありえぬ仮定に立てば、すべてを貨幣で解決することができよう。しかし、仮に効率性の問題を度外視するとすれば、次のような想像も案外に現実的ではないだろうか。医療、教育、交通、食料、住宅の基礎的部分が当然のこととして公的に支給されている場合、最低所得階層の人々は、僅かではあるが自分の力で稼いだ所得を、より慎重な考慮にもとづいて心おきなく消費するように変るという想像である。この場合、必需品は個人選好の対象ではなく、選好形成の前提条件なのである。

さらに「貨幣所得における平等主義」は、貨幣という一元化された指標で平等性を測定しようとするために、無際限の平等を要求する貧者と、それを抑止しようとする富者との間に果てしない対立をひきおこすかもしれない。すなわち、効率と公平を二分する考え方にあっては、公平の問題は社会的に客観的な基礎を持つことができず、個人主義的な多数決の場において決せられる事柄である。公平の問題が最初から対立の問題として設定されている場合、まして必需品を通じる価値欲求が容易に達成されずに諸個人の社会関係が不安定になっている場合、平等に対する要求は歯止めがなくなるかもしれない。効率性は能力主義と結びついてはじめて資本主義を正当化するための一貫した論理を提供できる。しかるに平等主義は、能力主義を多少とも放棄するところからはじまる。つまり、能力主義と平等主義という容易に和解しがたい二つの原理を並置するところにこそ、社会を不安定にさせる根因があるのだ。

他方、「特定財にかんする平等主義」の方は、少なくとも考え方としては、平等に（有効に）解決すべきものと不平等に（効率的に）解決すべきものとを区別しようとする。実際的にみてこの区別が容易でないことは、先にのべた通りである。しかし、ともかく「特定財にかんする平等主義」とそこにおける政府の役割にもっと多くの関心が払われてしかるべきだと思う。もちろん、それがもたらすかもしれない官僚主義の危険を減らすためには、いっそうの研究と文化的実践が必要だろう。しかしこの点についても、社会を理性的諸個人の集合とみなし、そして政府は中立的な（あるいは単なる擬制の）集団とみなす新古典派の社会観は、官僚主義を阻止しようとする文化運動にとって、むしろ越えなければならない障害の一つなのである。

（1）　パーソンズのいう統合すなわちIはG（目標達成）においてもA（適応）においても統合しきれない、いわば残余としての統合だと思われる。Gにおいては主として多数決方式が、そしてAにおいては主として市場的交換が、それぞれ個別的契機を基軸として統合に貢献している。他方、残余としての統合は主として共同的契機にもとづく。この章で扱うのはむろん後者についてである。

（2）　リーダーシップは権力の問題である。エピローグ第一論文でみるように、権力には正当性と不当性（あるいは一致と対立）という二面性がつきものである。価値欲求は権力そのものから導きうるものではなく、権力の正当性の条件と関係していると思われる。

（3）　付録第四論文を参照のこと。

エピローグ——実践にかんする考察

権力概念をめぐって

権力という論点は、経済思想と経済学説の流れをさまざまに方向づける一つの重要な分水線である。新古典派の正統は、実証的な理論としてみると、経済の運行と権力とが分離されているという虚構の上に成立しており、また規範的な理論としてみると、自由主義の立場からする権力への反抗の姿勢でつらぬかれている。ケインズ派は、経済と権力の結合という事実に関心を払いはするが、政策勧告者として振舞う場合には、権力を操作する側に立とうとする。ガルブレイスは、権力の要因を正面から導き入れた結果、最後には、文化的説得による「信念の解放」と「国家の解放」に期待をつなぐというぎりぎりの立場に身を置いている。ラディカルズの多くは、どうやらマルクス主義への接近を強めて、「階級的視点」からする権力批判に向っているようである。

このように権力の問題は、理論と実践の両面にわたって複雑な分化を経済学の世界にもたらしている。そしてこの状況自身が、好むと好まざるとにかかわらず、一個の社会的ドラマの一場面なのであって、経済学を研究するということは、そこで、あれこれの主役、端役あるいは裏方の役を演じることでもある。従って、特に権力について論じるときには、社会の現実に対して超然としているわけにはいかないところがある。

しかし、研究実践を通じて社会的ドラマにどのように参画するかということにかんする著者の主張は後にまわすことにして、ここでは権力概念をめぐる基礎的な問題点を整理してみたい。経済学における権力概念の把握は、未だ、自由と抑圧の関係にかんする主観的な価値判断の域を出ておらず、それが諸潮流間の錯綜を強めていると思われるからである。つまり、自由主義とマルクス主義のいずれをとるにせよ、権力は負の価値を有するものとして、イデオロギー的批判の対象にされることが多い。また分析的レベルで権力の問題が取り上げられるとしても、ありきたりの闘争本能論や階級史観の延長にすぎないことがしばしばである。しかし、われわれは「集団」の経済行動論を組み立てたいと考えているのだから、集団の構造および機能と、権力とは密接不可分であるという点を考えて、権力の問題をもっと慎重に考察してみなければならない。

一　経済学における権力

当分の間、権力の概念規定に深入りせずに、M・ウェーバー（210）に従って「抵抗を排除してでも自己の意志を貫徹することができる蓋然性」というくらいの意味にとっておこう。経済学においては権力という用語をごく常識的な意味で用いているので、そこにおける権力の取扱い方を知るという目的からすると、これで十分であろう。

まず、実証的なミクロ理論として権力の要因が問題にされることはごく少ないという点が特記されなければならない。これは、自立した諸個人の合理的行動による利害の調和状態として社会を描く新古典派の伝統が、いかに根強いかを物語っている。いくつかの行動方程式に相当にアド・ホックな形で集団的要因を取り込むケインズ派を別とすれば、ガルブレイスとラディカルズだけが、権力の要因をミクロの次元で明示しようとする姿勢を持っている。

彼らが提出している権力に関係した種々の分析的概念はそれほど精錬されているとは思われないので、ここでそれについて検討する余裕はない。ただ、ミクロの経済行動論の中心部に権力の要因を据えようとする努力は、方法的にみて、きわめて重要である。そこには、個人を当初から社会的性質を帯びたものとみなす視点が含まれている。個人の経済行動は、その個人を拘束する社会的、政治的そして文化的な相互作用の場において、捉えられるのである。換言すると、ホモ・エコノミクスの行動モデルは、単に抽象度が高すぎるという理由で棄却されるのではなく、個人の経済行動の標準型もしくはその構造を説き明かせないという理由で斥けられる、ということになろう。

あるマクロ的なレベルで、経済システム（たとえば市場）、政治システム（たとえば多数決制）、文化システム（たとえば規範の体系）などを想定した上で、それらの相互依存あるいは結合がみられるということならば、新古典派といえどもそれを認めよう。しかし、その裏の含意はといえば、諸システムの分離を実現しさえすれば、ホモ・エコノミクスのモデルが経済システムにおける個人の経済行動の説明原理として妥当する、ということなのである。諸システムの分離は政策提案と政策実践によって可能だという期待に立てば――しばしば期待が現実と取り違えられることについてはいわないとしても――、ホモ・エコノミクスの想定は、少なくとも可能的状況に対する実証的モデルを準備することになる。また、諸システムの結合の度合があまり強くはないと判断される限り、その影響は追加的に考慮すれば足りるということになる。しかし、そのような判断じたいの根拠は、理論というよりはむしろ、直観とか科学者集団の慣習化した思考様式の中にあるのである。

このような執着は、今までいくどか指摘してきたように、個人にとっても社会にとっても物質的過程が基礎にあるという、疑わしい信念にもとづいている。ガルブレイスやラディカルズの場合には、明言するわけではないが、シンボルや役割の体系と経済行動が不可分であるという含みがある。だから、たとえばE・カッシーラー（21）のように、人間の最も基底的な性質を象徴的動物（animal symbolicum）として定義する仕方と——本書は今までこの定義に依拠してきたのだが——相容れないわけではない。

ガルブレイスの拮抗力、依存効果、テクノストラクチャーなどの諸概念がどれほど不完全であっても、また、ラディカルズによるヒエラルキー的経済秩序に対する批判がもっと彫琢されなければならないとしても、それらは新古典派的ミクロ理論の致命的欠陥に端を発するものなのである。確かに、次節でみるように、ガルブレイスとラディカルズにおける権力概念は政治主義的理解に偏向しているきらいがあり、権力にかんする観点の移動が必要だと思われる。著者は、それをシンボルと組織という、相互規定的な要因に求めてきたわけである。ともかく権力は、経済行動の経験においても理論においても、不可欠の要素でありつづけるだろう。

ミクロ理論で権力の問題がないがしろにされているからといって、必ずしもマクロ理論でもそうだということにはならない。なぜなら、マクロ理論においては経済政策を行う主体として政府が登場し、その関連で、国家や政治権力について語りうるからである。しかし実情はあまり好ましいものではない。自由放任か国家介入か、分権制か集権制か、競争か管理か、これらの問題は主として物的効率性の見地から議論されていて、権力概念の入る余地は少ない。形式的にだけいえば、物的効率性を決定する情報費用の中に、権力的な社会関係をいわば関係情報として含ませるとすると、効率性の議論は権力の問題にも及びうる。しかし、権力的な関係情報の質と量を判定するには、シンボルや組織の分析があらかじめなければならない。その作業を避けているからには、政府を権力から中立的な集団として設定するか、あるいは権力に対する是認や否認を市民の立場から主観的に表明する、という結果になる。これが大勢なのである。

権力に固有の問題にまで迫ろうとする姿勢を明らかにしているのは、新自由主義派とガルブレイス（およびラディカルズ）である。両者は、各々異なった方向においてではあるが、現代の経済政策の拡張による国家権力の増大を激しく批判する。すなわち、A・リンドベック（101）が「オールド・ライトとニュー・レフトの癒着」と揶揄した事態である。誤解をおそれずに要約していえば、彼らの主張は次のようなものである。

新自由主義は、たとえばW・オイケン（43）に代表されるように、国家は競争的秩序の確立に専念し、そこで諸個人の自由の発揚を構想するものである。そこにおける秩序は、新古典派の正統におけるような、効率性の機械的道具として捉えられるのではなく、「経済的現実をその形態と日常的運行とにおいて認識することを可能にするアルキメデスの点」なのである。ここから、人間の思惟それ自体が秩序に依存するという理解に立って、たとえば「経済政策の恒常性」が強調される。他方、ニュー・レフトの側は、同じく自由の尊重に立ちながら、それを権力分配の改善、すなわち社会的意志決定への主体的参加として実現しようとする。コミュニティ運動、反差別運動、経営参加等々がそのための手段である。

現代の新古典派総合は、プリ・ケインズの自由放任思想とポスト・ケインズの計画思想を接ぎ木したものといえるが、それは、市場の理論的モデルとして不斉合であるだけでなく、国家権力の位置づけについても首尾一貫しない綱渡りを演じている。それに比べて、オールド・ライトとニュー・レフトは、実践的プログラムでは対立した位相にあるとはいえ、それぞれに自由と秩序との両立可能性を信じて、それなりに一貫した権力批判を行っているのである。両者がなぜ権力批判の方向で一致し、なぜその手段で敵対するか、を探るのは容易ではない。そのためには、彼らの思想的系譜や社会的基盤にかんする知識社会学的検討が必要だろう。

さしあたり、彼らの叙述から受ける全般的印象を頼りに議論の整理を進めてみるほかないようである。両者の接近と離反は、権力の概念規定にかんする曖昧さによるのではないか。自由とは権力への反抗であり、権力とは自由の抑圧である、という類いの発言が何と多いことだろう。自由と権力はいつも正の価値と負の価値を色濃く帯びて使用される。しかし権力の問題の難しさは、権力を批判する当の本人がその権力の正当性と不可欠性に内心で気づいているという、誰しも経験のある事実によって示唆されている。この世に遍在する権力の正当性と不可欠性およびその限界を客観的に分析することから始めなければならない。

二　社会的統合と権力

経済学においては個人主義的社会観あるいは階級史観が優越しているので、権力は、他者を支配したいと欲求するある個人、またはある集団の恣意にもとづく行為だとみなされる。そこから、権力に対して一方的抑圧のイメージが付与される。しかし、ウェーバー（210）がつとに指摘したように、「一定最小限の服従意欲……こそは、あらゆる真正の支配関係のめやすなのである」。つまり、支配するものの命令は受容されることを予定されているのである。そして、服従意欲は一般に、「正当性しかも正当なものである。
関係において行使される権力は、顕在的にせよ潜在的にせよ各構成員によって同意されたものであり、支配の信念」に基礎づけられることによって、支配関係の安定をもたらす。この点に限っていうと、支配関係において行使される権力は、顕在的にせよ潜在的にせよ各構成員によって同意されたものであり、しかも正当なものである。

この正当性の信念というのは、第十章でのべた「共同の企て」における共通目的あるいは価値欲求と同等の概念だと思われる。共通目標を「有効に」達成するためには、一般に職務構造のヒエラルキーがなければならず、その構造の中で権力が行使される。従って、ある権力行使の正当性の度合は、共通目標がどれほど明確になっているかということと、権力行使がどれほど有効かということに依存する。ともかく、権力の最も基本的な性質は、当該集団の共同的統合に寄与しうる点にある。ひとたび何らかの正当性の信念（たとえば経済合理性）が社会に定着すれば、それに適したヒエラルキーの権力行使（たとえば企業の職階制を下っていく指揮命令）が不可欠だとみなされるのも当然である。

T・パーソンズ（147）は、権力（power）を「通貨と同じように、循環する一般的な象徴的媒体であり、その所有と使用が、集合体における権限をもつ職務の責任をより有効に果すことを可能にするものであり、……地位における有効な遂行をするための基本手段」だと規定した。貨幣が純粋経済過程のシンボリック・メディアであるように、権力は純粋政治過程におけるシンボリック・メディアなのである。(1) われわれの観察する経済活動は、企業、家族、政府、そして市場のあらゆる場面において、政治的な側面を含んでいる。従って経済活動に見られる権力は、まず、その政治的側面にかんする統合機能という点で評価されなければならない。

しかし、権力に対する批判と抵抗もまた遍在するのであって、それは権力を媒介とする集団の統合が、必ずしも円滑に進まないことを示している。正当性の信念という共同の価値は、潜在化していたりあまりに抽象的であったりして、具体的内容については不鮮明なことが多い。だから、そこにヒエラルキーの上位にいる権力者の恣意が働きうる。この場合、権力の機能は有効性の範囲を逸脱して、集団構成員の個別的動機の調整（すなわち効率性）の範囲にまでかかわってくる。

効率性にかんして第一に解かれるべき問題は、財、情報あるいは権限などにかんする分配（あるいは構成員を共同行為へと導く誘因）の問題である。ヒエラルキーの下における分配は一般に不平等である。それにつれて発生するかもしれない対立を解消するために、「影響力（influence）」というもう一つのシンボリック・メディアが動員される。これはC・I・バーナード（7）が最初に提起し、そして、H・D・ラスウェル（93）やパーソンズ（147）が受け継いだ概念である。影響力はヒエラルキーにおける「説得」という文化的過程で機能するメディアであり、それを支えるのはやはりヒエラルキーにおける地位の威信である。しかし、この位階的秩序の中における文化的コミュニケーションが分配をめぐる対立の全局面を解決するなどと予想するわけにはいかない。それはちょうど、価値の内面化を目的とする教育が遅効的であり、かえって価値の混乱を招くことがあるのと同じように、緩慢で不確実な過程なのかもしれない。集団が構造化しきれなかったエネルギーは、自由と抑圧の対立として溢れ出るだろう。

このことと関連して、第二に解決されるべき問題は、集団構成員に対して与えられる平等な資格にいかなる実質的内容を盛り込むか、という点である。あらゆる集団は、集団の共通目的を成立させるための基盤として、どこかに構成員の平等性を前提しなければならない。選挙、教育、雇用そして出世の機会平等は、われわれがなじみ深いところであるし、かつての厳格な階級社会においても、たとえば祭りが諸個人の平等性を確認する場であった。

しかし、代議制が少数者への権力集中を結果し、それが普通選挙制を形骸化するように、ヒエラルキーにおける分配の格差づけは、ある限度を越えると、前提されていた平等性の建前と衝突しはじめる。集団の共通目的は不安定になり、ヒエラルキーの混乱あるいは緊張が高まる。威信を失いつつあるヒエラルキーの下では、影響力を媒体とする説得の効果もいっそう弱まる。参加と権力の対立とよばれるものが、この構造不安定の状態を表現する。これを解決するための新たな機構とそのためのシンボル・メディアをみつけるのが社会科学の究極の目的なのだと思うが、とてもまだそれについて語る準備はない。

効率性について検討しなければならない第三の問題は、明白に動態的なものである。定常的な社会にあっては、権力は有効性のための媒体として十全に機能し、効率性をめぐるさまざまな対立も、影響力の行使によって適当に解決されている。だからこそ状態は定常的なのであって、集団のヒエラルキーの構造、機能そして規模も不変にとどまる。

しかし、集団の外部環境に変化が見込まれるとき（たとえば、企業が市場、技術そしてコミュニティにおける変化を予想するとき）、その集団は将来の不確実な環境に対応する準備をしなければならない。将来を相手とするゲームに備えて、貨幣、権力そして影響力といったシンボル・メディアのストックが形成される。すなわち、金融資産、計画担当組織そして知識がストックされる。これらのストックの使用に際して、当然、ヒエラルキーの上位者は相対的に大きな権限を持つ。しかし変化の過程においては、権限の基礎としての「正当性の信念」もまた変質せざるをえない。消費者の選好形成について前にふれたように、成長神話にみられるような「変化の公共イメージ」が強固な場合には、動態的意志決定にかんする権限も正当化されよう。しかし、変化の実質的内容について集団構成員の間に意見の不一致が顕著になるや、正当性の信念が、従ってヒエラルキーの権限体系が揺らぎはじめる。実は、先にみた分配の公正や参加資格の実質的平等性をめぐる対立も、このような動態的過程において露わになると考えられる。

第四に、いわゆる「役割葛藤」の問題がある。あるヒエラルキーにおける権力という媒体は、各構成員が自分に振り当てられた役割期待を遂行する役割演技者となることを通じて、流通する。しかし、役割演技は必ずしも完全に秩序立てられた機械的過程ではない。一つに、ある役割に対して複数の相対立する期待が寄せられるかもしれない――たとえば、教師に対して期待される教育内容は、現存体制への従順であるとともに批判であるかもしれない。二つに、ある個人に対して複数個の相対立する役割が与えられるかもしれない――たとえば、現存体制の批判者としてのある学者は、学校管理者としてはその擁護者でなければならない。これらの役割葛藤を解決するもの（あるいは解決できないもの）は、究極的には、ヒエラルキーに対する諸個人の能動的働きかけであろう。この点でも、ヒエラルキーはたかだか人間関係の漸次的構造化にすぎなくなる。

このようなさまざまな対立の動的展開をみるためには、パーソンズ流のいわゆる「統合理論」では不十分だろう。パーソンズだけではなく、いわば統辞論の抽象レベルに属するさまざまの構造主義的モデルは、不確実な未来へ向けて企投していく諸個人の具体的行動とそこに展開される対立のドラマを、つまり出来事の歴史的連鎖を、意味論的なレベルで捉えるわけにはいかない。H・D・ダンカン(37)の演劇論的モデルはそれを志向したものだと思われるが、まだ納得的とは思われない。だから著者には、現にわれわれが参画を意図しあるいは強制されている自由と権力のドラマの成行きは、半ば未知のものとして横たわっているとしか、今のところ、いいようがない。

以上のような権力にかんする素描からだけでも、ミクロの経済行動論やマクロの経済政策論に権力という要因を導入することが何を意味するかについて、およその示唆ができたと思う。諸々の集団の経済活動における権力行使の正当性と不可欠性、そしてその不安定性が、客観的に説明されなければならない。経済学が権力をまともに取り扱うためには、おそらく、人間をシンボルを操作するもの（ホモ・シンボリクス）として捉え、彼らが財・サーヴィスにおける相互作用において形成する経済心理や経済組織を分析してみなければならないだろう。権力の問題は、まことに、われわれにとってリアルであると同時に、社会諸科学に共通の言語とそれぞれに固有の言語との分布図を再編成する糸口だと思われる。経済政策の論理も思想も、このような知的営みを通じてしか錬磨されないだろう。

権力にかんする分析が進めば進むほど、従って、諸個人のかぶるさまざまな「マスク」とそれらの結合体としての集団の「マスク」の性質が明らかになるにつれて、経済政策論の基盤が危うくなってくる。自由主義派は、権力の要因を直視しえないために、思想としての公けの承認を受けながら、事態の客観的説明に成功せず、それゆえ、実際的な政策理論にならないのみならず、弱者に対する強者の抑圧に自由の外被を与えることすら少なくない。計画派は、「民主主義による専制」を支持する場合には「権力機構の操作」を目指し、「民主主義による自由」を信じる場合には「権力機構の改善」を試みている。しかし、民主主義における専制と自由の関係は、信じるべきことではなく説明されるべきことなのだから、計画派は、習慣的にせよ良心的にせよ、動揺をくり返す。そして、一九六〇年代後半に先進諸国を襲った「参加民主主義の要求」やガルブレイス(53)のいう「審美的目標の追求」は、現実には既成の政治や風俗によって薄められ、そのエッセンスはむしろユートピアとしてのみ意味を持っている。そうかといって、かつての書斎派のスタイルはもう安らぎを与えはしない。どんなささやかな研究も、そしてそれ以上にささやかな実践も、これらのことといっさいを認めるところから始めなければならないだろう。

（1） 試みにのべておけば、シンボリック・メディアについて次のような区分けが可能であろう。まず、一つに潜在性‐顕在性の軸と、二つに同化‐異化の軸を設定する――この両軸の設定自体は言語学からの類推によるものである。相対比較でいえば、潜在的で同化的なメディアとして言語が、顕在的で異化的なメディアとして権力が、顕在的で同化的なメディアとして貨幣が、そして潜在的で異化的なメディアとして影響力を取り出すことができる。それぞれのメディアは、各々独自のシステムを持つが、それらを個別に分析すれば、右にのべた両軸に従って、ほとんどとめどのない構造分化を起しているであろう。つまり、シンボリック・システム（従ってメディア）は重層的な構造を展開するだろう。そして、われわれが実際に観察する行動は、これら四つの（あるいはそれから分化した派生的な）メディアによってつかさどられる諸々のシンボリック・システムの複合体であろう。政治、経済、文化、等々という実際上の分類は、たかだか、それらのシステムの比重による類別化にすぎないであろう。そして、このようなシンボリック・システムは、一般に、物理的実体のシステムと対になっており、両者は相同の構造を持っているだろう。ともかく、いかなる個別の経済行動もこのような全体像の中に位置づけられるべきであろう。なお、この問題にかんする詳しい論述は後日を期したい。

社会の部分工学をこえて

あらゆる社会計画（あるいは社会工学）は多面的な容貌をもった一個の複合的ドラマだといえる。それは、支配者と服従者との間における権力のドラマであり、権力の過剰を反省するための参加をめぐる平等のドラマであり、計画目的に込められたシンボルの意味に人々が拝跪する、厳粛ぶった儀礼のドラマであり、そして、言葉ではなく物の交換関係によって表現されるパントマイムのドラマでもある。それが前近代社会におけるドラマと異なるのは、ただ、人々が演技者であると同時に劇作家であることを鋭く自覚している点にある。計画から計画へと流れ込む科学知の淵源が古代の占星術や錬金術にあることがどれほど明らかであるにしても、近代における自然の秩序と、ほかならぬ人間の思考とにおける合理性の発見は、はっきりとした屈折でわれわれを過去から隔てているのだ。社会計画とよばれる営みは、合理的であるほかないわれわれの認識と技術を、それらを創り出した当の者へ向けて、しかも、未だ定かならぬ未来を志向して適用するものであり、まことに合理性の最高段階に位置するはずのものなのである。

しかし見たところ、ちょうど波頭が必ず崩れ落ちていくように、社会計画の多くは、それ自身が新しい難問を生み出すことによって、失墜する運命にあるかのようである。共産主義というユートピアを建設する試みはほとんど出口なしの官僚制をもたらし、ケインズ的経済政策は巨大企業をさらに増強させ、成長政策は深刻な社会的アンバランスを惹き起し、また昨今における福祉運動も、ともすればとめどのない平等要求につながり、それはまた特に文化の混乱の因になるのだろう。とりわけ一九三〇年代以降における社会計画の推移は、M・ピカート（154）がいうところの「逃走」の新たな領域を形づくっているように思われる。「逃走」においては、可能性の世界への、停滞を許されないひたすらな疾走があるばかりであり、内的確信を欠いたままに、「雑多なものの開始、雑多なものへの跳躍」が行われ、それらは、「変化の外面的過程つまり可変性」としての「充ちた無」となってこだまする。そして時たま、逃走に疲れた人々は、「自己の憂うつ」のなかへ転落する。「変化の公共イメージ」の世界にあっては、憂うつという穴蔵だけが憩いの場所だというのである。雑多な社会計画の目まぐるしい変遷は、次第に逃走の様相を濃くしているのだ。

しかしピカートもいうように、逃走者の一つの特徴が記憶力の喪失にあるとすれば、われわれはすでに神や道徳をほとんど忘れ去っているのだから、逃走の途中で立ちどまる勇気をもちえたとしても、充実と安寧をすぐさま思い起すというわけにはいかない。できるだけ記憶を呼び覚して、できるだけ合理的に、社会計画について思考してみること――これももう一つの逃走になるのかもしれないが――ともかくそれから始めるより手がないのである。以下では、社会計画の主役を演じてきた経済計画を念頭におきながら、平凡ではあるが重要な諸点、多くの人々が逃走の過程で忘れがちな諸点について、少し考えてみよう。

一　ヤヌスとしての計画者

自由放任の終焉を宣するにあたって、ケインズ（82）は次のようにのべている。「次の一歩前進は、政治的煽動または時期尚早の実験からではなしに、思想から生れるものでなければならない。われわれは、知的努力によって自分自身の感情を説明することが必要である。……われわれが必要としているものは、外界の諸事実に関するわれわれ自身の内的感情に率直な検討を加えることから自然に湧き出るような、新しい一組の確信である」と。社会計画自体を考察の対象とするときには、このケインズの言を、まず、社会計画を実践している人々に対して抱くわれわれの感情について、当てはめてみなければなるまい。思うに、計画者に対する感情は、陰に陽に奇妙なアンビヴァレンスに悩まされている。すなわち、計画者に対する軽侮の念と畏怖の念とがわれわれのなかに同居しており、しかも根強く巣喰っているので、悩みを持たずに計画を推進する人や、あらゆる計画にともかくも反対してみせる人に出会うと、彼らは何かの固定観念に憑かれているのだとみなしかねないほどである。

このような対立感情が併存する一つの理由は、いうまでもなく、計画者は社会の権力と協同することによってはじめて実践のプログラムを書ける、というところにある。計画に対するアンビヴァレンスは、権力に対するそれから派生したものだということである。権力に対する評価はその固有の二重性、つまり平等性と不平等性、の矛盾から一般に逃れることができない。権力の源としての権威はウェーバーのいう「支配の正当性」の信念によって支えられるものであり、そしてその正当性を維持するためには成員間の平等性を——形式上のものであれ実質上のものであれ、物的なものであれシンボル的なものであれ——どこかのレベルに確保しておかなければならない。この点だけを取り上げれば、人々は権力行使に対して正の価値を付与する。たとえば民主主義の信者は、民主的手続きを踏まえたあらゆる計画の実施を無条件に擁護しようとする。しかし他方で、権威的な秩序は、どんな文化的説得によって馴化しようとも、特に個人主義的価値が公認されている場合には、完全な均衡に到ることはない。自由と抑圧の対立関係が、位階的構造の網目から、その網目を攪乱させ、さらには再構造化を促す要因として、溢れ出てくる。人々は、この局面では、格差に負の価値を与えようとする。たとえば俗流化されたマルクスの図式では、抑圧する側の計画者に対しては悪のイメージが、逆に抑圧される側の計画者には善のイメージが割り当てられる。

この種の引き裂かれた計画者観は、権力と計画的知識との相同性によって、いっそう強められる。フローの次元でみれば、言語と権力は、構造化された人間関係のなかで流通する相補的なシンボリック・メディアである。またストックの次元でみれば、言語のストックとしての知識および権力のストックとしての権威は、新しい技術と新しいヒエラルキーとを創造しうる潜勢力を持っている。ここまでくると、知識は、人々の間の了解可能性を予定しているという意味では平等であるが、新知識の生成において情報の不平等性が避けられないという意味では、不平等を伴うものであることが分る。権力をメディアとする政治の世界が言語を必要とするように、言語をメディアとする知識の世界にも権力が発生する。言語と権力は、コインの両面にあって、さまざまに構造分化して複雑な絵模様を描き出しながら、相携えて機能する。言語活動におけるこのような性質は、科学者をしてより直接的に権力者たらしめ、そこにおける二重性は、政策科学者に対するアンビヴァレンスの源泉となる(1)。

とはいえ、権力者と計画者とがまったくパラレルというのでもない。権力と言語が相同だとしても、互いに異なった位相にあるとみるのが妥当だろう。たぶん、社会のなかで言語は権力よりも深層に位置していて、それが自我と他者との関係の動的展開において適用されるとき、権力というメディアを派生させるのだろう。権力的関係を欠いた言語活動のイメージは、ルソーがジュネーブ市の祭りにおいて（またレヴィ＝ストロースが未開の民の日常生活において）垣間みたように、またアナーキズムのユートピアがいくど破産を宣告されても執拗にくり返されることに窺われるように、あながち考えられないわけではない。少なくとも、そのような一種の融合状態とでもよぶべきイメージは、潜在的にせよ顕在的にせよ、われわれのなかで息長く持続し、われわれの情念をたえず揺がせている。しかし、言語活動を欠いた権力関係というのは、G・オーウェル（138）たちがリアリティを託して描写したけれども、それはやはり悪夢なのであって、現代が悪夢への逃走を開始したことを認めるにしても、人間の「ホモ・シンボリクス」としての奥深い本性は能動的な発話を求めて悪夢からの覚醒を待っているのだ。

ともかく、言語活動を専門に担当する知識人には、権力者とは異なった社会的役割が期待される。そして、計画者はヤヌス神として、両者を媒介しつつ守護しようとする。ここで、計画者に特有の役割葛藤が生れる。ソフィアすなわち愛知こそ、時代によっていろいろと姿を変えながらも、知識人を拘束する条件であった。この拘束と引換えに、知識人は自分の及ぼす影響力に対して、権力者にみられるような責任をとらなくてもすんできた。計画者の内部において、このような知識人の資質はいかなる径路を通じて権力者の資格に転位するのだろうか。勇気や責任感といった、権力者に決断を保証するような資質は知識人に最も欠けているものの一つであり、いずれにせよ、この転位が葛藤なしにすむとは考えにくい。計画者に対する軽侮の感情の少なくとも一部は、人々が日々の生活において責任を引き受けており、それをつうじて、認識と実践との間に容易には埋められない溝があることを承知していることからくるのではないか。

このように述べてくると、いかにも実践からの逃避というあの書斎派の道に左袒するようだが、そうではない。完全な決定論を信仰するのでなければ、いわゆる反介入主義も一つの介入の仕方だと悟るほかなく、結局、残されているのはどの実践を選ぶかという問題になる。しかし、これまで社会の場における認識と実践の関係が問われる場合、その多くは、実践が認識に対して及ぼす影響の確認（存在拘束性）またはその影響を排除する努力（価値自由）についてである。知識人が実践に関与する方法について積極的に焦点を当てる形での議論は、驚くほど少ない。依然として、階級意識論やヒューマニズムといった疑似宗教（M・シェラー（176）にいわせれば一種の「ルサンチマン」）が、認識に接ぎ木されている。このことは、もちろん、一方では社会主義革命のイメージが、他方では民主的計画のイメージが、混み入った議論を要しないほどに緊急のものに思われたという時代の所為であろう。また、数学や計算機の発達がその思いを脹らませたからでもあろう。特に経済計画においては、経済学が国家の家政学として始まったという由来もあって、経済学とかけ離れたところで、「暖かい心」を無条件に前提したり、自由や公正についての思弁を重ねてきた。このような背景の下で、ケインズによって弾みをつけられた計画的思惟への転換は、稀にみる「陽気な学問」としての経済学を生み出してきたのである。

ところで、経済学が事実と価値との二分法に飛びつき、社会計画の技術学として自らの地位を固めるについては、経済学の理論体系のもつ特殊な性質がそれを容易にしたという事情がある。一つに、いわゆる孤立系の想定である。ホモ・エコノミクスの人間観によるにせよ、唯物史観の社会観によるにせよ、人間と社会の基礎を物質的過程に見出す視点は、前世紀における経済が法則的運動（自然法則ではなく一定の制度の下におけるいわゆる社会学的法則であるが）を近似的に示したということと相俟って、経済学者の間に、経済システムを一個の孤立系とみなす半ば倫理化された慣習、つまりモーレイズ（mores）を助長した。それからの乖離については、たかだか補足的に考慮することで足りるというわけである。この孤立系の想定は、経済的事実の把握にかんするオプティミズムにつらなり、事実と価値との互いに写し合うような錯綜した関係を解きほぐす努力をなおざりにさせたといえよう。つまり、科学主義は経済学にすでにして馴染み深いものだったのである。

もう一つは、市場的変数の貨幣尺度による定量化である。これは目的‐手段関係の客観化を容易にし、それは当然のように工学的思考にとって好都合であった。それがさらに、定量化されたものの物的外被のなかに隠されている権力的な（およびシンボリックな）意味についてまで考察を拡げることができたならば、それらは複雑な社会的つながりをもたざるをえないから、安直な工学的手続きの発展を抑止したであろう。しかし、このような社会学的方向への探究は、いわゆる原子論の想定を用いることによって、極力押えこまれてしまったのである。――方法的個人主義はあくまで論理構成にかんする一つの方法にすぎないので、形式的にのみいえば、それは必ずしも社会学的構造の分析を排除するものではない。つまり、社会学的構造を原子論的個人の運動の結果として再構成するという仮構はつねに可能であろう。しかし、少なくとも経済学における個人主義は、方法的な限界を越えて、いわば個人の存在論にまで流用されてきた。経済学が自らの諸仮説に経験的解釈を与えなければならず、そして経済学が孤立圏に住んでいた以上、個人主義が経験的存在の領域にまで及ぶのは当然のことだといえよう。たとえば合理的個人の仮定は、推理のための仮想的標準としての〝ゼロ方法〟にとどまらず、市場の効率性の説明に用いられたのである――。このようにして、マルクスの「物神崇拝」やヴェブレンの「衒示精神」といった洞察を別とすると、経済変数に含まれる非経済的な意味は、どうでもよいこととして脇へ追いやられてきたのである。

経済学という個別科学から経済計画の実践へ抵抗なく短絡できる、または、抵抗は計画目的をめぐる個人の価値判断においてのみ生じる、これが経済学者の大がかりな政策関与を支えてきた見方である。しかし、いまようやくにして、現実の力が、(公共的難問の簇生という形をとって)そのような思考回路にショートを起させはじめた。おそらく誰の目にも、経済学と経済計画に寄せられてきた期待、そして経済学者の自負は、急速に色を失っているようにみえる。かつてマルクスの経済学は現実に対するコミットメントの不足によって衰退したが、近代経済学はその過剰によって混乱を招いたのだろうか。ただ、この混乱はアカデミズムへの召還によって解決されるのではないし、反科学の情念につき動かされた実践への没入によってどうにかなるというわけでもない。計画者のかかえるアンビヴァレンスを媒介する環を探ること、そこから計画の論理を見出すこと、このような営みを通じてしか解決の糸口は与えられないだろう。

二　知の断片化と経験の喪失

社会計画の論理についていえば、K・ポパー(158)(159)とK・マンハイム(107)(108)(109)がそれぞれに対立する論陣をはってこの方、それら以上に新しい見解は提出されていないといえよう。そして、彼らの論理が実際にどのように適用されているかという面でみると、両者は対立しながらも暗黙の協同関係にあるようである。このからみ合いを解きほぐすことから何か示唆がえられるかもしれない。また両者とも、世界が神経症の痙攣におそわれた一九三〇年代に特有の制約を受けており、それらを無反省に踏襲するにはあまりに長い時間が経過してしまったと思われる。

ポパーが『歴史主義の貧困』において、マンハイムに痛烈な批判を浴びせたことは周知のところである。争点は、つまるところ、ポパーが「漸次的（または部分的）社会工学」をとるのに対し、マンハイムは（ポパーがみるところ）「ユートピア的社会工学」を採用する、という点にある。以後の影響力においては、ポパーが勝利を収めたかに思われたが、近時、部分工学のもたらした諸結果に対する反省から、マンハイムの視点が息を吹き返しているようである。すなわち、全体システムの全体的認識と全体的改革というユートピア工学の特徴が、説得力を回復しつつある。しかし今のところ、それは思想のレベルにとどまっていて、多少とも厳密な議論になると、やはり「部分」が制覇する。多くの人々が、著者自身もそうなのだが、ポパーとマンハイムが交叉する地点に引き寄せられながら、それが何故であるのか、そこに何が待ちかまえているのか、知りえないでいる。両者を架橋しつつ超克する途は、是非とも探ってみるに値すると思われる。

科学の時代では、誰しもが何割かはポパー主義者である。この論理実証主義の異端の落し子は、全体論的な思弁を拒否して、自然科学（特に物理学）の認識方法を社会科学に持ち込むことを過激なまでに主張する。確かに、厳密な学たらんとする社会科学が仮説―演繹―検証（反証）の手続きを必要とすることについては、それを認めなければならない。――ただし後段でふれるように、社会科学にあってはこの必要条件は思われているほどに強力ではなく、他の必要条件を明示しなければならないのだが――。さらに、この意味での厳密な認識が部分的かつ漸次的にしか進展しえないことも明らかである。またさらに、この科学の過程が知的な潔白さに裏付けられた「批判的合理主義」の精神を要求することも、その通りであろう。ポパーは長きにわたる思弁の蒙を啓き、否定すべくもない道理を教えてくれている。そしてその道理は、われわれの認識の確からしさがいわゆる〝ああそうか体験

(Aha-Erlebnis)〟などによって一挙にえられるものではなく、仮説をめぐる一連の試行錯誤の上に、それもほんの一時のものとしてしか成り立たないかもしれないことを闡明にしている。

しかし科学の部分的な知は、はたして、ポパーが見込むように部分的な実践へとうまく接合するのだろうか。部分的社会工学における能動主義はきわめて明瞭である。批判的分析は、「採るべき諸方策を知らせる建設的な予測」になり、それは「英知による問題選択」と「実践による思弁の抑制」に補助されて、社会に「部分的修繕」をもたらすだろうというのである。この図式が、第二次大戦後の再建期にデモクラシーが全体主義に抗する輝かしい光明にみえたときに、大きな説得力をもちえたのは自然なことであった。「全体としての社会を設計し直す方法があるとは信じない」、何と直截な言明だろう。部分の最適化が社会全体の最適化と矛盾しない保証はどこにあるか、と反問してみても無駄である。全体は、知ることも手をほどこすこともできないものなのだから。この言に反対できない限り、その限りで人々はポパーに与しないわけにはいかない。

しかし一つの懸念が残る。ポパーは歴史主義者がいうところの「個別的全体」をあまりに過小評価しているのではないだろうか。いかなる社会の小部分も、いかなる事物も、その具体的様態としては一つの全体として存在しているだろう。――私はホモ・シンボリクスであり、ホモ・エコノミクスであり、そしてホモ・ポリティクス、ホモ・ソシオロジクス、等々である。ある地域のゴミ処理場の建設は経済と政治と法律と文化とに関連している。――この具体的対象のもつ全体性を丸ごと把握することは不可能なのだが、だとすれば、部分知はいかなる確からしさをもって、具体的対象にかんする工学的予測を行いうるのか。それが例の「他の事情にして一定ならば」という仮定に立っているのならば、部分工学はいかなる理由で(というよりはいかなる資格で)対象に働きかけうるのか。実行可能なことをなせというテーゼは無意味である。何もなさないことも実行可能なのだから。

ポパーは、全体という語の意味を二通りに分けた。簡略にいえば、一つは、文字通り事物のあらゆる性質およびあらゆる関係の総体という意味であり、もう一つは、事物をして一個の組織された構造とみえさせるような事物の特別の性質という意味である。そして彼は後者のゲシュタルトとしての全体性を認めるが、それは前者と無関係だと強調する。この一見して非の打ちどころのない言明のなかに、ポパーに追随する社会科学者をして、科学の断片化に追いやる契機が隠されているようだ。ポパーのようにいい切ったままでは、われわれが観察する事物の多数の性質のなかでゲシュタルト的性質がどのような位置を占めているかが何も分らない。ゲシュタルト的性質は他の諸性質と同列に扱われるかもしれない。とくに、ポパーが方法的個別主義によるゲシュタルトの再構成を提唱するとき、この危険はいっそう大きくなる。われわれは、事物のあれこれの性質を観察することから、それらの諸性質を生起せしめる、あるいは諸性質の関連を規制する一つの包括的構造を仮設してみることもできるはずだ。このとき、そのゲシュタルトは他の諸性質とははっきり異なった次元におかれることになる。やや強引に分類してみれば、パーソンズの構造‐機能主義や言語学のモデルにおける構造の概念はこのような文脈にあると思われる。個別的全体というものも、この種の仮設された包括的構造がわれわれにもたらす全体的イメージのことだと解釈し直すこともできよう。それにしても、全体論があらゆることを説明するという迷妄に陥っているとして、「あらゆる」という語に特殊なウェイトをおいてそれを一蹴しようとするのは、強引というほかない。ポパーを彼が直面した時代的背景のなかにおいてみればともかくとして、今では、この種の理解が「パラダイム」と化しているのである。そして、たとえば経済学はこのような構造的把握との連絡を断たれたまま、事物の一側面にかんする部分知となっている。

経済学にみられるような部分知が、部分工学のための予測へと短絡できるのは、すでにのべたように諸システムが分離・独立しているという場合だけだろう。孤立系の想定が捨てられると、それでもなお部分知を用いて工学的実践を行うためには、イデオロギーやヴィジョンといった主観に対する負担が大きくなる。それはポパーの本来の姿勢に反することにもなろう。かくて、「漸次的技術者はソクラテスのように、自分が知ることがいかに少ないかを知っている」という言が本当ならば、現状の個別科学者は社会計画者とはなり難いわけである。そして「自分が本当は何をやっているのかを知ることが不可能となるような、多大の錯綜性と規模とをもつ改革は企てようとはしない」という全体論に対する批判を、自分で実行しなければならないことになってしまう。また、「ユートピア的技術と漸次的技術との相違は、実際には、規模や範囲における相違であるよりは、慎重さとか、避けえない不意打ち的結果に対する備えという点の相違である」という言葉は部分工学者自身にはね返ってくる。なぜなら、彼の部分知がみてとれない他のあらゆる側面から〝不意打ち〟をかけられるかもしれないからである――公害問題はそのことを示したのではなかったのか。

部分工学者は、ここで、いわゆる「インター・ディシプリナリー」な接近を持ち出さざるをえない。つまり、個別諸科学の協同の上に社会計画を設計しようとする。しかしこの企ては、基本的な点で不毛を予告されていると思えてならない。というのも、諸科学は、互いに共通項を持たない形で専業化を強めているからである。それぞれが依拠する公準的な人間観・社会観は別様であり、従ってそれらを結合する環が見当らない。実のところ諸科学の専門化は、そこで作られた部品をアセンブルする原理を欠いている以上、分業ということすらできないのだ。ポパーによる「部分化」の強調は、前世紀から始まっていたこの傾向をいっそう押し進めたといえよう。インター・ディシプリナリーな接近の条件はすでに破壊されてしまっているといえば言い過ぎだろうか。ともかく、かつての全体論における〝思想の故物商〟に対する（おそらくは行き過ぎの）反撥が、社会科学という肉片を回復不能な〝こま切れ〟にしたのではないか。この危惧を抱かずに行われる学際の研究には、何か馬鹿げたものが感じられる。それは、個別科学の部分知をもっていわゆる「とり違えられた具体性」（ホワイトヘッド）に昇格させようとする錯覚と、大同小異なのである。

このようにポパーには諸科学の全体的配置にかんする把握が欠如しているのだが、さらに（というよりはその裏返しとして）、経験および直観に対する彼の低い評価も看過できない。もちろん、推理を離れて経験を定義することができないからには、経験というものは、推測、仮説、伝統、先入見等々の「網」によって捉えられるのだ、というポパーの言は正しい。しかし問題は、経験の全体をすくう網の構造はどのようなものか、という点にある。ポパーはこれについては何も言及しない。ここで、言語学者A・マルティネが、どんな仮説も経験のなかからしか生れないことを重視して、仮説‐演繹の代りに「経験‐演繹」とよぼうといっているのは示唆的である。(2) また、パーソンズが自らの方法的立場を「分析的リアリズム」と名づけているのも興味深い。それらには、経験の実在（厳密にはK・ローレンツ（103）がいうように「仮説的実在」なのだが）への強い執着がうかがわれる。

ポパーの方法における経験は、社会科学の検証がきわめて脆弱だという事情のために、いわば科学の形式主義に圧倒されている。つまり、多少とも経験的根拠を持つ仮説ならば、そのほとんどが反証されることがなく、従って、仮説の優劣は仮説の形式的整合性という非経験的な規準によって決められる傾きが強い。同様のことは直観についてもいえる。ポパーは、想像力、テスト、疑惑、批判の果てに直観にいきつくのなら、その直観を信じてもよいという。しかし、ただそれだけのことであって、たとえば現象学におけるように、分析者の（そして彼をとりまく人々との間における）本質直観をめざして、自らの主観のぎりぎりの分析の果てに客観性の根拠を求めるような準備は、等閑視される。たとえば、ウェーバー流の「理解」にしても、仮説形成のための一つの作業として許容されはするが、それはたかだか他のあれこれの断片的思いつきと同じ資格においてなのである。「いかにして仮説を発見したかは私事に属する」というのがポパーの立場であることからすれば、それも当然だといえよう。

少なくとも、社会科学に実際に適用されている限りでのポパーの方法は、際限なく断片化していく部分知を生み出している。それらは経験へ回帰する退路を断たれたままに、アカデミズムのなかで生きながらえるか、あるいは、「他の事情にして一定ならば」という想定における「他の事情」を次第に膨脹させせながら、部分工学の装飾品になっていくのではないか。そして計画者たちは、知識の権力との（互いに他を浸蝕し合うという意味での）相補性を考えたポパーの希望すらふりすてて、計画を媒介とする両者の（互いに他を補強し合うという意味での）相補性にますます身を委ねていくのだろうか。

三　媒介原理と想像力による経験の回復

マンハイムもまた時代の子として、自由の原理と計画の原理との調整を究めようとした。彼の叙述は必ずしも明瞭ではないが、そのところどころに必死の格闘の跡がみてとれ、ポパーによって批判され尽したものとして扱うわけにはいかないのである。

マンハイムの知識社会学（107）にあっては、知識人は複数の視座を浮動するものとして捉えられる。そして知識人は、いわゆる存在拘束性を批判しつづけることによって、不断に思考の相対化を探るものとみなされる。この点における彼の論旨は、社会科学者が客観性をあくなく追求する場合の心構えをのべたものにすぎないとされても無理からぬところがある。しかしマンハイムは、マルクス主義のほかに歴史主義や現象学をも受け継ごうとしたものにふさわしく、単に認識の客観性についてのみならず、認識の全体性をもめざした。すなわち、諸々の個別科学はそれぞれ「職業的イデオロギー」としての防衛機制」を発動させていると判断し、それらの間の理論的統合の必要を主張した。彼のいわゆる「相関主義」は、イデオロギーからの脱却と同時に、全体的認識（そしてそれにもとづく全体的計画）を展望するためのものだった。

この理論的統合の環として提出されたものこそ、「媒介原理（principia media）」にほかならない。媒介原理は、ひとまず、「ある時期にだけ成り立つ特定の原理」と定義される。これだけなら、ポパーのいう社会学的法則と大して異ならず、ことさらに理論の統合と関係しているとも思われない。しかし、彼の他の文脈を眺めてみれば、媒介原理において焦点をなすのは、経済的でも政治的でもない、「純社会的関係」なのであり、そしてそこにおける「社会的・歴史的な心理学」なのである。ここに、心理主義に対するポパーの極端に否定的な態度とは異なって、人間関係の基底が社会‐心理学的過程に見出されている。だから、もし社会‐心理が人間をホモ・シンボリクスとみなすことによって最もよく捉えられるとすれば、マンハイムはその一歩手前にまできていたといえなくもない。彼のいわゆる「一般社会学」（彼はそれを仮想しただけに終ったが）は、このようなシンボリックな相互作用の一般的な構造そして機能を予感してのことかもしれない。そしてまた、彼のいう「連字符（ハイフン）社会学」は、このような社会の一般論の基礎の上に築かれる中間段階の個別科学のことだと解釈し直すこともできよう。すなわち、彼が実際に分析してみせた知識‐社会学のほかに経済‐社会学、政治‐社会学、法律‐社会学などが、一般社会学と細分化された個別科学との中間段階に設定されるのである。折衷主義的な表現が真意を曇らしてはいるけれども、彼の関心の一つが、社会諸科学を平板に結合するのではなく、それらの重層的な配置図を構築することにあったことは、どうやら疑いえないようである。

このような段階的総合の見通しは、彼の「計画的思惟」にとって必須のものだったろう。計画的思惟は、具体的対象を具体的文脈において把握することから、しかも直観的思考によってではなく合理的分析によって把握することから始まる。具体的なものがさまざまの性質の混合としてしか存在しない以上、その混合を秩序立てて説明・予測し、さらに計画によって再秩序化するためには、慎重な総合の手続きが要求されるだろう。ポパーとマンハイムの差異は、部分的かユートピア的かという類いのものではないのだ。どんな歴史主義者も具体的対象の「すべて」を理解できるなどといっているのではない――いったい誰がそのようなことを思いつこう。われわれは、歴史主義者の全体性に対する思いを、たぶん構造主義の方向で引き継ぐべきなのだろう。事物の諸性質を規制する包括的構造、諸性質の重層的構造、各水準の連結様式、そして各水準における諸要因の関係様式を捉えることである。もちろん、個別科学はそのうちの特定領域に主たる関心を払うだろう。しかしそれは、ポパーの意味での部分化とはほど遠く、たとえていえば交響楽団における個別演奏者のように、全体との協和を志向するのであり、そのなかでは不協和音すら独自の意味を担うだろう。それぞれの個別科学は、このような協業と分業をつうじて、互いの共通性と差異性を明示するだろう。

実際的にみて、このような段階的総合が容易でないことは論を俟たない。特殊に定常的な社会を別とすれば、つまり、人間が自らを再組織しうることをはっきりと理解した社会にあっては、「発表効果」が認識を裏切り、社会の構造分化は予測を越えて進行する。われわれにとって可能な認識は、社会がすでに弾き出した音々を拾い集め、それらを再構成して、終ることのない演奏で現実の後追いをすることぐらいかもしれない。しかし逆にいえば、事情がそうであればこそ、安易な孤立系の想定や知識の断片化を避けなければならず、また、認識と実践の媒介項にもっと注意を向けなければならないのだ。そしてその媒介項は、慎重な後追いの演奏をくり返すことのなかから、あるいは見つかるかもしれないのである。

さらにもう一つ重要だと思われるのは、このような全体的考察が、個別科学の仮説定立の作業において枢要な役割を果す、という点である。経済学についてのべよう。すでにみたように、仮説の経験適合性が反証によって確かめられないとすると、それを仮説の定立過程そのものに遡及してみなければならない。そのとき、仮説定立の仕事は私事に属するものではなくなり、断片的な経験や直観のごたまぜでもよいといってすますわけにもいかないだろう。仮説定立の段階で経済的事実の経験をすくいとる方法を見つけなければならない。諸科学の段階的総合は――その成果をとりあえず過去の経験にかんする全体知とみなすことによって――経済学における基礎的な概念や仮定の経験妥当性をみるための基準となりうると思われる。そしてこの作業は、単純な帰納ではなく、厳密さにおいては劣るだろうが、やはり一種の演繹になるだろう。

実は、先に経済‐社会学（ソシオ・エコノミックス）とよんだ中間段階の営みは、主にこのような個別経済学の仮説定立の準備に当てられると思われる。こうでもしなければ、通常科学の演繹に密かにしのびこんでいる「種族、洞窟、市場および劇場のイドラ」（ベーコン）を排除できない。このような方法は、たとえていえば、観念の大地における「知の考古学」（フーコー）を押し進めることによって、われわれのなかに生起しつつある観念の確からしさとその由来をたずねてみることだともいえる。——ついでにいえば、ポパー（158）が自分の方法を「枝から幹に達する」ものだというのはまったく首肯できない。ポパーにあっては幹が何たるかを知らないはずなのだから、自分が枝にいることすら分らないのだ。ここでいう知の考古学は、太い幹をみつけ、そして枝葉の全体像を展望する努力にほかならない。

たとえマンハイムの媒介原理が実際には掛け声に終ったとしても、科学知の断片化を阻止しようという視点は評価できる。しかしそうはいっても、媒介原理には一つの混乱が見受けられる。「媒介」という語は諸科学を媒介するという意味だけでなく、ときおり、科学を実践へ媒介するという意味にも用いられているふしがある。つまり、科学の論理と想像力の論理とが区別されないでいる。両者は無関係ではないのだが、やはり別物なのだ。科学の論理は、科学は仮設された客観的な実在世界の模写であるという前提（おそらくは理性に目覚めたものの逃れられない信仰）に立つ。それに対し想像力の方は、人々が不確実な未来に企投していく場合の「ダイナミック・パターン」であり、主観世界に属する。——両者は、分析を押し進めていけば限りなく接近するのだろうが、漸近線で隔てられているとでもいえよう。

たとえば、マンハイムが「媒介原理が露わになる場所は期待の地平線である」といってみせるとき、あの実践的認識論の残滓を感じる。期待に含まれる想像力の要素は、エディプス効果（つまり自己実現的な予測）によって触発されたものであっても、実存の冒険にもとづくものであっても、科学が捉え切れない残余である。しかも、時として科学を無意味たらしめるかもしれない残余である。そして、社会計画は明らかにこの残余項の中にも己れの姿を現わす。計画は科学と想像力という双頭をもった鷲なのだ。診断と治療の合一（または思考と活動の合体）が計画の理想であろうが、両者は自らを相手に似せながら、容易な一体化を許さないふうになっている。仮に科学が「明証」の域にまで達したとすれば、それは想像力に投影されて、事実と価値との二元論は消滅しよう。そして逆のこともいえよう。しかし今では、相対主義の克服はそう簡単ではない。それがシジフォスの営みかもしれないことに誰もが気づいでいる。

この点について、ポパーは、「思想の自由な競争」に望みを託して、自由な諸個人の能動的行為の連鎖の果てに相対主義の止揚をみようとした。しかしわれわれは、それが放恣な無秩序をもたらすのではないかという懸念の前にたじろいでいる。マンハイム（109）は、「批判の場所」の提供をいいはしたが、批判を内実あるものにするためには教育による「人間変形」が必要であることに気づいた。しかし、人間変形が権力の操作にまかされるかもしれないという当然の疑惑からか、社会の統合には進歩的な「宗教」がなければならないとした――このぎりぎりの提案をするところで彼の原稿が切れているというのも何か意味あり気なことだが――。ともかく、マンハイムは科学（事実）と想像力（価値）の二元論を克服する途を探しつづけた。おそらくそのために、両者は明確に区別されずに媒介原理の中へ放り込まれたのであろう。しかし、彼はその克服に成功しなかったし、他の誰も成功していない。その結果、計画の主導権はニヒリストの手に渡ったままでいる。しかしニヒリズムは、唯我論がそうであるように、当の本人がそれが信じられないために、動揺に見舞われる。時間に意味を与えんとする想像力の営みは、計画者自身の営みを含めて、純工学的な計画の基礎を掘りくずすのだ。

確かに、どんな社会計画においても、計画目的が確認され、ヴィジョンが語られてはいる。しかし多くの場合、それらには想像力にとって必要と思われる一つの決定的条件を欠いている。それは、事物の動きを全体的に捉えること、あるいは事物に志向していく自分の意識の動きを全体的に表現することである。唐突な例かもしれないが、芸術家の絵画が子供の絵と異なるのは、そこで用いられている技術の差だけではないだろう。芸術家は、ほとんど哲学的といってよいほどの全体的なシンボル操作によって、われわれの意識と感情にはっきりとした流動を創り出してくれる。経験への回帰をめざす科学が全体性を必要としたように、われわれの生活から内発する想像力も、それを必要とするのではないのか。ある想像力が人々の間で了解可能になるのは、想像力のもつ全体性が強い説得力を発揮するからであろう。だから、技術思想に毒された未来学のようなヴィジョンは、その偏頗さのために、ここでいう想像力には該当しないのである。

想像力における全体性はどのようにして獲得されるのだろうか。かつてナンテールの校舎に印された「想像力が創造する」という落書は実現をみることがあるのだろうか。著者には、とてもいまそれについて語る余裕はない。とりあえず、科学と想像力との相乗作用に期待したいと思う。全体性をめざす科学が想像力の拡散を抑制し、逆に、結晶化をめざす想像力が科学の断片化に歯止めを与える、という期待である。いずれにせよ、計画者たちが次のようなS・K・ランガー(92)の訴えをもっとまじめに受け取るべき時期がやってきたのだ。「真に普遍的な芸術的想像力が科学の松明から引火し、そして故意に意図しないでも新しい感情に、社会の新しい時代を導入するような感情に、形を与えるのに役立つようにならなければ、また役立つようになるまでは、科学は文化を生み出しそうにはない。」この全体性を回復するための相互に補完的な二重の運動が互いに収束した世界を仮想してみれば、そこではテオーリアが支配していると考えられる。科学と想像力とが融合した状態、プラトンが哲学的に構想し、そしてかつて東洋における「魂の技術」が会得したような静謐で受動的な世界である。「逃走」に終止符が打たれることは結局はないのかもしれないが、それをせめて想像の中で確認し、それに近づく努力を始めなければ、知と実践の断片化に抗することができないように思われる。

(1) ここでは、とりあえず言語と権力というシンボリック・メディアをとりあげたが、そのほかに貨幣と影響力というメディアも計画に関与するだろう。なお、この点についてはエピローグ第一論文の注を参照のこと。

(2) 直接に調べたわけではないが、G・ムーナン(127)によると、マルティネがあるインタビューに答えて自らの方法を《経験‐演繹的》モデルとよんでいるそうである。なお、マルティネ(115)においても、いわゆる生成文法学派にみられがちな過度の演繹主義に対して疑念が表明されている。

〔付録一〕ガルブレイス『経済学と公共目的』について——制度学派の遺産

一度は死を宣告されたはずの思想が、長い年月の経過の後に、自分たちのすぐ傍らで今なおいくばくかの光芒を放っているのに気付くことがある。すると、人々は、思想というものの根強い生命力を思い知らされて驚くとともに、自分の思想を歴史の中に相対化してみる必要を否応なく感じる。今、経済学という狭い分野の中ではあるが、制度学派の思想がちょうどこの種の自省を迫る契機となっているように思われる。

制度学派は、アメリカの文化的風土を母とし、プラグマティズムを父として前世紀末に生れ、第一次世界大戦後のほんの短い間、「新しい経済学」としての地位を確立したかにみえながら、世界恐慌から第二次大戦の渦の中に消滅した、短命の学派である。それは問題意識、方法、そして運動のすべてにおいて、特異な風貌を持つ学派であった。ヴェブレンの個性が、あるいはその特異さの例示になるであろうか。彼は、生涯にわたって名声を博したわりにはアカデミズムの中枢に位置することなく、異性問題にかんする虚実入り混じったゴシップにつきまとわれ、晩年は荒れ果てた山小屋で、リスやスカンクと生活を共にするような赤貧のあげく、奇妙な遺書を残してこの世を去った。その遺書には、自身の遺稿集や墓石の類いを固く禁じること、遺骨を太平洋に撒くことなどが記されていたという。事実、彼の遺骨は太平洋河口に撒きちらされた。このようなエピソードは、制度学派をして一つの伝説的存在とするのに役立ったにちがいない。伝説がいつもそうであるように、その発生にまつわる真実にまで遡ってみるには、制度学派はあまりにも遠い過去に属すると思われてきたのである。

しかし実のところ、それはわずか半世紀前の出来事なのである。

ヴェブレン、コモンズ、ミッチェル、クラーク、ミーンズといった錚々たるメンバーの業績は、現代経済学では脚注の箇所でかすかに名残りをとどめてきた。しかし、昨今、経済学の危機が声高に叫ばれる中で、制度学派の評価が一つの争点となりつつある。ここで取り上げるガルブレイスにしても、『ゆたかな社会』、『新しい産業国家』という著名な書物は今までは文明評論として扱われ、経済学はそれらを敬して遠ざけてきた。しかし、正統的経済学は、次第にガルブレイスとの確執を明らかにしはじめている。

たとえば、サムエルソンは、世界中に流布されている彼の教科書の中で、ガルブレイスの所業を軽犯罪に値すると論難している有様である。そして、このガルブレイスこそ制度学派の諸特徴を最も明瞭に受け継いでいる人なのである。ガルブレイスの新著『経済学と公共目的』は、彼の旧著を知っている者にはさほど新鮮味があるとは思われないが、その根底にある制度学派的思考方法を考えてみるには、好個の材料になりそうである。

制度学派は、それを批判するものにとっても容認するものにとっても、その主張が必ずしも定かでないという点でも不思議な学派である。あえて要点をかいつまめば、分析の対象を経済的要因だけに限定せずに制度一般にまで広げ、経済的発展の様相を社会的・文化的文脈の中で、できるだけ具体的経験に即した形で表現しようとした、これが制度学派の姿勢だということになろう。そして、このいささか曖昧な姿勢こそ、毀誉褒貶のマトになっている。

科学的方法の持つ形式的な説得力から逃れがたいと思う人々は、制度学派を最初から忌避しようとする。形式的分析が経験的適合性を回避不能なまでに失ってしまったと感じる人々は、制度学派への同情に身を任せようとする。いずれにせよ、制度学派は頻繁にはっきりと否定され、ときたま大胆に肯定されはするが、その論拠は制度学派それ自体のように曖昧である。

制度学派の歴史に詳しいグルチィによれば、「制度的」という形容詞は「ホーリスティック」と読みかえることが可能だという。しかし、制度学派がホーリズムにこめた多様な意味合いこそ、その魅力の源であるとともに、躓きの元でもあった。

第一の意味は、社会を一つの全体としてみる、ということである。現在では、一般システム論あるいは構造主義といった先端的方法にいささかでもなじんだものなら、この全体論的視点にすぐ共感を覚えるであろう。あるいはそこまでいかなくても、相対性理論からゲシュタルト心理学に至る「場の理論」に少しでも心をゆすられたものなら、この種のホーリズムを簡単に棄てられないことだけは確かである。しかし、制度学派はこの構造主義的あるいはシステム論的立場を理論的に追究したわけではない。それはむしろ思想的な表明にとどまったのであって、彼らの大雑把な文明論への著しい傾斜は、その証左ともいってよい。昔ながらの〝ロビンソン・クルーソー〟の寓喩に憑かれた正統派経済学を別とすれば、われわれはすでに制度学派を越えた地点にまで進んでいるのである。

第二の意味は、社会の進化を有機体の進化になぞらえようとする生物学的思考である。ただし、制度学派はスペンサーよりさらに進んで、個人のボランタリズム（自発的意思の原理）まで進化の枠内に収めようとした点では、むしろ現代民主主義を特徴づける進歩主義に属するといった方が適切かもしれない。これはおそらく、アカデミズムの超然に対する一つの反立としての意味もあったことであろうが、今では、われわれはこの種の楽観論を信ずるにはあまりに多くのことを知りすぎてしまった。少なくとも社会科学としては、社会の動態をこのような大まかな視点で包摂しようとするのは無謀である。社会の変化は、そこにおける構造的不均衡、異質な要素の対立と葛藤、そして不確定な未来時間への自由な飛翔（もしくは絶望的な賭け）の中から生れてくる。その態様は、諸科学の困難で持続的な協同によって、辛うじて明らかにしうるものであろう。

第三の意味は、通常の科学的方法に対する経験主義的方法の重視である。これは、制度学派の誕生に決定的な影響を与えたパースのプラグマティズムに端を発する、とみることができよう。彼は、「人間が思いのままに疑念を持ちうる」と考えたのがデカルトの過誤であるとみなし、科学者にとっての明晰さの根拠が科学者自身の習慣的心理のうちに求められるべきことを強調した。このような見方は、科学者集団の社会心理学的メカニズムの中に「科学革命の構造」を読みとるクーンの見方と、一脈通じるところがある。われわれは、自分たちの実践的経験と理性的認識が切り離せないのだということを自覚し、科学の美しい形式に安息所を求めるやり方にそろそろ終止符を打つ必要があろう。ただし、この経験への執着が仮説‐演繹そして仮説‐検証という科学的手続きそれ自体の否定につながるのならば、それは受け入れるわけにはいかない。

制度学派は集団の動態というきわめて複雑な対象を取り上げながら、その科学的分析を推し進めるのではなく、経験主義的対応へと短絡してしまったように思われる。たとえば、制度学派の代表的著作であるヴェブレンの『有閑階級の理論』においてみられるのは、歴史的類推のとめどない連鎖であり、またコモンズの『集団行動の経済学』においてみられるのも、自己の経験の一般化にすぎない、というのは言い過ぎであろうか。集団の動態分析における諸科学の総合の必要は説かれはするが、実際には経験を帰納する際の直観もしくは社会観が科学に代位しているようである。制度学派的思考が自らを斉合的体系として展開するのを断念した以上、正統派経済学が制度学派をもって思いつきと思弁による誇大理論だと呼ぶとき、有効な反論はむずかしい。

第四の意味は、制度的改革にまつわる社会計画を重視する実践的立場である。制度学派は、少なくとも思想的には、科学的成果の判定規準の一つを社会改革に対する実際的貢献に求めていたといえよう。この点で、彼らはプラグマティズム哲学の実践者たらんとしていたとみなされる。そして、この実践の拠り所は、やはり民主主義というアメリカ的なものであった。社会的実践の問題は、ケインズ経済学を解釈する場合にも、さらには社会科学の方法を考える際にも、一つの重要な論点であり、軽はずみな言及は避けなければならない。ただ、ここで予想できるのは、制度学派における実践への願望が経験世界に過度にこだわることを余儀なくさせ、それがついには、どこまでも客観的たろうとする努力なしには達成できそうにもない科学的総合の営みを妨げる原因になった、ということである。われわれは、制度学派において、理論と実践の合一の困難にかんするおなじみの例をもう一つ見出すのである。

ガルブレイスの新著は、驚くほどはっきりと、制度学派の長所と短所をそれぞれ拡大再生産しているように見受けられる。経験的にみて何びとも否定できない事実、そして正統的経済学が今まで無視してきた事実を論述の中心に据えるときの大胆さ、イメージの広さ、駆使されるレトリックの巧みさ、そして饒舌さ、これらは正統派の人々に、あるいは嫉妬の情さえひき起しかねないくらいのものである。しかし他方、科学的論理はところどころに散見されるだけである。これらの特徴は旧著においても明らかであったが、今度の書にはもう一つ新しい問題が含まれている。それは社会的実践への指針である。本書の中心テーマは、人々の自発的参加による「新しい社会主義」を唱え、そしてそれへ到達する道が教育や文化の場における「説得」にあるということを示すところにある。

これらの諸側面を比較検討した結果、ガルブレイスが是とされるか否とされるか、その最終的断定には大した関心は持てない。しかし、制度学派的思考の方法的発展という基準からみれば、本書に積極的意義を見出すわけにはいかない。社会全体に対する構造主義的分析、そして社会の動態に対する総合的分析の段取りは依然見つかっていない。そればかりか、そのような分析が必要だということすら、示唆されていない。制度学派の再評価がこのようなガルブレイス的方向で行われるのなら、実りは少ないとみなければなるまい。むろん、問題発見的思索が科学にとって貴重であり、実践的イメージが人々を多少ともふるい立たせることも確かであるから、その限りで、ガルブレイスは今までも重要な存在であったし、これからもそうであろう。しかし、私の好きな（というよりは自戒のための）ピアジェ（153）の言葉を借りれば、「各人が立証しうる方法的検証を持たないで事実の領域において何かを断定するのは、また、論理計算的検証を持たないで形式の領域において何かを断定するのは、一種の知的不誠実さである」。

しかし、だからといって、ガルブレイスを不誠実として正統的経済学を擁護する必要は少しもない。第一に、ガルブレイスが何かを断定したととらずに、何か重要なことを示唆したと受け取ればそれでよい。第二に、正統的経済学は検証のための方法を持ってはいるが、そこにおける諸仮説が経験適合性を欠いてきているというのも、どうやら否めないからである。さらに、正統派の制度学派に対する批判は、ブーメランのように自らにはね返る可能性すらある。

制度学派が集団の動的発展を明らかにするのに失敗したというのは認めなければならないが、同時に、正統派において動態分析が欠如している、あるいは歪曲されているということも、ロビンソンらの努力によってあらわにされつつある。また、必ずしも理論的根拠を持たない政策勧告という正統派の実践好みも、公害、インフレ、あるいは資源などの難問の続発につれて明らかになりつつある。両者の相違点は、結局のところ、論理の形式性において正統派がまさり、視野の包括性において制度学派がまさる、ということになるのであろう。いずれにせよ、いま必要なのは死者を鞭打つことではなく、死者からも何かを学ぶことである。制度学派は、社会的全体と歴史的時間に正面から挑戦しようとしたただ一点において、われわれに正道を指し示しているのである。

最後に、ガルブレイスにおける権力概念について、疑問を一つ呈しておきたい。ガルブレイスの論述構成は、いつも、権力の問題を要としている。「生産者主権」そして「テクノストラクチュア」はその要約的表現である。確かに、権力の問題は経済学を政治経済学に転換させるために必須の媒介項ではある。しかし、ガルブレイスの権力概念は、ヴェブレンの場合もそうであったが、個人主義的方向で捉えられすぎる嫌いがある。すなわち、権力は、支配し抑圧し操作したいと思う諸個人の欲求に根ざすものとされる。これをもとにして、現状分析における悪玉と善玉の区別、現状改革における諸個人の主体性の重視という、耳慣れたテーゼが生れてくる。多くの人々の心を打つはずのものとして提出され続けてきたこれらのテーゼが、なぜ泡沫のように次々と消えていくのか。それは、マルクーゼのいう「寛容な抑圧」のせいなのだろうか。

ともかく、これらの主張に何割かの真実が含まれているとしても、逆の主張にもっと耳をかすべき時期がきたようだ。権力という要素は、ちょうど貨幣が市場をめぐっているように、人間関係を構造化する不可欠の媒体として流通するものである。心優しい者ならだれも認めたくないと願うこの主張を、ファシストのように恫喝の手段としてではなく、偽民主主義者のように欺瞞の背後にある本音としてではなく、そして知識人の臆病からくる犬儒主義のためにでもなく、われわれの真摯な実践の只中において認めるほかないように思われるのである。

〔付録二〕ポラニー『大転換』について——経済と社会の絡み合い

カール・ポラニーの名前が経済学者の口の端に掛かりはじめたのは、少なくともわが国についてみると、ごく最近のことである。彼はしばしば「経済 - 人類学」の代表者とされているが、その肩書が、今では魅力的なものに聞える。未開の探索にかかわる文化 - 人類学の営みを通じて文明が自らの出生の秘密を知り、自らを歴史の中に相対化しようとしたのと同じように、爛熟とも紊乱ともよばれるべき時期を迎えた経済学には、自分の美しさと醜さをともども教えてくれる鏡が必要になっているのだろう。

ハイフンで結ばれた科学、従って何がしか総合的な科学は、諸科学の全体的配置を展望することから生れる。しかも、当該の科学が諸科学の基礎に位置するのではないという自覚から生れる。ポラニーの視角も、「社会」というこのおそろしく不可解な存在、それゆえに多くの失敗にもかかわらず今なお人々を魅惑してやまない存在の中に、経済を相対化しようとするものである。この意味で、ポラニーはヨーロッパに生れた制度学派だということもできよう。「大いなる転換」は、ポラニーによれば、近代における二重の社会的力学の抗争の帰結である。二重の運動とは、一つに、自己調整的市場の運動であり、もう一つに、社会の自己防衛の運動である。労働、土地そして貨幣を擬制商品とすることによって成立した市場は、〝悪魔のひき臼〟のごとく、社会を打ち砕いて進んだ。交易原理は「互恵、再分配および家政」の原理を凌駕して、「対称性、中心性および自給自足」とははっきりと異なった特殊な「市場パターン」を生み出した。特殊なというのは、それが交易（あるいは利得）動機という人間にとって特異な単一の動機と結びついているからである。産業革命以後、経済システムはいわば孤立系として自立すべく、人間と自然と社会組織とを破壊しつつ、あたかもガン細胞のように増殖していったということである。ガン細胞というのは少し言い過ぎかもしれない。たとえば、貧民救済のためのスピーナムランド法は自由な労働市場の形成を妨げる機能を果したが、それは労役所における人間の退廃という犠牲を払ってのことであり、その法律の廃止こそが人間の自由の証しだったのだから。

しかし、自由主義的な制度も教義も、そのままでは永続性を持ちえない。労働、土地、貨幣の商品化は必ずや社会の抵抗に逢着せざるをえない――宇野弘蔵氏ならば「商品化の無理」とよぶところだろう――。社会の側からの自己防衛として保護主義が擡頭し、市場の自己調整的運動と相争う。両者は互いに他者の存立基盤を掘り崩しながら〝崩壊への緊張〟を醸成する。一九三〇年代における国際システムの瓦解と大衆政治の勃興は、このようにして進捗する大転換の兆しなのである。

かくてポラニーにあっては、市場の特殊性を規定し、その歴史的展開を左右する要因は、「社会」である。貨幣によって一元的に表現される市場の機械的メカニズムは、一個の異物として、命ある有機体としての社会を蚕食する。そして社会は抗体を形成する。ポラニーに独特なのは、新古典派のように経済と社会との均衡を安直に想定するのではなく、またマルクス派のように経済決定論に道を譲るのでもない、という点である。つづめていえば、社会全体の動的不均衡の中に経済をおく視点である。

このような見方は、今のわれわれに大いになじみ易い。持続的な経済成長が公害、資源、福祉等々の社会的障壁の前に頓挫する状況をわれわれは目のあたりにした。それと同じことが資本主義の通史においてもみられるとポラニーは主張しているのだ。さらに、いま人々の裡に、社会的統合への欲求が胚胎しつつあるように思われる。それも実は、潜在的にせよ顕在的にせよ、資本主義に一貫する欲求であったことを知って人々は励まされもするだろう。学問的にいっても、いわゆる〝経済学帝国主義〟を脱して、社会にかんする一般的なものの見方の上に経済学を構想する経済‐社会学の機運が多少みられるようであり、その点でも本書（156）は大きな貢献をするだろう。

さて、ポラニーの鍵概念である「社会」は、残念ながら、ほとんど無規定であり、説明されざる残余として、いわば生命の神秘のように扱われている。確かに、豊富な資料を駆使した歴史の帰納分析は説得的ではあるのだが、資本主義の興亡と転換にかんするポラニーの命題があまりに壮大であるため、それも影が薄くなってしまう。たとえば、経済と社会の関係を一般的に捉えるためには、十九世紀中葉にのみ妥当するホモ・エコノミクスの人間像から脱け出て、より普遍的な人間像を定立しなければならない。ポラニーはその必要を再三にわたって確認しはするが、深い追究は行われていない。おそらく、互恵、再分配、家政および市場的交換の四元図式は、それをもっと一般化してみれば、社会システムおよび人間行為を分析するための基本的概念図式を生み出したのではないだろうか。

市場と社会との二重運動における対抗性は、経験的証拠に訴えるだけでなく理論的に検討されなければならない。とりわけ、正統派の経済学が両者の調和を主張しており、またマルクス派においても階級闘争論がいまなお健在であることを思えば、ポラニーにみられる経験的迫力は、論理で補われてはじめて、経済学の知的転換に寄与することになろう。

もう一つの問題点。市場の自己調整と社会の自己防衛は、あくまで純粋型として摘出されるものである。とすると、実際に観察される経済行動は一般に両者の混成である。たとえば、われわれの市場的消費活動に社会的慣習が入りこむという具合に。つまり、上述の二重の運動によって社会のトータルな分析に入る前に、たとえば経済という部分を考える場合にも、何重かに織りなされている社会的要因を分析してみなければなるまい。ここで、個別科学のかかえる問題はポラニーが思ったよりもずっと複雑だということが分る。

〔付録三〕公害問題と消費者主権——「公害の経済学」に対する非経済学的覚書

はじめに

公害告発運動はもはや議論の段階を過ぎ、残されているのは公害の解決に具体的に着手することだといわれている。公害の理論的分析の側面にひとり特化してきた経済学においても、ここ一年ばかりの間に、ほぼ議論が尽された観がある。しかし、思想や理論とよばれるものは、その一見非実際的な装いにもかかわらず、あらゆる実証や実践に強い影響を与えつづけるものであるから、「公害の経済学」を改めて振り返り、それが公害解決の有効な指針となりうるか否かを再検討してみるのも、あながち無益ではないであろう。

公害の経済学の特色は、既存の市場機構を基本的に肯定した上で、それに対する攪乱要因としての公害を処理するための、部分的補正手段について論ずるという点にある。いうまでもなく、既存の市場機構を肯定するのは一つの価値判断であり、また状況判断でもある。この判断を正当ならしめる根拠は、市場機構が消費者主権の原則を満足するという想定にある。このような想定は果して現実的であろうか。ここで思い起されるのは、公害告発運動と分ち難く結びつく形で擡頭しつつある消費者主義（コンシューマリズム）の運動であろう。消費者主義は、既存の市場機構において消費者主権が著しく抑圧されているという認識にもとづいている。消費者主義の行方については予断を許さないものがあるとはいえ、少なくともそれは、消費者主権の前提が自明のものでも証明されたものでもない、ということを明らかにしているのである。われわれは次のように問うてみることができる。

（ⅰ）急速な高まりをみせている公害告発運動は、単に公害それ自体に対する否定的な感情だけでなく、消費者主権の歪曲に対する自覚によって支えられているのではないか。（ⅱ）もしそうだとすると、市場機構の部分的補正によって公害を解決しようとする経済学の提唱は、公害問題の中に含まれる重大な要素を欠落させることになるのではないか。

これらの設問に十分な解答を与えるという作業は、経済学の射程をあまりにも越えすぎる。以下では、公害の経済学に散見される価値判断や状況判断を批判的に検討し、それを通じて公害問題と消費者主権の関連を考えてみたい。

1　公害の経済学――パレート最適性と消費者主権

公害問題に関する経済学的分析は、もちろん論者によって多少のニュアンスの相違がみられるが、およそ次のような比較的簡明なものに収束しつつあるようにみえる。それは、「公害問題とは、公害という財の持つ技術的外部性と負の公共性とによってもたらされた市場機構の機能障害である。このような〃市場の失敗〃は、たとえば強い公害に対しては直接規制、弱い公害に対しては課税などの間接規制というような、制度的補正によって解決することができる。制度的補正の具体的内容をどうするかは、所得分配に関する社会的価値判断に依存する」というものである。すでに指摘したように、公害を市場の機能障害と考える問題設定の仕方は、実は市場機構に対する強い信頼に立脚している。それを示す最もよい例は、いわゆる「反産業主義」的動向に対する経済学の受取り方である。公害告発運動に色濃く混入している反産業主義的な感情は当面の公害問題の解決に当って排除さるべきである、と経済学が主張する場合、それは次のような二通りの考え方に依っている。

一つは、「反産業主義的選好が将来において重要な問題になりうるとしても、現段階ではきわめて高次の価値判断に属することである。すなわち、反産業主義は現実的な準備なしに将来を先取りした価値判断である」、という考え方である。もう一つは「反産業主義は、人々の欲求水準が公害を問題にするところまで進化しようとしている段階において現れた、古い欲求水準に対する否定的感情である。従って、新しい欲求水準に合せて経済を運行させるという目的からみると、過去に対する感情を考慮する必要はない」という考え方である。両者の考え方とも、人間の選好システムに対していわば進化論的な見方をとっており、それぞれ一半の真理を含むであろう。そして、両者とも第三の可能性、すなわち「反産業主義は、現存の産業システムと人々の欲求システムとの間に根本的な点で重大な亀裂が生じていることの反映である」という最も素直な見方に言及だにしない点で共通している。

そこに陰伏する含意は、もし公害を除去することに成功すれば、市場機構にもとづく現存の産業システムは人々の欲求システムと斉合的である、という楽観主義である。そうであればこそ、経済学は、市場機構の部分的補正によって公害を比較的簡単に解決できるという見通しを持つのである。

市場機構の正当性を支えるのは、いうまでもなく「競争的市場均衡はパレート最適である」という命題であり、そしてパレート最適性に一つの厚生的規準としての意味を持たせるのは、消費者主権の原則である。消費者主権という場合、二つの次元を区別しなければならない。一つは当為（ゾレン）の次元であって、そこでは個人主義的観点から、経済的厚生を享受する主体は社会の大多数を構成する消費者でなければならないとされる。われわれは、この当為が大部分の支持をえているということを認めなければならないだろう。もう一つは存在（ザイン）の次元であり、消費者が選択行為の自由を保証されるばかりでなく、その選択を決定づける選好システムが、関連情報に知悉した消費者によって自発的・自立的に形成されるということである。経済学がパレート最適性に依拠する背後には、このように、理性的でありかつアトミスティックに自立した消費者によって社会が構成されている、という了解が存するのである。

経済の場において消費者主権を発揮するこのような理性的個人は、政治の場においては〝自由な民主主義〟の主権者、すなわち市民として機能する。経済学が価値判断の問題から比較的遠いところに位置してこられたのも、現存の政治制度を通ずる政治的選択は結局のところ多数の自立した市民の判断にもとづいている、という想定があったからである。市場の結果と投票の結果はともにパレート最適性を基本的に満足しており、たとえそれとの乖離が生じたとしても、部分的補正で修正できる、というのが経済学の持つ基本的な社会観であろう。もちろん、このような理想的社会観が現実と対応しえないことは、多くの経済学者の熟知するところである。それにもかかわらずこのような社会観が経済学の基礎に据えられてきたのは、経済学の取り扱う主要な経済問題が失業や貧困という、何人にとってもその意味が明らかであり、またそれの解決についての同意が円滑にえられるような類いに属していたからである。しかし、現下の公害問題についてはどうであろうか。公害の経済学に即して検討してみよう。

2　公害発生因に関する経済学の見方

市場機構は公害を解決できないという意味では、「市場が失敗する」ということに間違いはない。しかし、公害現象がかくも深刻な状況に立ち至った原因が「市場の失敗」にあるというのは論理の飛躍である。K・E・ボールディング（16）の交換システム、脅迫システムおよび統合システムといった表現を借りるまでもなく、社会は自らを律するのに際し、市場による交換システムの他に法的、政治的、文化的な種々のシステムを用いることができるからである。たとえば、投票によって新しい公害規制法を制定したり、コミュニティの消費活動を自制したりするという手段を使用することが、過去においても明らかに可能だったのである。従って、現状の公害が失敗であるとするならば、それは市場の失敗にとどまらず政府の失敗でもあり、あるいは個人の失敗でもある。このようなより広い視野から公害の発生因を検討するという点になると、経済学の説明はきわめて不十分か、または恣意的である。まず示唆したいと思うのは、公害の発生過程に関する経済学の解釈は、先に述べた古典的社会観に根差しており、あまりに一面的に過ぎるということである。

公害の客観的条件について

公害問題が、最近になってかくも急速にかつ広範な形で社会問題化したのはなぜであろうか。経済学の公害論議においては、公害の定義や将来の解決策という点に議論が集中し、公害の発生因に関する説明は奇妙にみえるほど少ないか、あるいは多分に通俗的である。たとえば、国土の狭隘性、人口の稠密性、高度の経済成長などが公害の原因として羅列される。しかし、これらはいわば公害発生機構の入力でありえても、その機構を設定し始動させた究極的原因については何も語らない。われわれが歴史の必然性なるものを信じない限りは、公害の原因は個人や集団の主体的条件に求めなければならない。すなわち、彼らの経済的、政治的、文化的選好の態様に言及しなければならない。

ここであらかじめ注意しておかなければならないのは、社会的制度の変更にかんする調整時間の問題である。諸個人の選好が社会的に表明されたとしても、それが最終的な帰結をもたらすまでには種々の調整が必要であり、従って、何らかの時間的遅れを伴わざるをえない。とくに公害問題のように新たな制度の設立を必要とする場合には、その調整のための費用と時間は大きいであろう。しかし、この調整時間は、公害発生の少なくとも主要な原因にはならないであろう。というのは、公害に対する否定的選好が社会的に明らかになったのは、ようやく最近のことだからである。公害発生についていま検討すべき最も重要な問題は、おそらく、公害に対する否定的感情が明確な社会的意識として形成されるまでに要する、時間的遅れを決定する諸要因であろう。

公害の主体的条件

この点まで突っ込んだ議論は数少ないが、強いてあげると次の三つの見解が提出されている。

第一の、そしてかなりポピュラーな意見は、「公害が重大化するとは予想できなかった」というものである。この予測不能性という要因は、ある意味では、事態の最も重要な側面である。ポパーがいうように、新しい知識や新しい技術が社会に及ぼす効果については、絶えず不確定性が随伴するからである。高度成長の過程における目覚しい技術革新は種々の新たな〝悪い財〟を副産物として生み出してきたが、企業や政府や消費者がそれらの財の性質やその効果についてかならずしも十分の情報を持っていなかったということは認めなければならない。しかし急いで付け加えたいのは、高度成長下にあって、公害が確率的な予想の対象にすらならなかったということである。産業公害は谷中村の滅亡に始まって資本主義経済と歴史をともにしており、戦後においても工場排水中の重金属化合物による殺傷事件が水俣を起点として日本列島を縦断した。またここ十年来、都会における交通事故や大気汚染は誰の目にも明らかであった。そして一部少数の知識人は、公害問題の重要性を早くから訴えてきたのである。これらの枚挙に暇がないほど多くの情報が、社会の情報システムの中で当然占めるべき位置から外されてきた、とみるのが最も妥当な解釈であろう。これらの情報が系統的に集積され、起りうべき事態を予想し、それに応じて種々の対策が準備されていたならば、今日のような惨めな状況は幾分かでも回避できたであろう。技術的発展によって正の効果のみがもたらされる、という硬直的期待が社会を支配していた、とみるのが自然な推理である。それは、ポパーがいうのとは逆の確定的未来観であり、まさに社会は、技術至上主義あるいはGNP至上主義として指弾されているような方向に、深く傾斜していたというべきであろう。社会的意識状態におけるこのようなバイアスをもたらした深層の構造は何かということを問わずに、公害の発生因として予測不能性をあげるならば、それは一つの虚偽の言明に陥るほかないであろう。そこで、このような技術的効果に関する硬直的期待形成が社会の在り方、とくに経済システムの在り方に強く依存しているのではないかと考えるのは至極当然のことである。

第二の意見は、「公害は国民の選好の結果である」というものである。すなわち「国民の大多数が環境よりは所得を優先的に選好した結果として公害が発生した」という見方である。この見解は、「選好」という言葉の意味を「顕示された事後的選択」と解釈する限りでは、事実に関する正しい記述である。しかし、公害の発生因として国民の選好をいうときには、その選好が自発的・自立的なものであり、誘導されたり強制されたりしたものではないという前提がなければならない。このことに関連しては自発的選好とみなす見解が多く、たとえば、「国民は、貧しい社会から脱却しようとして私財的の消費を優先させたために、あるいはアン・モラルな気質や無知、錯覚、無関心という類いの知的水準のために、外部不経済や環境汚染に対してあまり注意を払わなかった」とされる。

いうまでもなく、社会問題に関する分析の視野は、常に諸個人の内発的な精神の在り方をも含むものでなければならない。なぜなら、社会の精神的在り方が社会の客観的構造に働きかけ、それを自らに最も適合したものに変化させていくという作用を軽視するわけにはいかないからである。しかし右にみたような、社会的な結果を結局は個々人の責任に短絡させてしまう論理は、個人や集団の間において操作‐被操作、管理‐被管理、抑圧‐被抑圧というような形での主体と客体に引き裂かれた依存関係が存しない、という前提に立っている。人間はみな等しく自主自責の状態にある、という古典的社会観が経済学の中に厳然として生き延びているのである。しかし、とくに公害問題のように、加害者と被害者との対立という形をとって現れる問題を扱う場合には、この前提の可否について検討を避けることは危険である。われわれはここでもまた、人々の経済的選好は経済システムの在り方と独立ではないと考えることから始めなければならない。

第三の意見は、政治の場においてのみ不平等関係をみようとするものである。すなわち、「産業優先の政治が支配的であったために、反公害立法、立地政策等々の面で不備をきたし、その帰結として深刻な公害現象が発生した」という見方である。われわれが公害問題で直面しているのは刑法、税法、民法そして行政などの諸側面における制度選択の問題であるから、政治の在り方に論点を求めるこの見解は、問題の核心に迫っている。しかし、「産業優先の政治」という指摘が事実に関する単なる記述以上の意味を持つためには、そこに顕示された政治的選好が自発的なものかあるいは歪曲されたものか、ということに関する判定を含んでいなければならない。もし多くの論者が示唆するように、政治的選好の場において市民主権に対する明白な脅威が存するのならば、経済的選好の場における消費者主権のみが健全であるという理解は、あまりに非対称的で不自然ではないだろうか。そして、産業優先の政治と消費者主権の抑圧との間に相互依存関係が存するのではないだろうか。

いずれにせよ、経済学は、公害発生因の説明において不確実性と選好という二つのきわめて重要な要因を取り上げながら、それらについてかなり曖昧な検討しか加えていない。むろん、これらの要因は測定の困難性という点で際立っており、確定的な判断を下しがたいことは明らかである。しかし経済学の議論においては、むしろ逆に既成の確定的な判断をそのまま主張するか、あるいは何も言及しないという形でそれを暗に認めている。経済学の既成のタームにのせることを第一義的に重要視するならば、公害問題を単なる技術的処理の対象に矮小化するばかりでなく、必ずしも現実と対応するとは限らない社会観を無反省な形で強調してしまう結果になりかねないのである。

3　選好の顕示を妨げる諸要因

公害に対する否定的選好が長い間顕在化しなかった原因を、人々の選好が社会的な依存関係によって決定されるという事実にみようとする場合、比較的明瞭でかつ重要な要因として、次の三つをあげることができよう。

第一の要因は、選好を有効な形で顕示するのに費用がかかるという制約である。たとえば、環境改善のための制度的改変を実行するにあたっては、まず他の消費者との間に同意を取りつけ、次に企業なり政府なりと交渉しなければならない。その過程における経済的・心理的費用は決して無視できないものがある。この費用の存在は、公害に対する自発的市場の形成を困難にする最も基本的な要因として指摘されているが、それは同時に、自覚した個人が自らの否定的選好を顕示するのを妨げる要因にもなる、ということに留意しなければならない。もちろん、このような費用が実質的にどれくらいの犠牲を意味するかは、主としてその人の所得水準との相対で決る。換言すると、一般に低所得層の人々ほど実質的犠牲は大きいということになろう。

ところで、公害に対する否定的選好の顕示は、必ずしも直接的交渉という形をとるとは限らない。すなわち、より良好な生活環境を選択するということによって顕示することもできる。環境汚染は一般に、排除不可能性によって特徴づけられているが、消費者に移動の自由が保証されている以上、汚染の被害を排除することは可能なのである。しかしながら、環境の変更には、直接的な移動費用ばかりでなく、雇用機会や子弟の教育などの面でかなりの費用を要することは明らかである。この点においても、汚染被害を実際に排除できるか否かは、その人の所得水準に依存せざるをえない。所得の低い人は、止むを得ず汚染された環境のうちに生活するのである。いずれにせよ、これらの結果として社会的に顕示される選好は肯定的選好の側にバイアスを持つことになる。ここで注意しなければならないのは、右に述べた種類の費用は、実は制度の在り方によってその大きさが左右されるということである。たとえば、公害被害者の権利を十分に擁護するような法的制度があるならば交渉費用は少なくてすむだろうし、地価や住宅費の昂騰を抑制しうるような制度ならば、移動費用が重大な制約になることはないであろう。その意味では、低所得者が汚染環境の選択を制度的に強制されるという事情が現に存在する。そして、彼らがそのような強制にプロテストするという困難な行動に到達するまでは、彼らの本音である否定的選好は容易に顕示されないのである。

第二の要因として、生産者と消費者との間における情報の不平等性があげられる。新しい技術の生み出す負の生産物がどのような効果をもたらすかについて、消費者の有する情報は、生産者のそれよりも明らかに少ない。それは、消費者がその技術を直接に使用する立場にいないからである。この不平等性がとくに重大な意味を持つのは、公害物質が一定程度累積した段階ではじめて、明白でしかも回復困難な効果を発揮する場合である。水俣病やイタイイタイ病を典型とする、土壌や海・河川の汚染がそれである。消費者が自分の癒し難い肉体的被害の自覚に立って公害を告発するまでの長い懐妊期間の一部は、この情報の不平等に由来しているのである。

そして、情報の不平等性の程度もまた、制度の在り方に大きく依存している。公害物質に関する情報が公開され、通産行政や厚生行政が改善され、さらに加害者と結託する一部の科学者が排除されるならば、かかる不平等性が深甚な影響を及ぼすことはないであろう。

第三の要因は、人間が環境に習慣づけられ、また環境に適応しようと努力するという点である。これは平凡ではあるが最も根本的なものかもしれない。大気汚染、都会の荒廃、景観の破壊、交通混雑、これらの常態化した環境は、疑いもなく人々に不快感を与える。しかし彼らは、いわば慢性的不快感を少なくとも一定期間は堪え忍ぶことができる。しかも、他の人々が自分と同一の環境を受容しているという事実によって、彼の適応能力が激励される。このような相乗効果も加わって、環境の汚染や破壊に対する人々の否定的感情は意識の底に沈澱していく。

このような、環境に対する消極的反応の責任の一部は、もちろん、個々人の知的状態にある。しかし、それだけが重要なのではない。社会的な意志決定のシステムもまた、問題にされなければならない。貨幣的な交換過程を基軸にして人間関係が形成され、物的生産力の増進と効率の向上を最高の基準として編制されている社会においては、個人の人格はマン・パワーによって代置され、人間の社会的関係も技術的ネットワークに包摂される。物的効率性の基準に適合せず、しかも集合的行為を通じてしか理解できない環境問題に直面して、諸個人がそう容易に主体的選好を形成しえないであろうというのはみやすいことである。そこに人々の無知や無関心をみるか、または抑圧された状態を読みとるかは、見解の相違である。しかし、公害告発運動、消費者運動、反戦運動あるいは大学紛争等々の高まりが、「後期資本主義社会」における隠微な抑圧に対するプロテストであるという見方に対して一顧だにしないならば、それは〝脱イデオロギー〟の名を借りたイデオロギーになるほかないであろう。

第四の要因は、消費者が自らの主権が脅かされているか否かを判定するにあたって、総合的な欲求充足感を尺度にするということである。よくいわれるように、人々は住宅を所有できないという欲求の未充足感を、マイカーの所有で補おうとする。これと同様に、環境に対する不満は私的財の消費によって相殺されるかもしれない。ただし、このような消費活動は、環境の悪化を所与とした上での防衛的反応であり、環境と私的財とのトレード・オフを考慮に入れた批判的選択ではない。その社会的な結果として環境の悪化が促進されたとしても、それは個別消費者にとってはさしあたり制御困難な与件である。孤立した消費者がこのような防衛的行動を続ける限りは、環境汚染に対する否定的感情が明瞭な形で顕示されることはない。つまり、市場の拡張と環境汚染の進行との間に相互補完的な累積的過程が生じるのである。かかる悪循環が断ち切られるのは、環境条件の悪化が堪え難いほど悪化するか、あるいは、私的財のもたらす効果が予期したほどに大きくはないということが明らかになるときであろう。

以上指摘してきたように、公害の深刻化の根底には、環境に対する消費者選好の顕示が種々のルートを経て歪曲されるという事情がある。公害現象の発生を、「予期できなかったからだ」、「国民が選んだからだ」、あるいは「政治が悪いからだ」というような単純な理由によって説明するのは、あまりにも皮相的に過ぎると考えざるをえないのである。さて、公害問題を通じて露呈されつつある消費者選好の歪曲は環境問題にだけ特有のものであろうか。以下では、（i）私的財の世界においても消費者主権の歪曲がみられるのではないか。そして、その歪曲は環境に対する選好について言及したのと類似の形態をとるのではないか。（ii）私的財をめぐる消費者主権の抑圧という市場機構の内在的な欠陥こそ、消費者主義という新たな社会運動を惹き起しているのではないか、ということについて考えてみたい。われわれの見通しが正当ならば、公害問題は市場機構の機能障害としてではなくて、より包括的な視点から把握さるべきである。すなわちわれわれが示唆したいのは、公害告発運動と消費者主義の運動は、環境と私的財の両面における消費者主権の抑圧に抗する批判的運動であり、従って両者は、消費者主権を回復しようとするフィードバックの過程を支える不可分な両輪として捉えられなければならないということである。

4　消費者主権の神話

消費者の選択行為の合理性を仮定すれば、サムエルソンが示したように、消費者の顕示した選好から消費者の選好システムを推定することができる。われわれの社会では、消費者行動の（形式的）

自由が当然認められており、また消費者はサムエルソンの示した合理性の公準を満すほどには十分理性的と思われるから、現状の消費活動が基本的には消費者の選好の結果であるといって差し支えない。しかしいうまでもなく、このことは消費者主権とは直接の関係はない。くり返していえば、消費者主権の存在を主張するためには、そこで推定された選好システムが自発的・自立的に形造られたものでなければならない。

ガルブレイスとマルクーゼ

消費者主権に関し、ガルブレイスやE・ミシャン（123）などは、はっきりと否定的見解を述べている。ガルブレイスによれば、現代のアメリカのように「豊かな社会」においては、とくに非必需品に関する消費者の選好が生産者の広告・宣伝などに強く影響されており、もはやその主体性を喪失している、と考えられる。このガルブレイスの「依存効果」ときわめて類似の考え方は、たとえばマルクーゼの現代文明批判の根幹をなす「欲望の開発」という概念にもみられる。これらの消費者観は早くから発表され、世上では一定の評価を受けているにもかかわらず、経済学の中から排除されてきたのはなぜであろうか。一つの理由は、それが数量化・計量化可能な形で定式化することが困難であるという技術的な便宜にあることは疑いがない。しかし、消費者の選好そのものが問題とされている公害問題や消費者主義の運動を前にして、この数量化の要請が支払わなければならない犠牲をどこまで無視してよいかは、慎重な考慮に値する。

依存効果または「生産者主権」という考え方が正統的な経済学によって支持されないもう一つの理由は、その概念の曖昧さにある。すなわち、生産者の広告・宣伝活動が消費者の選好体系に影響を与えることが事実としても、ガルブレイスあるいはマルクーゼらの説明においては、生産者の操作によって欲望が外部から注入され植え付けられるという一方向的な作用が強調されており、それはいささか安易な想定と思われるのである。たとえば、ある消費者が観光業者の宣伝の影響を受けて非常に俗悪なレジャーを選択したとしても、それはその個人の中に俗悪なものを受け入れる素地があったからだという説明も十分納得的である。それが証拠に、広告・宣伝業者の重大な機能は「消費者の潜在的欲求を探る」ことにあるのである。しかし、このことはなんら消費者主権の合理化とはならないであろう。おそらく通常の消費者ならば、俗悪なレジャーを受け入れる可能性とともに高尚なレジャーを受け入れる可能性をも有しているとみるべきであり、結局のところ、ガルブレイスの生産者主権とは、消費者の選好体系に対してある方向性を不断に与える過程と解釈すべきであろう。生産者は消費者の潜在的選好の一部を肥大にして表層へ押し出し、他の一部を消費者の自覚的選好の深層へと押し戻す活動を続けているということである。

このような意味での生産者主権に対し、消費者の側からの対抗的な作用、すなわち選好システムにおけるフィードバックの作用は期待できないであろうか。われわれは次にあげるいくつかの要因によって、円滑なフィードバックはおそらく困難であろうと考える。

消費者主権の回復を妨げる緒要因

第一の要因は、消費者の新たな消費財の購入は、生活意識の面においてもその物質的生活内容の面においても、過去からの消費活動の累積によって作られた一定の生活パターンの上に行われるという点である。

この惰性を打ち消すには心理的・経済的にかなりの努力を必要とする。これは、現代的な技術体系にもとづく消費活動がすでに一つの惰性態として機能しているという側面である。通常の消費関数論において、デューゼンベリーの最高所得仮説あるいはブラウンの習慣仮説は消費量における不可逆性あるいは惰性を指摘したのであるが、われわれはそれと類似の性質を、消費の質の面にみようというわけである。この見地からすると、いわゆるガジェットの類いは、能率を第一に重んずるメカニカルな生活の樹に咲いた徒花とでもいうべきものである。

第二の要因として、デューゼンベリーの指摘した「デモンストレーション効果」をあげることができる。新種の消費財の普及過程において、この効果が相乗的に作用していることは周知の事実であり、改めて論ずるまでもないであろう。

上にあげた二つの要因は、消費者が生産者主権に対して無批判的に適応していこうとする側面に関するものである。多くの論者は、消費者行動の中に〝惰性にまかせ〟、〝他人に誇示される〟という無批判的な傾向があろうとも、それがほかならぬ消費者の性向ならば、それを尊重するのが消費者主権の立場だと主張する。しかしわれわれは、そのような断定はいささか危険であると思う。惰性効果といい誇示効果といい、われわれはその何割かを否定性のうちにみるべきである。それらの性向がまさに無批判的に形成された、ということの中に、消費者自らがいつかはそれらを批判的に拒否するという可能性があるのである。そこには二つの問題が含まれている。一つは、消費者の選択行為におけるこのような無批判性が、生産者の系統立った宣伝・広告・技術開発によって助長され加速されているという点である。もう一つは、「急激な変化に躊躇し、社会に自らを同化させよう」とする、それ自体としては自然な性向が、主として私的財の消費という局面においてしか発揮できないというコミュニティの在り方である。広告・宣伝やコミュニティの在り方に関し、いかなる制度や政策をとるかによって、消費者が批判的選択に到達する速度は速くもなるし遅くもなる。官僚制社会主義における消費者主権の抑圧を虞れるあまり現状肯定を急ぐならば、われわれは「無知なる大衆」という人間観に行きつくか、あるいは「動物農場」が官僚制社会主義にのみ特有のものではなかったということに気づく羽目になるかもしれないのである。

第三の要因はより重要なもので、消費者の選択範囲が制度的に制約されているという点である。消費者が既成の選好システムの在り方に批判的であったとしても、制度的・社会的に選択範囲が限られている場合には、やむをえず既成の選好体系に従わなければならない。たとえば、耐久性や安全性よりも外見の近代性を重視した耐久消費財、有害物質を含む漂白剤や防腐剤や農薬、およびそれらを含む食品、あるいは俗悪化した観光サーヴィス、これらをやむをえず消費する人々がいることは事実である。もちろん、これらの私的財の消費は、もし所得水準が高ければより上質の財を購入することができるのであるから、必ずしも強制的なものではない。しかし、もし消費者の大勢がより良質な私的財への選好を、たとえば不買運動を通じて表現できるならば、良質財の価格は大量生産によっておそらく相対的に低下するであろう。その結果、批判的選好を有する低額所得者も自らの選好を実現できるであろう。あるいはより直接的に、政府が不良品の規制措置を徹底させれば、このような不良品の強制的消費は起り得ないであろう。

ともかく、批判的選好を有する消費者が少数派で、低額所得者で、しかもアトミスティックに孤立している限りは、彼らが実際に顕示する選好は、無批判的な多数者のそれと類似のものにとどまらざるをえない。

第四の要因は、生産力の発展そのものが消費者主権に歪曲を与えるという意味で、最も基本的なものである。生産力の発展の基礎は技術革新にある。しかし、消費者は新製品について十分の情報を持つことはきわめて困難である。たとえ消費者が新製品の物理的機能について完全な知識を持つことができたとしても、その新製品が自分の生活体系や選好体系に対して長期的・究極的にいかなる効果を及ぼすかについては、不確定な状態にある。というのは、消費者にとって新製品の消費が初めての経験だからである。生産者主権や欲望の開発が成功裡に進む理由の一つも、このような不確定性による消費者選好の間隙を突くという点にある。むろん、このような過程が無限に続くとは考えにくい。技術がある程度フロンティアに達し、瑣末な革新が支配的になる時には、おそらく、消費者は批判的選好を持つようになるであろう。しかし、それまで生産者の蹂躙するままにしておいてよいとはいえないのであって、いわゆる技術評価について政府が積極的なイニシアティブをとることも可能なのである。

元来、消費者主権というのはかなり静態的な社会においてはじめて妥当性を持つ概念と思われる。静態的な社会における消費者は、同一消費財をくり返し消費することによって得られた情報をくり返しフィードバックさせることによって、ある安定した選好システムを持つことができる。発展する技術社会の下での本質的不確定性については多くの論者の認めるところであるが、それが技術を操作する主体（技術者、科学者）にとってのみ斟酌され、操作される客体（消費者）については依然として古典的人間像を想定するのは片手落ちといわなければならない。

最後に、生産者と消費者との間における情報の不平等をあげなければならない。新製品に関し、生産者の有する情報量と消費者のそれとの間には一般に格差がある。生産者は消費者に対し、新製品のメリットについては過大に報告し、デメリットについては過小に報告することができる。しかも、この情報の不平等性が社会的に明確になるまでには、薬品公害や食品公害に典型的にみられるように、かなりの犠牲者が堆積しなければならない。われわれは、単に誇大広告を事後的に規制するだけでなく、情報の最適分配を保証する制度を準備しなければならないのである。このことが的確に行われなければ、関連情報から遠ざけられた消費者が自立的な選好を持ちえないのはまったく明らかである。

以上あげてきたいくつかの要因にもとづいて、消費者の選好システムが生産者の提供する技術システムに適応するよう訓練づけられる、という力学が生ずる。経済学でいう選択行為の合理性が、「生産者の目的にとっての合理性」になってしまう危険については、すでにいく人かの人々によって「消費者主権の神話」として指摘されている。

さらにわれわれは、私的財の市場における消費者主権の抑圧形態が、環境に対する選好の抑圧形態と諸々の点で類似しているということに注意したい。バランスのとれた自立的選好を形成し、そしてそれを社会的に顕示していくという方向での消費者主権の発展が、環境面においても私的財の面においても、制度的・社会的に抑圧されているのである。実際すでに述べたように、環境の多くが形式的には選択可能なものとして存在している以上、われわれはそれを、通常の私的財とどのように区別すべきなのだろうか。技術的外部性や負の公共性は、あくまで操作的視点から出た分析技術上の区別に過ぎないことを明らかにすべきであろう。自然的環境と人間的自然とがともに抑圧されているという共通項でまずくくらなければ、分析技術的な分類は最も重要な問題点を看過することになってしまう。

しかし、生産者主権への動きがとめどなく進行すると予想するのも、少し早計である。消費者主権に対する潜在的な不断の抑圧が消費者の内部に不満感を醸成し、それがいつかは消費者主権への回帰をめざす自覚的フィードバックとなって生産者主権と対立する可能性が存在するのである。公害告発運動と消費者主義運動は、消費者主権の抑圧に対するプロテストという共通の次元で捉えられるべきであろう。ある経営者と頑迷で知られる裁判官とが、「公害運動には反体制的な要素があるから警戒しなければならない」といったとき、権力者は権力者らしく事態の本質を見抜いていたというべきである。

5 要約

今まで述べてきた公害の経済学に対する非経済学的検討は、次のように要約することができる。

(i) 公害の発生過程においては、環境に対する消費者選好が、制度的・社会的に抑圧され歪曲されてきたとみるべきである。この点に関する公害の経済学の理解は、むしろ転倒している。

(ii) 市場機構においても、環境に対するのと類似した消費者選好の抑圧をみることができる。従って、公害の経済学における市場機構に対する信頼は、再検討さるべきである。

(iii) 公害告発運動と消費者主義運動は、ともに消費者主権を回復しようとするものであり、統一的に考えられなければならない。それに対し公害の経済学は、消費者主権の存在を安易に前提するばかりでなく、反産業主義あるいは反経済主義とよばれるものに含まれているある正当な機能、すなわち、消費者主権の抑圧に対するプロテストを過小に評価している。

(iv) 以上のことから、公害を市場機構の機能障害として捉え、市場の外延的補強で解決できる、とする公害の経済学には、問題設定の仕方に大きな欠陥があるといわなければならない。

（ⅴ）問題の中心は、消費者主権を回復し維持しうるように、制度的な枠組を改善することである。そしてそれは、環境と私的財の両面にわたる統一的な改善でなければならない。そのためには、おそらく、現在の技術システムとコミュニティの構造について、根本的な反省を必要とするにちがいない。

（ⅵ）最後にあえて付言すれば、このように問題を考えてきたとき、公害問題について経済学のなしうることがごく限られているという点と、自らの価値観を明確にすることなしには問題に接近することすらできないという点において、われわれは公害問題を、経済学に対する重大な挑戦として受け止めるべきであろう。

〔付録四〕日常性と必需性

最近、必需品という言葉をよくみかける。石油や食糧の問題はもちろんのこととして、老人、医療、教育といった公共的諸問題にふれて、必需品の入手難が強く指摘されている。必需品の公的供給という原則が一部の論者によって打ち出されているくらいである。必需品の話は、「豊富の中の貧困」という多分に悠長な問題意識にはおさまりきらないところがある。必需品を欠いた豊富というのは、ほとんど形容矛盾だからである。

ところで、必需品とはいったい何だろうか。手元の辞書によると、それは「日常生活に必要な品物」という意である。一見して当然の定義のようではあるが、私は、ひとまず、次のように反問してみたくなる。私達の現実の日常生活は「豊富」の中にあるわけだから、テレビ、クーラーあるいはファッショナブルな衣服や機器具の類いも必需品だということになるのだろうか。どうもそうではなさそうである。

また、私達の日常生活から消え失せてしまった路面電車や街路樹、そして美しい景観などについてはどうだろうか。それらを必需品の部類に入れたいと思う人もいるはずである。「必需品とは、人々が生存のためにどうしても欲しいと思うもののことだ」と定義し直したとしても、私にはまだ納得できない。豊富を作り出した根本因は、ほかならぬ人間の本性とでもいうべきシンボル操作の能力にあるのであり、生存の欲望というものもこの能力との関係でしか規定できないのである。

経済学は、実は、必需品についてだれしもが不動のイメージを共有しえたときに、つまりそれがパンであり綿衣であったときに、成立したといえよう。今ではそうはいかない。「需要の価格弾力性が小さい」という形式的特徴を重要視する経済学者も多いが、それは、奇妙ないい方だが、玄人を騙せても素人には通用しないだろう。

日常性といい必需性といい、単純に個人生活の範囲に視野を限定していては、その最も重要な性質を把みきれないように思われる。現代の経済学において、伝統的な個人主義的理解の限界を示す一例がここにある。諸個人の生活は、表面で観察すれば、もちろんさまざまに異なっている。しかし深層まで降りてみれば、諸個人に共通の部分がみて取れるにちがいない。ある個人の日常性は、このように、他の個人と分ち持ついわば共通のウンベルト（環境世界）に根差している。この点に思いいたれば、必需品とは、共同の社会的枠組をつくり、そのことによって社会の安定に寄与する財のことだ、と解釈できる。

社会には、多くの場合潜在的ではあるが、〝共同の企て〟とでもよぶべき構造がなければならない。必需品はこの企てに深く関与するものであって、個人主義的な権利の対象なのではない。それは個人が個性的に生きるための前提条件だといえよう。逆にいえば、必需品をめぐる共同の企てが、基本的人権や平等といった心地よい題目の下に等閑視される結果、社会の安定性が害されるのである。

たとえばこのように、経済学者が自明のこととして扱ってきた概念や仮定のうちには、存外にあやふやで役に立たないものが多い。経済学が社会科学の帝王でいられたのは、個人の基礎には物質的欲望があり、そして社会の基礎には経済過程がある、という通念に支えられてのことであった。ひとたびこの通念を疑ってかかると、経済学は他の諸科学の成果を自らの体内に汲みとるべく、自分の体系を開いたものにしておかなければなるまい。学問の境界線を多少とも越境するという難事が待ちかまえているのである。縄張り意識は世の常で、学問の世界もその例外ではないのだが、どうやらこの仕事に着手する時期にさしかかっているようだ。

経済学は、今まで、小さなのぞき窓からたった一枚のレンズを通してながめた光景に拘泥してきた。それだけならまだしも、そこで作られた市場モデルを組織や政治の問題にも適用して、そのあげく、政策勧告という実践領域に積極的に手を伸ばしてきた。

これからは反対の試みも必要であろう。できるだけ広い窓から、複数のレンズを重ね合せて、経済行動という単一の対象に深く迫ろうとする試みである。その分析の過程は多分に錯綜し、得られる分析結果も政策提案にはほど遠いものであろう。その意味で、経済学はごく不愛想になることを免れない。

しかし、この不愛想さは、かつての書斎派のような憂うつ、もしくは高慢とは無縁である。一つに、学的総合は他分野との果てしないコミュニケーションを要するために、否応なく、集団的な相互批判という形態をとるだろう。二つに、学的総合の営みは、自己の狭隘なイデオロギーや日常的意識を不断に反省する努力がなければ、できるものではないだろう。結局、経済学は、社会計画の技術学であることをやめて、事態の説明に徹する形で、文化運動の一翼に位置することになる。インフレ、公害、資源など切迫した諸問題のことを思うと、これは、実践的には、明らかに退歩である。しかし、今までの経済学が社会の期待に対して過剰反応を起していたのかもしれない。少なくとも、社会の期待に簡単にこたえられないことを覚悟して、むしろその覚悟を出発点として、研究を続ける者がもう少し増えてもよいのではないか。

必需品が社会の隠された共同の企てに関係しているように、経済学もまた、容易に観察できない社会の仕組みとそこに取り込まれた私たち自身の意識を明るみに出すことによって、社会の安定化に何がしかの貢献ができるかもしれない。経済学における文化運動とは、経済学的な認識活動がいつの日か共同の必需品になるかもしれないというかすかな希望に導かれて、当分は無用の長物として扱われながら、しかし息長く続けられる運動のことだと思われる。経済学者の日常性もそこに見出されよう。

〔付録五〕資本の理論をめぐる二つの立場[1]

ここ十五年あまりにわたって、経済学における最も重要なトピックスの一つは、経済成長論であった。そこで支配的な影響力を発揮したのは、いわゆる新古典派的成長論である。新古典派的成長論は、先進諸国における持続的成長という歴史的事実を反映してか、いわば「陽気な経済学」とでもいうべき性格を持っている。多くの新古典派的成長モデルは、あたかもライプニッツの予定調和の世界におけるように、資源の完全利用を伴う安定的な均衡成長径路へとわれわれを導いてくれるのである。

このような資本主義経済に関する調和的なイメージは、ケインズ経済学の主張するところとは大いにかけ離れている。たとえばケインズによって、資本主義経済は資源の完全利用をもたらすような調整機構を必ずしも持っていないということが、静態分析の枠内で明らかにされた。また、現代的成長理論をはじめて展開したハロッドは、資本主義経済が動態的にきわめて不安定な体系であるとみなした。すなわち、企業の投資意欲を充足させる保証成長率と労働の完全雇用を満す自然成長率とが一般に乖離するばかりでなく、現実の成長率が絶えざる循環の中に投げ込まれるというのである。

新古典派的成長論とケインズ的成長論との間には、ほぼ十七年にわたって激しい論争がくり返されてきた。前者の代表的な論客はサムエルソンとソローであり、後者のそれはロビンソンとカルドアである。この論争は、両者の所属する大学の所在地の名をとって、「アメリカ・ケンブリッジ対イギリス・ケンブリッジの対立」と俗称されることがある。そこで展開されてきた論争を整理するのは、必ずしも容易なことではない。

とくにロビンソンが新古典派のアキレス腱とみなす資本の測定問題については、十九世紀末におけるヴェーム・ヴァベルク対クラーク、今世紀前半におけるハイエク対ナイト、そしてロビンソン対ソローという長い論争の歴史がある。しかもそれは、「初期の論争が滅茶苦茶に混乱していて、しばしば現代の経済学者には全然理解不可能なこともあるように思える」というソローの言葉に示されるように、混み入った議論が続けられて現在にいたっている。このロビンソン論文においても、経済学の現状を語るにあたって、彼女は例によって資本理論の問題から説き起している。以下では、読者の理解を深めるために、資本理論に関する若干の解説を試みることにする。

新古典派的成長モデルにおいては、集計的生産関数が決定的に重要な役割を果す。それは、新古典派にあっては、伸縮的な価格機構を仮定したり、政府の適切な有効需要政策をモデルの背後に想定したりすることによって、需要と供給の一致が保証されており、したがって供給条件を規定する生産関数が経済の運行を基本的に規定することになるからである。集計的生産関数とは、社会的に集計した資本と労働とを生産要素とする関数によって社会の生産可能性を表現するものである。そして、この集計的生産関数の形状については、資本と労働との結合比率が自由に変更できるという完全代替性あるいは完全可塑性の仮定がしばしば設けられる。このような仮定はあまりに非現実にすぎるのではないかという議論が資本論争のなかに混在しており、それが論争を撹乱させてきたのは確かである。

しかし、このような仮定は新古典派にとって何ら本質的なものではない。滑らかな生産関数という仮定が一つの近似にすぎないことは誰しも認めるところである。少し極端ないい方をすると、もし使用可能な技術が複数個あるならば、リニア・プログラミングにおける潜在価格の理論の教えるところにより、滑らかな生産関数を仮定してもモデルの基本的性格は何ら損われないのである。

かくして、集計的生産関数にまつわる最大の問題は、諸変数の集計可能性という点にしぼられてくる。このうち、生産物の集計と労働の集計の可能性については、さしたる異論は唱えられていない。すなわち、いろいろな生産物の市場がすべて競争的であると想定すれば、生産物の集計については限界効用（＝価格）という共通の測定単位を得ることができるというわけである。残るのは資本の集計である。

資本量を考える場合には、二つの捉え方が可能である。一つは、資本財という物的次元での捉え方であり、もう一つは、価値としての資本という捉え方である。ウィクセルをはじめとして新古典派の人々が当初明らかにしようと試みたのは、価値として資本量を測定することであった。ロビンソンが第一に問題とするのは、この価値尺度を得ることが果して可能かどうかという点である。価値としての資本量を測定するには、現有のいろいろな資本財が将来にわたっていかなる利潤を生み出すかという情報を入手し、次にその期待利潤の流列を期待利子率によって資本還元しなければならない。このような形での資本の測定を困難にする最大の要因は、不確実性の問題である。第一に、将来利潤の計算に使用される生産物の将来価格や将来賃金率、そして将来利子率などの市場的変数には、不確実性が伴わざるをえない。第二に、現有の資本設備の陳腐化の程度を知るためには、将来の技術進歩を知らなければならないが、これもまたきわめて不確実である。

このような不確実性の下で計算される価値としての資本量が、生産要素としての役割を果しがたいことについては論をまたないであろう。そこで、この不確実性という要因を取り除くために、完全予見という仮定が導入される。ロビンソンは、完全予見という仮定はまさに動学の動学たるゆえんを見落していると批判する。すなわち、時間要素を取り込む際には、不確実性という要因が本質的に付随せざるをえないと考えるのである。逆にいえば、価値としての資本が意味を持ちうるのは、完全予見の状態が成立するような一つの仮想的（imaginary）な成長径路の上においてのみであるということになろう。このような径路における時間要素は、彼女の言葉によれば一つの理論的時間として設定され、そこでは、前もって予想されたことが事後的にも実現されるという均衡状態が常に維持されるのである。

イギリス・ケンブリッジの人々には、資本概念を含んだ成長分析は、このような仮想的な変化の状態においてのみ有効であるという意識が共通しているように思われる。ロビンソンの提出した労働単位による資本測定方式も、ある種の均衡状態においてのみ有効であるし、さらには長期均衡の状態に対して、たとえば「黄金時代」という空想的な名称を与えるのも、こうした思想に立脚しているといえよう。

新古典派の人々は、現実の複雑な変化を含む歴史的時間を取り扱う際にも、資本概念をあまりに容易に用いすぎる、これがロビンソンの新古典派批判を支える基本的視点であろう。これに対し、新古典派の人々はどのように答えるであろうか。

実は、現代の新古典派の人々は、価値としての資本という考え方を採用していない。ここに両者の論争がかみ合わない最大の原因がある。現代の新古典派（以下、ロビンソンにならって「新々古典派（neo-neoclassical）」と呼ぶことにしよう）にあっては、資本は物的な単位で測定することが可能であるという考え方がとられている。それを最も容易に可能にするのは、「単一の合成財」というソローの想定した世界である。産出物は消費財としても投資財としても使用可能であり、従って資本は単一の技術的単位あるいは物理的単位で測定することができる。しかし合成財という仮定は必ずしも必要ではない。たとえば、新々古典派的な枠組においても、二部門モデルのように、消費財と投資財を区別し、両者の相対価格の決定を論ずることができるのである。

従って、新々古典派の物的資本という概念に批判される点があるとすれば、まず第一に、単一の資本財という想定であろう。ロビンソンは、このような想定はきわめて非現実的であると論難する。その理由の一つは、ある時点に生産された資本財のうちにもきわめて多種類のものがあるということであり、もう一つは、生産される時点が異なれば一般に資本財の質的変化が生ずるということである。ロビンソンは、もし資本財を物的次元で捉えるならば、われわれの知りうることは多種類の資本財のいわば紳士録であり、それらの資本財の技術的性質に関する青写真であると主張する。ここからロビンソンは、むしろフォン・ノイマン型の多部門型の成長モデルを良しとするのである。

このようなロビンソンの批判は論理的に正当であり、それを否定するわけにはいかない。新々古典派の人々も、ロビンソンの批判に解答を与えるべく努力を積み重ねてきた。たとえば、いわゆるヴィンテージ・アプローチによって生産年月日の異なる異質の資本財がある場合を検討したり、はじめから複数の資本財がある場合を検討したりする作業が行われてきたのである。そこで判明したいくつかの事実としては、資本の物的集計のためには多くの理想的条件を必要とするということであったり、または資本主義経済の長期的安定性が必ずしも保証されないということなどである。

かくて、ロビンソンをはじめとするイギリス・ケンブリッジの人々の主張は、次第にその論理的正当性を確証しつつあるということができよう。

さらに最近になって新々古典派のもう一つの論理的敗北が確認された。それは、いわゆる技術の再切換えの問題をめぐってである。新々古典派の集計的生産関数では、多くの場合、物的資本が労働に比べて相対的に豊富になれば、資本の限界生産力が減少するという仮定がおかれている。このことは、新々古典派のモデル全体との関連でいえば、利子率が低くなれば資本使用的な技術が採用されるということになる。他方、ロビンソン、スラッファおよびパシネッティらの主張は、価値としての資本でみた時には、このような技術選択が必ずしも行われないと主張したのである。これに対し、サムエルソンらは価値としての資本でみても、利子率が下れば資本使用的な技術が選択されると反論した。

ここにはからずも、物的な集計的資本という実際には測定不可能な資本概念を用いたとしても、価値としての資本という資本概念を用いる場合と結論に大差ないであろうという、新々古典派の暗黙の了解が表明されたとみることができよう。ところが、サムエルソンらの反論が全くの誤りであることが証明されたのである。

いずれにせよ、資本理論に関するかぎりイギリス・ケンブリッジの主張が論理的に正しいということを認めないわけにはいかない。しかし、資本の測定問題に対して、あまり論理的な次元でこだわることにも、いくばくかの疑念が残らざるをえない。というのは、論理的には、生産物についても労働についても、あるいはその他のいかなる資源についても、全く完全な集計の手続きというものは考えられないからである。すなわち、市場には何らかの不完全性が残らざるをえないし、まして種々の外部効果については市場の存在すら危うくなるのである。この点まで考えると、資本の測定問題はある程度プラグマティックに考えざるをえないというソローらの主張にも一理あるといえよう。事実、少なくとも生産の分野における新々古典派の理論的・実証的貢献は、イギリス・ケンブリッジのそれをはるかに凌いでいるのである。

ロビンソン自身が認めるように、資本理論そのものは一つの形式的分析の問題にすぎないのであって、モデル全体の成否には直接関係してこないというべきであろう。もしそうだとすると、資本論争からわれわれが学ぶべき最大の教訓は何であろうか。おそらくロビンソンの真意は、資本理論にみられる新々古典派の「いい加減な思考習慣（sloppy habit of thought）」を批判することを通じて、新古典派的成長論の枠組そのものに批判を加えることにあると思われる。

新々古典派とケインズ派を分け隔てる最も重要な相違は、投資関数の問題である。企業の投資行動を家計の貯蓄行動と分離して考えるという点に、ケインズの有効需要理論の出発点がある。ところが、新々古典派にあっては、投資関数が存在せず、家計の貯蓄がそのまま投資にまわると考えられている。このような新々古典派的想定が妥当するのは、家計と企業とが組織的に分離していないという前世紀的な状況か、あるいはいかなる利子率の下でも貯蓄を完全に吸収しうるだけの投資誘因があるという特殊な場合だけであろう。もしソローの考えたように、モデルの背後に政府の有効需要創出政策を想定するのならば、むしろ政府行動を陽表的に示すべきであろう。

第二の相違点は、市場の調整機能に対する捉え方である。周知のように、ケインズは賃金の下方硬直性をその失業理論の根底に据えたし、さらには投資の利子非弾力性や流動性のワナというような形で価格メカニズムが十分に機能しえないという問題に注意を払った。他方、新々古典派の特徴の一つは、市場の調整機能に強い信頼をおくところにある。この差異が重大な帰結をもたらすのは分配理論の分野においてであろう。

ケインズ派においては、短期的な貨幣賃金率はむしろ所与として扱われ、結局、実質賃金率は生産物市場の均衡における価格決定によって定まることになる。ここで、生産物に対する有効需要がどうしても明示的に扱われなければならないのである。他方、競争的な労働市場を仮定する新々古典派にあっては、周知のように、労働の限界生産力に等しい実質賃金率が得られることになり、ここでは生産関数が重要な役割を果すことになる。

くり返していえば、これらの差異は資本理論とは直接の関係はない。しかし、ロビンソンの見方は、新々古典派はきわめて安易な形で集計的資本の存在を前提して、それをもとに集計的生産関数を考え、そしてその上に、形式的には斉合的ではあるが経済の現実的な仕組みを反映しない成長モデルを組み立てるにいたったのだということであろう。

＊＊＊

なお、本稿については参考文献（23）（45）（104）（148）（166）（188）（191）および（194）を参照のこと。

（1）　本稿は、雑誌『現代経済』第一号に訳出されたJ・ロビンソンの論文「憂うべき経済学の現状」にかんする解説として書かれたものであり、著者が草稿を準備し、編集部との討議を経た上で、編集部記事として発表された。そのままの転載を許された同誌編集部に感謝申し上げる。

初出掲載誌一覧

プロローグ

正統派経済学の限界—— 経済学の現状（『思想の科学』一九七四年五月号）
虚構としての「経済人」—— 同題（『展望』一九七三年十月号）
経済学における「経験」の回復—— リアリティの回復（『経済セミナー』一九七四年四月号）

ソシオ・エコノミックス

1 コミュニティと公正規範—— 公正規範の形成（『経済セミナー』一九七四年五月号）
2 市場と企業—— 市場と企業組織（『経済セミナー』一九七四年六月号）
3 企業の行動目標—— 企業の行動目的（『経済セミナー』一九七四年七月号、同題で類似の内容のものが『現代経済』第十号に掲載）
4 企業組織と分配決定—— 同題（『経済セミナー』一九七四年八月号）
5 企業組織と投資決定—— 同題（『経済セミナー』一九七四年九月号）
6 企業組織と価格設定—— 同題（『経済セミナー』一九七四年十月号）
7 消費欲望の個人心理—— 家族と消費（『経済セミナー』一九七四年十二月号）
8 消費欲望の社会心理—— 消費者選好と公共イメージ（『現代経済』第十五号）
9 家族と消費—— 同題（『経済セミナー』一九七五年一月号）
10 経済政策と社会的統合—— 同題（『経済セミナー』一九七五年二月号）

エピローグ

権力概念をめぐって—— 集団と権力（『経済セミナー』一九七五年三月号）

社会の部分工学をこえて——人間にとっての全体性（『中央公論』一九七五年六月号）

付　録

1　ガルブレイス『経済学と公共目的』について——制度学派の遺産から学ぶもの（『朝日ジャーナル』一九七四年三月二十二日号）

2　ポラニー『大転換』について——同題（『中央公論』一九七五年七月号）

3　公害問題と消費者主権——同題（『経済セミナー』一九七一年三月号）

4　日常性と必需性——同題（『読売新聞』一九七五年一月二十一日）

5　資本の理論をめぐる二つの立場——同題（『現代経済』第一号）

参考文献

1. 青木昌彦(編著), ラディカル・エコノミックス, 中央公論社, 1973.
2. Arrow, K. J., *Social Choice and Individual Values*, 1951.
3. ——, "Toward a Theory of Price Adjustment", in M. Abramowitz et al., (eds.), *The Allocation of Economic Resources*, 1958.
4. ——, "Optimal Capital Policy with Irreversible Investment", in J. N. Wolfe(ed.), *Value, Capital and Growth*, 1968.
5. ——, "Samuelson Collected", *Journal of Political Economy*, 1967.
6. ——, "Some Ordinalist-Utilitarian Notes on Rawls' Theory of Justice", *Journal of Philosophy*, 1973.
7. Barnard, C. I., *The Functions of the Executive*, 1938. 経営者の役割, 山本安次郎・田杉競・飯野春樹訳, ダイヤモンド社, 1956.
8. Barthes, R., *Systéme de la Mode*, 1967. モードの体系, 佐藤信夫訳, みすず書房. 1972.
9. Bentham, J., *A Fragment on Government and An Introduction to the Principles of Morals and Legislations,* edited by W. Harrison, 1948. 道徳および立法の諸原理序説, 中央公論社(世界の名著, 第38巻), 1967.
10. Bergson, A., "A Reformulation of Certain Aspects of Welfare Economics", *Quaterly Journal of Economics*, 1938.
11. Berle, A. A., Jr. aud G. C. Means, *The Modern Corporation and Private Property*, 1932. 近代株式会社と私有財産, 北畠忠男訳, 文雅堂銀行研究社, 1948.
12. Bertalanffy, L. von, *General System Theory*, 1968. 一般システム理論, 長野敬・太田邦昌訳, みすず書房, 1973.
13. Boulding, K. E., *The Image : Knowledge in Life and Society*, 1956. ザ・イメージ, 大川信明訳, 誠信書房, 1962.
14. ——, *Conflict and Defence : A General Theory*, 1962. 紛争の一般理論, 内田忠夫・衛藤瀋吉訳, ダイヤモンド社, 1971.
15. ——, "The Economics of Human Conflict", in E. B. McNeil (ed.), *The Nature of Human Conflict*, 1965. 紛争の科学, 千葉正士編訳, 東京創元社, 1970.
16. ——, *Beyond Economics : Essays on Society, Religion and Ethics*, 1968, 経済学を超えて, 公文俊平訳, 竹内書店, 1970.
17. Bowles, S., "Contradictions in U. S. Higher Education", in J. Weaver (ed.), *Readings in Political Economy*, 1973.

18. ——and H. Gintis, "IQ in the US Class Structure", *Social Policy*, 1972～73. 文献1に所収.

19. Brown, T. M., "Habit Persistence and Lags in Consumer Behavior", *Econometrica,* 1952.

20. Buchanan, T. M. and G. Tullock, *The Calculus of Consent*, 1962.

21. Cassirer, E., *An Essay on Man——An Introduction to a Philosophy of Human Culture*, 1944. 人間, 宮城音彌訳, 岩波書店, 1953.

22. Chamberlin, E. H., *The Theory of Monopolistic Competition*, 1933, 1956. 独占的競争の理論, 青山秀夫訳, 至誠堂, 1966.

23. Champernowne, D. G., "The Production Function and the Theory of Capital : A Comment", *Review of Economic Studies*, 1953～54.

24. ——, "Expectations and the Link between the Economic Future and the Present", in R. Lekachman (ed.), *Keynes' General Theory*, 1964.

25. Chandler, A. D., *Strategy and Structure*, 1962.

26. Clower, R. W., "The Keynesian Counter-revolution : A Theoretical Appraisal", in F. H. Hahn and F. Brechling (eds.), *The Theory of lnterest Rates*, 1965.

27. Coase, R. H., "The Nature of the Firm", *Economica*, 1937.

28. Cohen, K. J. and R. M. Cyert, *The Theory of the Firm*, 1965.

29. Cole, A. H., *Business Enterprise in its Social Setting*, 1959. 経営と社会：企業者史学序説, 中川敬一郎訳, ダイヤモンド社, 1965.

30. Commons, J. R., *The Economics of Collective Action*, 1951. 集団行動の経済学, 春日井薫・春日井敬訳, 東京文雅堂書店, 1958.

31. Cooley, C. H., *Human Nature and Social Order*, 1902. なお,本書においては“鏡に写った自我”の概念が重要である.彼の“第一次集団”の概念については, 次書を参照のこと. *Social Organization : A Study of the Larger Mind*, 1909. 社会組織論——拡大する意識の研究, 大橋幸・菊池美代志訳, 青木書店, 1970.

32. Cyert, R. M. and J. G. March, *A Behavioral Theory of the Firm*, 1963. 企業の行動理論, 松田武彦・井上恒夫訳, ダイヤモンド社, 1967.

33. Dahrendorf, R., *Homo Socilogicus*, 1959. ホモ・ソシオロジクス——役割と自由, 橋本和幸訳, ミネルヴァ書房, 1973.

34. Demsetz, H., "The Effect of Consumer Experience on Brand Loyalty and the Structure of Market Demand", *Econometrica*, 1962.

35. Downs, A., *An Economic Theory of Democracy*, 1957.

36. Duesenberry, J. S., *Income, Saving and the Theory of Consumer Behavior*, 1949. 所得,貯蓄,消費者行動の理論,大熊一郎訳,厳松堂,1955.
37. Duncan, H. D., *Symbols in Society*, 1968. シンボルと社会,中野秀一郎・柏岡富英訳・木鐸社,1974.
38. Durkheim, E., *De la division du travail socia*l, 1893. 社会分業論,井伊玄太郎・壽里茂訳,理想社,1957.
39. ——, *Le suicide: Etude de sociologie*, 1897. 自殺論,飛沢謙一・鈴木宗忠訳,宝文館,1932.
40. Easton, D., *A Framework for Political Analysis*, 1965. 政治分析の基礎,岡林忠夫訳,みすず書房,1968.
41. Eisner, R., "Realization of Investment Anticipation", in J. S. Duesenberry, et al (eds.), *The Brookings Quarterly Econometric Model of the United States*, 1965.
42. Eisner, R. and R. Strotz, "The Determinants of Business Investment", in D. B. Suits, et al (eds.), *Impact of Monetary Policy*, 1963.
43. Eucken, W., *Grundsätze der Wirtschaftpolitik*, 1952. 経済政策原理,大野忠男訳,勁草書房,1967.
44. Evans, M. K., *Macroeconomic Activity: Theory, Forecasting and Control*, 1969.
45. Fisher, F. M., "Embodied Technical Change and the Existence of an Aggregate Capital Stock", *Review of Economic Studies*, 1965.
46. Fisher, I., *The Theory of Interest*, 1930. 利子の理論,気賀勘重・気賀健三訳,岩波書店,1935.
47. Friedman, G., *Sept etudes sur l'homme et la technique*, 1966. 技術と人間,天野恒雄訳,サイマル出版会,1973.
48. Friedman, M., *Essays in Positive Economics*, 1953.
49. ——, *A Theory of the Consumption Function*, 1957. 消費の経済理論,宮川公男・今井賢一訳,巌松堂,1961.
50. ——, *Price Theory: A Provisional Text*, 1962. 価格理論,内田忠夫他訳,好学社,1972.
51. Fromm, E., *The Sane Society*, 1955. 正気の社会,加藤正明・佐瀬隆夫訳,社会思想社,1958.
52. Galbraith, J. K., *The Affluent Society*, 1958. ゆたかな社会,鈴木哲太郎訳,岩波書店,1960.
53. ——,*The New Industrial State*, 1967. 新しい産業国家,都留重人監訳,河出書房新社,1972.

54. ——, *Economics and the Public Purpose*, 1973.
55. Gehlen, A., *Anthropologische Forschung*, 1961. 人間学の探究, 亀井裕・滝浦静雄他訳, 紀伊國屋書店, 1970.
56. Gintis, H., "A Radical Analysis of Welfare Economics and Individual Development", *Quarterly journal of Economics*, 1972.
57. ——, "Consumer Behavior and the Concept of Sovereignty: Explanation of Social Decay", *American Economic Review*, 1972. 文献1に所収.
58. Gordon, R. A., *Business Leadership in the Large Corporation*, 1945.
59. Graaf, J. de V., *Theoretical Economics*, 1967.
60. Gruchy, A. G., *Modern Economic Thought: The American Contribution*. 1947.
61. Habermas, J., *Technik und Wissenschaft als Ideologie*, 1968. イデオロギーとしての技術と学問, 長谷川宏・北原章子訳, 紀伊國屋書店, 1970.
62. ——, *Strukturwandel der Öffentlichkeit——Untersuchungen zu einer Kategorie der bürgerlichen Gesellschaft*, 1962. 公共性の構造転換, 細谷貞雄訳, 未来社, 1973.
63. Hall, R. L. and C. J. Hitch, "Price Theory and Business Behavior", *Oxford Economic Papers*, 1939.
64. Hauthakker, H. S., "Revealed Preference and the Utility Function", *Economica*, 1950.
65. Hickman, C. A. and M. H. Kuhn, *Individuals, Groups and Economic Behavior*, 1955. 経済行動の社会心理, 岡本秀昭・鶴巻敏夫訳, ダイヤモンド社, 1962.
66. Hicks, J. R., *The Theory of Wages*, 1932.
67. ——, "Mr Keynes and the 'Classics': A Suggested Interpretation", *Econometrica*, 1937.
68. ——, *Value and Capital : An Inquiry into Some Fundamental Principles of Economic Theory*, 1939. 価値と資本, 安井琢磨・熊谷尚夫訳, 岩波書店, 1951.
69. ——, *Capital and Growth*, 1965.
70. ——, *A Theory of Economic History*, 1969. 経済史の理論, 新保博訳, 日本経済新聞社, 1970.
71. Higgins, B., "Elements of Indeterminacy in the Theory of Non-Perfect Competition", *American Economic Review*, 1939.
72. Hochman, H. M. and J. D. Rodgers, "Pareto Optimal Redistribution", *American Economic Review*, 1969.

73. Jakobson, R., *Essais de Linguistique Generale*, 1973. 一般言語学, 川本茂雄監修, みすず書房, 1973.
74. James, E., *Histoire Sommaire de la Pansee Economique*, 1950. 経済思想史, 久保田明光・山川義雄訳, 岩波書店, 1965.
75. James, W., *Principles of Psychology,* 1890.
76. Jorgenson, D. W., "Capital Theory and Investment Behavior", *American Economic Review*, 1963.
77. ——, "Anticipations and lnvestment Behavior", in J. S. Duesenberry, et al (eds.), *The Brookings Quarterly Econometric Model of the United States*, 1965.
78. Kaldor, N., "The Equilibrium of the Firm", *Economic Journal*, 1934.
79. Kalecki, *Selected Essays on the Dynamics of the Capitalist Economy*: 1933～70, 1971.
80. Kaplan, A. D. H., J. B. Dirlam and R. F. Lanzillotti, *Pricing in Big Business*, 1958. ビッグ・ビジネスの価格政策, 武山泰雄訳. 東洋経済新報社, 1960.
81. Katona. G., *The Powerful Consumer*, 1960. 消費者行動, 南博他訳, ダイヤモンド社, 1964.
82. Keynes, J. M., "The End of Laissez-Faire"(1926), reprinted in his *Essays in Persuasion*, 1931.
83. ——, "Economic Possibilities for Our Grandchildren"(1930), reprinted in his *Essays in Persuasion*, 1931.
84. ——, *The General Theory of Employment, Interest and Money*, 1936. 雇傭・利子および貨幣の一般理論, 塩野谷九十九訳, 東洋経済新報社, 1955.
85. Klein, L. R., *The Keynesian Revolution*, 1947. ケインズ革命, 篠原三代平・宮沢健一訳, 有斐閣, 1952.
86. Knight, F. H., *The Ethics of Competition and Other Essays*, 1935.
87. Kornai, J., *Anti-Equilibrium: On Economic Systems Theory and the Tasks of Research*, 1971.
88. Kuh, E., "Cyclical and Secular Labor Productivity in the U. S. Manufacturing", *Review of Economic Statistics*, 1965.
89. Kuhn, T., *The Structure of Scientific Revolutions*, 1962. 科学革命の構造, 中山茂訳, みすず書房, 1971.
90. Lange, O., "The Foundation of Welfare Economics", *Econometrica*, 1942.
91. Langer, S. K., *Philosophy in a Key: a Study in the Symbolism of Reason, Rite and Art*, 1957. シンボルの哲学, 矢野萬里他訳, 岩波書店, 1960.

92. ——, *Philosophical Sketches*, 1962. 哲学的素描，塚本利明・星野徹訳, 法政大学出版局, 1974.
93. Lasswell, *Power and Personality*, 1948. 権力と人間, 永井陽之助訳, 東京創元社, 1954.
94. Leijonhufvud, A., *On Keynesian Economics and the Economics of Keynes*, 1968.
95. Lerner, A., The Economics of Control., 1944.
96. Lester, R. A., "Shortcomings of Marginal Analysis for Wage Employment Problems", *American Economic Review*, 1946.
97. Lévi-Strauss, C., *Tristes Tropiques*, 1955. 悲しき南回帰線, 室淳介訳, 講談社, 1971.
98. ——, *Anthropologie Structurale,* 1958. 構造人類学, 荒川幾男他訳, みすず書房, 1972.
99. ——, *Entretiens avec Claude Lévi-Strauss*, 1961. レヴィ=ストロースとの対話, 多田智満子訳, みすず書房, 1970. なお, 本書はインタヴュアーのG. Charbonnierの著書として出版されている. 本書中の未開と文明の文化的比較にかんする部分は, C. Lévi-Strauss, *Race et Histoire*, 1952 (人種と歴史, 荒川幾男訳, みすず書房, 1970)の敷衍である.
100. Lidz, T., "The Family: The Source of Human Resources", in I. Berg(ed.), *Human Resources and Economic Welfare: Essays in Honor of Eli Ginzberg*, 1972.
101. Lindbeck, A., *The Political Economy of the New Left——An Outsider's View*, 1971. ニュー・レフトの政治経済学, 八木甫訳・日本経済新聞社, 1973.
102. Lintner, J. V., "Distribution of Incomes of Corporations among Dividends, Retained Earnings and Taxes", *American Economic Review*, 1956.
103. Lorenz, K., *Die Rückseite des Spiegels*, 1973. 鏡の背面, 谷口茂訳, 思索社, 1974.
104. Lutz, F. A. and D. C. Hague (eds.), *The Theory of Capital*, 1961.
105. Machlup, F., "Rejoinder to an Anti-Marginalist", *American Economic Review*, 1947.
106. Malinowski, B. K., *Argonants of the Western Pacific*, 1922. 西太平洋の遠洋航海者, 寺田和夫・増田義郎訳, 中央公論社(世界の名著, 第59巻), 1967.
107. Mannheim, K., *Wissenssoziologie*, 1931. 知識社会学, 森博訳, 恒星社厚生閣(歴史主義・保守主義に所収), 1969.
108. ——, *Man and Society in an Age of Reconstruction——Studies in Modern Social Structure*, 1940. 変革期における人間と社会, 福武直訳, みすず書房, 1962.

109. ——, *Freedom, Power and Democratic Planning*, (edited by H. Gerth and E. K. Bramstedt), 1951. 自由・権力・民主的計画, 池田秀男訳, 未来社, 1971.
110. March, J. G. and H. A. Simon, *Organizations*, 1958.
111. Marcuse, H., *Eros and Civilization: A Philosophical Inquiry into Freud*, 1956. エロス的文明, 南博訳, 紀伊國屋書店, 1958.
112. Marglin, S., "What Do Bosses Do?", *Harvard Institute of Economic Research Discussion Paper*, 1971. 文献1に所収.
113. Marris. R., *The Economic Theory of 'Managerial' Capitalism*, 1964. 経営者資本主義の経済理論, 大川勉他訳, 東洋経済新報社, 1971.
114. Marshall, A., *Priciples of Economics*, 1890. 経済学原理, 大塚金之助訳, 改造社, 1925.
115. Martinet, A., *Èléments de Linguistique Générale*, 1970. 一般言語学要理, 三宅徳嘉訳, 岩波書店, 1972.
116. Marx. K., *Die deutsche Ideologie*, 1945. ドイツ・イデオロギー, 古在由重訳, 岩波文庫, 1956.
117. ——, *Das Kapital*, Ⅰ—1867, Ⅱ—1885, Ⅲ—1894, 資本論第1～3巻, マルクス＝エンゲルス全集刊行委員会訳, 大月書店, 1968.
118. Maslow. A. H., *Motivation and Personality*, 1954.
119. Mauss, M., *Sociologie et Anthropologie*, 1950. 社会学と人類学, 有地亨他訳, 弘文堂, 1973.
120. Mead, G. H., *Mind, Self, and Society: from the Standpoint of a Social Behaviorist,* 1934. 精神・自我・社会——社会的行動主義者の立場から, 稲葉三千男他訳, 青木書店, 1973.
121. Merleau-Ponty, M., *Phénoménologie de la Perception*, 1945. 知覚の現象学, 竹内芳郎・小木貞孝訳, 1967（第Ⅰ部）, 竹内芳郎・木田元・宮本忠雄, 1974（第Ⅱ部）, みすず書房.
122. Mills, C. W., *The Sociological Imagination*, 1959. 社会学的想像力, 鈴木広訳, 紀伊國屋書店, 1965.
123. Mishan, E. J., *Growth: The Price We Pay*, 1969. 経済成長の代価, 都留重人監訳, 岩波書店, 1971.
124. Modigliani, F., "Liquidity Preference and The Theory of Interest and Money", *Econometrica*, 1944.
125. 森嶋通夫, 近代社会の経済理論, 創文社, 1973.

126. Mortensen, D. T., "A Theory of Wage and Employment Dynamics", 1970. 文献151に収録.
127. Mounin, G., *La Linguistique du XXe Siécle*, 1972. 二十世紀の言語学, 佐藤信夫訳, 白水社, 1974.
128. 村上泰亮・今井賢一・筑井甚吉, 情報と技術の経済分析, 日本経済研究センター研究報告 No. 24, 1969.
129. 村上泰亮・公文俊平・熊谷尚夫, 経済体制, 岩波書店, 1973.
130. Musgrave, R. A., *The Theory of Public Finance: A Study in Public Economy*, 1959. 財政理論, 木下和夫監修, 1962.
131. Myrdal, G., *The Political Element in the Development of Economic Theory*, 1955. 経済学説と政治的要素, 山田雄三・佐藤隆三訳, 春秋社, 1967.
132. ——, "Response to Introduction", *American Economic Review*, 1972. 現代経済学の責任, 雑誌・中央公論, 1972年11月号.
133. ——, *Against the Stream: Critical Essays on Economics*, 1972. 反主流の経済学, 加藤寛・丸尾直美訳, ダイヤモンド社, 1975.
134. Nagel, E., *The Structure of Science*, 1961.
135. Newcomb, T. M., *Social Psychology*, 1950. 社会心理学, 森東吾・萬成博訳, 培風館, 1956.
136. 西部邁, "労働の固定性とフィリップス曲線", 雑誌・経済セミナー, 1970年10月号.
137. Nishibe, S., "Technical Progress and the lnvestment Function", 雑誌・経済研究, 1972年10月号.
138. Orwell, G., *Animal Farm*, 1945. 動物農場, 高畠文夫訳, 角川文庫, 1972.
139. Papandreou, A., "Some Basic Problems in the Theory of the Firm", in B. F. Harley (ed.), *A Survey of Contemporary Economics*, 1952.
140. Pareto, V., *Trattato di sociologia generale*, 1916. 社会学大綱(抄訳), 井伊玄太郎訳, 白揚社, 1939.
141. Parsons, T., *The Social System*, 1951. 社会体系論, 佐藤勉訳, 青木書店, 1974.
142. ——, and A. Shils (eds.), *Toward a General Theory of Action*, 1951. 行為の総合理論をめざして, 永井道雄他訳, 日本評論社, 1960.
143. ——, F. Bales and E. Shils, *Working Papers in the Theory of Action*, 1953.
144. ——, F. Bales and Others, *Family, Socialization and Interaction Process*, 1955. 核家族と子どもの社会化, 橋爪貞雄他訳, 黎明書房, 1971.

145. ——, and N. J. Smelser, *Economy and Society*, 1956. 経済と社会, 富永健一訳, 岩波書店, 1959.
146. ——, *Social Structure and Personality*, 1964. 社会構造とパーソナリティ, 武田良三監訳, 新泉社, 1973.
147. ——, *Politics and Social Structure*, 1969. 政治と社会構造, 新明正道監訳, 誠信書房, 1974.
148. Pasinetti, L. and others, "Paradoxes in Capital Theory: A Symposium", *Quarterly Journal of Economics*, 1966.
149. Peirce, C. S., *Collected Papers of Charles Sanders Peirce*, edited by C. Hartshorne and P. Weiss, 1960. パース・論文集, 上山春平・山下正男訳, 中央公論社(世界の名著, 第48巻), 1968.
150. Penrose, E. T., *The Theory of the Growth of the Firm*, 1959. 会社成長の理論, 末松玄六監訳, ダイヤモンド社, 1962.
151. Phelps, E. S., (ed.), *Employment and Inflation Theory*, 1970.
152. Piaget, J., *Six Ètudes de Psychologie*, 1964. 思考の心理学, 滝沢武久訳, みすず書房, 1968.
153. ——, *Sagesse et Illusions de la Philosophie*, 1965. 哲学の知恵と幻想, 岸田秀・滝沢武久訳, みすず書房, 1971.
154. Picard, M., *Die vor Gott*, 1943. 神よりの逃走, 坂田徳男他訳, みすず書房. 1963.
155. Pigou, A. C., *The Economics of Welfare*, 1920. 厚生経済学, 永田清監訳. 東洋経済新報社, 1955.
156. Polanyi, K. *The Great Transformation——The Political and Economic Origines of Our Time*. 1957. 大転換——市場社会の形成と崩壊, 吉沢英成他訳, 東洋経済新報社, 1975.
157. ——, "The Economy as Instituted Process", in C. M. Arensberg and W. Pearson (eds.), *Trade and Market in the Early Empires*, 1957. 経済の文明史, 玉野井芳郎・平野健一郎編訳, 日本経済新聞社, 1975に収録.
158. Popper K. R., *The Open Society and its Enemies*, 1943. 自由社会の哲学とその論敵, 武田弘道訳, 世界思想社, 1973.
159. ——, *The Poverty of Historicism*, 1957. 歴史主義の貧困, 久野収・市井三郎訳, 中央公論社, 1961.
160. Rawls, J., *A Theory of Justice*, 1971.

161. Ricardo, D., *Principles of Political Economy and Taxation*, 1817. 経済学及び課税の原理, 小泉信三訳, 岩波文庫, 1952.
162. Riesman, D., *The Lonely Crowd*, 1961. 孤独な群衆, 加藤秀俊訳, みすず書房, 1964.
163. Robbins, C. L., *An Essay on the Nature and Significance of Economic Science*, 1932. 経済学の本質と意義, 辻六兵衛訳, 東洋経済新報社, 1957.
164. Robinson, E. A. G., "The Problem of Management and the Size of Firms", *Economic Journal*, 1934.
165. Robinson, J., *The Economics of Imperfect Competition*, 1933. 不完全競争の経済学, 加藤泰男訳, 文雅堂, 1957.
166. ――, "The Production Function and the Theory of Capital", *Review of Economic Studies*, 1953～54.
167. ――, *Essays in the Theory of Economic Growth*, 1962. 経済成長論, 山田克巳訳, 東洋経済新報社, 1963.
168. ――, *Economic Heresies*, 1971. 異端の経済学, 宇沢弘文訳, 日本経済新聞社, 1973.
169. ――, and J. Eatwell, *An Introduction to Modern Economics,* McGraw-Hill, 1973.
170. Rousseau, J. J., *Le Discours sur l'Origine et les Fondements de l'Inégalité Parmi les hommes*, 1755. 人間不平等起原論, 小林善彦訳, 中央公論社（世界の名著, 第30巻）, 1966.
171. ――, *Du Contrat Social; ou Principes du droit Politique*, 1762. 社会契約論, 井上幸治訳, 中央公論社（世界の名著, 第30巻）, 1966.
172. Saussure, F. de, *Cours de Linguistique Generale,* public par C. Bally et A. Sechehaye, 1915. 一般言語学講義, 小林英夫訳, 岩波書店, 1940.
173. Samuelson, P. A. "A Note on the Pure Theory of Consumer's Behavior", *Economica*, 1938.
174. ――, *Economics*, 1951. 経済学, 都留重人訳, 岩波書店, 1967.
175. ――, "The Pure Theory of Public Expenditure", *The Review of Economics and Statistics*, 1954.
176. Scheler, M., *Das Ressentiment in Aufbau der Moralen*, 1919. 道徳形成におけるルサンチマン, 秋元律郎・田中清助訳, 青木書店（現代社会学体系, 第8巻, 知識社会学, に所収）, 1973.
177. Scitovsky, T., "A Note on Profit Maximization and its Implications", *The Review of Economic Studies*, 1943.

178. Sen, A. K., *Collective Choice and Social Welfare*, 1970.
179. 清水幾太郎, 倫理学ノート, 岩波書店, 1972.
180. Schumpeter, J. A., *Theorie der wirtschaftlichen Entwicklung*, 1912. 経済発展の理論, 中山伊知郎・東畑精一訳, 岩波書店, 1937.
181. ——, *Capitalism, Socialism, and Democracy*, 1943. 資本主義・社会主義・民主主義, 中山伊知郎・東畑精一訳, 東洋経済新報社, 1962.
182. Silberston, A., "Surveys of Applied Economics: Price Behavior of Firms", *The Economic Journal*, 1970.
183. Simon, H. A., *Administrative Behavior*, 1957. 経営行動, 松田武彦他訳, ダイヤモンド社, 1965.
184. Simmel, G., *Über soziale Differenzierung: Sociologische und Psychologische Untersuchungen*, 1890. 社会分化論, 居安正訳, 青木書店（現代社会学体系, 第1巻に所収), 1970. なお同書にはジンメルの, 社会学, *Soziologie ; Untersuchngen über die Formen der Vergesellschaftung*, 1908. の第一章（社会学の問題）および第三章（支配論）も訳出されているが, 第二章（集団の量的規定）および第四章（社会圏の交差）の訳出については, 集団の社会学, 堀喜望・居安正訳, ミネルヴァ書房, 1972を参照のこと.
185. Smith, A., *The Theory of Moral Sentiments*, 1759. 道徳情操論, 米林富男訳, 日光書院, 1949.
186. ——, *The Wealth of Nations*, 1776. 国富論, 竹内謙二訳, 東京大学出版会, 1969.
187. Solow, R. M., "A Contribution to the Theory of Economic Growth", *Quarterly Journal of Economics*, 1956.
188. ——, "The Production Function and the Theory of Capital", *Review of Economic Studies*, 1955～1956.
189. ——, "Distribution in the Long and Short Run", chapter 17, in J. Marchal and B. Durco (eds.), *The Distribution of National Income*, 1966.
190. ——, "Some Implications of Alternative Criteria for the Firm", in R. Marris and A. Wood (eds.), *The Corporate Economy*, 1971.
191. Sraffa, P., *Production of Commodities by Means of Commodities: Prelude to a Critique of Economic Theory*, 1960. 商品による商品の生産, 菱山泉・山下博訳, 有斐閣, 1962.
192. Starobanski, J., *Jean-Jacque Rousseau: La Transparence et l'Obstacle*, 1971. J. -J. ルソー: 透明と障害, 松本勤訳, 思索社, 1973.

193. Stevens, C. M., "On the Theory of Negotiation", *Quarterly Journal of Economics*, 1958.
194. Swan, T. W., "Economic Growth and Capital Accumulation", *The Economic Record*, 1956.
195. Sweezy, P. M., "Demand under Conditions of Oligopoly", *The Journal of Political Economy*, 1939.
196. Thorson, T. L., *Biopolitics*, 1970. バイオポリティックス, 奈良和重訳, 勁草書房, 1973.
197. Tobin, J., "On Limiting the Domain of Inequality", *The Journal of Law and Economics*, 1970. 雑誌・現代経済10号に所収.
198. ——, "Inflation and Unemployment", *American Economic Review*, 1972. 雑誌・現代経済9号に所収.
199. Toffler, A., *Future Shock*, 1970. 未来の衝撃, 徳山二郎訳, 実業之日本社, 1971.
200. Tönnies, F., *Gemeinschaft und Gesellschaft: Grundbegriffe der reinen Soziologie*, 1887. ゲマインシャフトとゲゼルシャフト——純粋社会学の基本概念, 杉之原寿一訳, 岩波文庫, 1957.
201. 土屋守章・富永健一（編）, 企業行動とコンフリクト, 日本経済新聞社, 1972.
202. Uexküll, J. von und G., *Kriszat Streifzüge durch die Umwelten von Tierren und Menschen*, 1934. 生物から見た世界, 日高敏隆・野田保之訳, 思索社, 1973.
203. 宇野弘蔵, 経済原論（上・下）, 岩波書店, 1950～52.
204. ——, 資本論と社会主義, 岩波書店, 1958.
205. Uzawa, H., "Preference and Rational Choice in the Theory of Consumption", in *Proceedings of a Symposium on Mathematical Methods in the Social Science*, 1960.
206. ——, "Towards a Keynesian Model of Monetary Growth", *IEA Conference Report on the Theory of Economic Growth*, 1970.
207. 宇沢弘文, “経済成長の動学的安定性——新古典派と新ケインズ派の経済成長論について”, 雑誌・経済学論集, 1971.
208. Veblen, T., *The Theory of Leisure Class: An Economic Study in the Evolution of Institutions*, 1899. 有閑階級の理論, 小原敬士訳, 岩波文庫, 1961.
209. ——, *The Instinct of Workmanship and the State of the Industrial Arts*, 1914.

210. Weber, M., *Wirtschaft und Gesellschaft*, Kapital Ⅲ, Ⅳ, 支配の諸類型, 世良晃志郎訳, 創文社, 1970.
211. Wilson, T. A. and O. Eckstein, "Shortrun Productivity Behavior in the U. S. Manufacturing", *Review of Economic Studies*, 1964.

ARENDT

著者略歴

西部　邁（にしべ・すすむ）

一九三九年、北海道生まれ、東京大学経済学部卒業。横浜国立大学助教授、東京大学教養学部教授を経て、秀明大学学頭（二〇〇九年三月まで）などを歴任。一九八三年『経済倫理学序説』で吉野作造賞、一九八四年『生まじめな戯れ』でサントリー学術賞、一九九四年には評論活動に対して第八回正論大賞を受賞。同年より月刊オピニオン誌『発言者』(秀明出版会）の主幹を務めるが、二〇〇五年に廃刊し、同年六月より、後継隔月誌『表現者』の刊行に尽力、顧問就任(二〇一七年一一月辞任)。『大衆への反逆』(文藝春秋)、『知性の構造』(ハルキ文庫)、『友情』(新潮社)、『六〇年安保 センチメンタル・ジャーニー』(文藝春秋)、『ケインズ』(弊社刊)、宮崎学との共著『酒場の真剣話』(弊社刊)、『保守の真髄』(講談社現代新書)、『保守の遺言』(平凡社新書)、など著書多数。二〇一八年一月二一日、多摩川にて入水死。

ソシオ・エコノミックス

2006年4月19日　初版第1刷発行
2020年2月13日　改装版第1版発行

著　者　　西部　邁

発行所　株式会社　明月堂書店

〒162-0054　東京都新宿区河田町3－15　河田町ビル3階
TEL03-5368-2327　FAX03-5919-2442

発行人　　末井幸作

編集人　　伊藤仲恵

ISBN978-4-903145-68-6